我
们
一
起
解
决
问
题

简历写作与求职通关一册通

技巧+模板+范例

武承泽◎著

人民邮电出版社

北　京

图书在版编目（ＣＩＰ）数据

简历写作与求职通关一册通：技巧+模板+范例 / 武
承泽著. -- 北京：人民邮电出版社，2020.5
ISBN 978-7-115-53787-4

Ⅰ. ①简… Ⅱ. ①武… Ⅲ. ①职业选择 Ⅳ.
①C913.2

中国版本图书馆CIP数据核字(2020)第059664号

内 容 提 要

简历是每个人在求职时都必须用到的工具，它在求职中的重要性毋庸置疑。但是，很多人认为笔试和面试才需要技巧，简历就是简简单单的个人总结，所以他们愿意花费大量的时间刷笔试题库、做模拟面试，却不愿意在简历上花心思、下功夫。一些求职者写出的简历要么逻辑混乱、漏洞百出，要么平铺直叙、毫无亮点，结果投出的简历如石沉大海，根本过不了简历筛选关，空有一身本领却得不到表现的机会。所以，学会简历写作才是成功求职的第一步。

本书详细讲解了中文简历制作、英文简历制作、求职信的撰写、简历的检查和劣势规避、简历的投递、求职跟进和企业调查等内容，还提到了与简历相关的笔试和面试中需要注意的事项；本书各个章节既相互联系又相对独立，读者既可以通读全书从头学习简历写作技巧，也可以根据具体的问题直接查阅相关内容。为了便于理解，书中各模块均提供了大量的标准范例，读者可直接参照使用。

本书非常适合正在寻找工作的广大求职者阅读使用，对于准备升学、出国留学的同学等也有很高的参考价值，职业发展教育的从业者还可以将其作为教学参考用书。

◆ 著　　武承泽
责任编辑　庞卫军
责任印制　彭志环
◆人民邮电出版社出版发行　　北京市丰台区成寿寺路 11 号
邮编 100164　电子邮件 315@ptpress.com.cn
网址 https://www.ptpress.com.cn
廊坊市印艺阁数字科技有限公司印刷
◆ 开本：787×1092　1/16
印张：16.5
字数：200 千字
2020 年 5 月第 1 版
2025 年 8 月河北第 12 次印刷

定　价：69.80 元

读者服务热线：（010）81055656　印装质量热线：（010）81055316
反盗版热线：（010）81055315

　　创办职徒的这些年，我们直接接触了数以万计的求职者，为数百家企业推荐了实习生和求职候选人，几乎每天都有 HR 或者部门经理请我们帮忙推荐实习生。我们的创始团队成员来自各外资企业、国有企业、上市的民营企业，以及政府部门和事业单位中的多类岗位，还有同事曾在全球顶级人力资源咨询公司从业 5 年以上，平均每人有 5 份工作和实习经历。可以说，我们不仅了解 HR 和部门经理筛选人才的标准，更懂得如何帮助求职者撰写一份优秀的简历，从而把自己的优势充分展现出来，更好地提升求职成功率。

　　很多求职者花费大量的时间刷笔试题库、做模拟面试，殊不知在正式求职过程中第一个让你栽跟头的可能就是简历。每年的春招、秋招和暑期实习招聘是求职的三个高峰季，一起竞争的求职者的数量可能超出你的想象。据统计，2019 年全国高校毕业生人数超过 800 万，一些热门行业的知名企业，在短短一个月内收到的简历数以万计甚至多达几十万。例如，2018 年中国建设银行应届生招聘，共计 20 万人报名，而网申简历这一步就淘汰了超过 12 万人；2019 年中国人民银行全国各省机关网申简历平均通过率仅为 33%，直属总行报名人数 16308 人，网申通过 3942 人，通过率仅有 24%。可见，简历筛选是淘汰人数最多的一个环节，纵使你再有才、再聪明，简历未通过，后续的笔试和面试环节就都与你无缘，令人颇有"出师未捷身先死"的感觉。

　　在每年的招聘旺季，我们的团队都会走进上海交通大学、上海财经大学等高校为学生们提供公益的简历讲座和简历辅导。在沟通过程中，我们发现不少优秀的学生直到秋招末期都没有收到几个面试通知，其自信心备受打击，且怀疑自身能力不足，从而一再降低求职预期。看了这些学生的简历后我们发现，很多问题其实是出在简历上，诸如简历不匹配岗位、优势表达不清晰、排版格式不规范等。经询问后得知，他们大多数都是从网上下载或者找其他同学要一个简历模板，然后照葫芦画瓢改成自己的，不仅格式和排版方面漏洞百出，而且在内容表达上也毫无吸引力，根本无法引起 HR 的兴趣。

因为简历所存在的问题而导致失去心仪企业的面试机会是非常令人遗憾的。好的简历在内容撰写、格式排版、投递技巧方面都有章可循，通过学习相应的方法就能够在短期内让简历实现质的飞跃。"工欲善其事，必先利其器"，学习如何写好简历是成功求职的第一步。

针对求职简历中存在的诸多问题，我们投入了大量的时间和精力来研究如何写出一份好的简历。为了让研究成果能够帮助更多的人，我们编写了这本《简历写作与求职通关一册通：技巧＋模板＋范例》。

在互联网上，关于简历怎么制作、求职信怎么撰写的文章有很多，其中不乏一些专业 HR 的观点，但是也充斥着大量营销账号的鸡汤文、良莠不齐的模板、千篇一律的陈词滥调。通过只言片语的文章，很难习得全面的要领。对于在校求职的学生来说，因为经验尚浅，缺乏足够的辨识力，所以他们很容易在求职过程中走弯路，浪费大量的宝贵时间，这就得不偿失了。

国内关于简历撰写的书籍大多已出版了 10 余年，在这 10 年中出现了大量的新兴行业，移动互联网的发展让招聘行业由 PC 时代进入了移动时代。随着新渠道、新技术、新行业的出现，简历的撰写方法、投递方式等均发生了很大的变化，所以我们认为此书的出版有很大的必要性和迫切性。

本书的特色主要体现在以下几点。

（1）全面性：涵盖了中文简历、英文简历、求职信、简历投递以及求职跟进和企业调查等多个方面，还在一些章节提及了与简历内容相关的笔试和面试中需要注意的事项。

（2）独立性：本书各个章节既互相联系，又相对独立，这意味着读者既可以通读全书，也可以将其作为查阅性的工具书，针对特定的文档直接查阅书中的某个章节。

（3）系统性：每一章节都会针对相关问题系统地进行讲解，基本上涵盖了简历制作中所有需要注意的要点。

（4）智能化：紧密结合市场上与简历制作相关的免费的互联网产品，将新的技术应用在简历排版、英文简历优化、简历投递等方面，让简历撰写更加高效。

（5）实践性：为帮助读者理解书中的内容，本书各模块均有大量的撰写案例、行为词示例（中英文对照）。

另外，本书所提及的案例中所有的人名及住址、电话、电子邮件等信息均为虚构，并且对可能涉及个人隐私的部分进行了技术处理。

职徒简历合伙人曹艳艳女士、深圳大学土木学院学工办主任袁玉龙老师共同参与了本书部分章节的编写和校正工作。感谢中建一局集团总经理助理高海港先生，和君商学院官云东老师，国药康养副总经理、原复星集团董事总经理吴清梅女士，同济大学就业指导中心信息咨询部副主任朱华珍老师，清华启迪之星创投副总经理周博先生，德邦大学执行副校长官同良先生，深圳大学职业发展中心教研室副主任孙竞老师，以及徐文杰先生、王琴棋女士在本书编写和出版过程中给予的肯定与支持。

正如我们的企业愿景——"求职可以走直线"一样，希望读者都能够通过阅读本书有所收获，让求职之路更加顺畅。如对本书有任何疑问和建议，或者希望合作及加入我们的团队，欢迎将邮件发送至 wcf168@126.com。

CONTENTS **目录**

第 1 章

如何写出好简历

1.1 自我认知和职业定位

简历是人们为了实现某一目的（求职／升学／评奖等）而对个人以往相关经历进行高度总结和概括，并在有限的空间向对方传达自己满足对方所需的技能、经验、资质和态度等要求，从而获得进一步的面试等机会的一种文本形式。我们往往存在这样的认知误区，觉得只要有一份优秀的简历就能够帮自己攻无不克、战无不胜，然而现实情况是"优秀"并不一定意味着"适合"，脱离了求职目标去做简历优化，往往只会落得南辕北辙的后果。所以在制作简历之前，我们需要先进行全面的自我认知，明确职业目标，这样才能有的放矢。

在制作或修改简历前我们不妨列一张表格，询问自己以下几个问题。

（1）我希望寻找什么样的工作？

首先，我们需要对自己的工作预期有初步的了解，具体包括自己的性格特点、兴趣爱好、期望的薪酬，以及偏好的工作地点、公司规模、工作环境等；还要考虑工作强度，比如能否接受加班、能否承受比较高的压力、能否接受高频率的出差等；有无中长期规划，比如是否要兼顾家庭、近期是否有继续读书的打算等。

对以上偏好进行归类，明确哪些是可以协调和改变的，哪些是毫无妥协余地的，这些无法妥协的点将会成为我们选择工作类型时的重要考量因素。

（2）满足以上条件的工作岗位有哪些？

我们可以通过与行业内部的人进行交流、去网上查询感兴趣的岗位并了解具体的工作内容等方式，寻找自己喜欢的公司和岗位，并且列出具有代表性的公司和岗位。例如：

从工作强度来看，互联网运营、游戏策划、投资银行、咨询公司等均属于高强度、高成长型企业；而财务、人事、行政、运营管理、高校科研院所、事业单位等则相对稳定和轻松；

从工作方式来看，如果自己有很强的自学能力和很多的想法，喜欢主导事物，那么选择去中小公司可能更容易崭露头角；如果希望有系统化的学习体制，有人给予指导和引领，还要有完善的组织管理和组织文化，则更适合在大企业中逐步实现职业成长。

（3）我是否适合这个工作？

我们需要在网上查找相关岗位的工作内容和任职要求，了解该岗位要求满足的条件和具备的技能，并对自己的现状进行 SWOT 分析。

优势 Strengths	劣势 Weaknesses
• 目标岗位要求的性格特点、技能、经验、专业等条件中有哪些是自己的优点 • 所在的学校、专业是否会给自己带来加分	• 目标岗位要求的性格特点、技能、经验、专业等有哪些是自己不具备的 • 哪些自身不具备的条件可以在短期内通过学习有所改善，哪些是不可改变的。短期无法改变的部分是否是影响企业录取的核心要素
机遇 Opportunities	挑战 Threats
• 目标岗位和企业的发展前景如何 • 该领域的人才需求量如何 • 通过哪些渠道可以了解该领域第一手的职业机会和资讯	• 这一领域的主要竞争者有哪些 • 未来的就业环境变化趋势如何 • 职业发展是否有天花板

通过 SWOT 分析进行明确的自我定位后，我们需要做的就是在简历撰写上突出自身的优势，在工作和学习中尽快弥补劣势，在求职渠道和信息获取上把握机遇，在遇到挫折和压力时坦然迎接挑战。

以上问答并非是一次性的，而是动态变化的，随着自己学识、职场阅历、能力等的提升，个人对自我的认知和对职业的定位会越来越清晰，而这个不断清晰的过程也是简历完善的过程。所以，每一个人都应尽早开始准备简历，而不是明天要找工作了，今天才开始临阵磨枪。一份优秀的简历不仅是自我营销的工具，能够帮助求职者争取到面试机会，而且是职业规划的蓝图，可以帮助求职者发现自身存在的不足，从而逐步提升和完善自己。本书的重点就是帮助每个人将自身的经历以更标准、更有表现力的形式展现出来，修改简历的过程也有助于我们对自己的职业规划（见图 1-1）进行总结和分析，从而更好地帮助自己做好职业定位。

在职业定位过程中，人们最容易犯的错误就是盲从。向优秀的人学习是对的，但是我们更需要具备独立思考和判断能力。例如，不能因为室友喜欢市场营销岗位，你也一门心思要应聘市场类岗位；班长报考了某个资格证书或参加了某个比赛，你也要跑过去凑个热闹；你本来计划大四就找工作，突然发现周围好几个朋友都在考研，然后自己也赶紧去报了个考研辅导班……这种盲从行为极容易打乱个人职业规划。

```
        ┌──────────────────────────┐
        │      进行职业定位          │
        └──────────────────────────┘
                    ↓
        ┌──────────────────────────┐
        │   制作/修改简历和求职信     │
        └──────────────────────────┘
                    ↓
        ┌──────────────────────────┐
        │        简历投递            │
        └──────────────────────────┘
                    ↓
自我认知、社会认知和
职业技能等得到提升
                                    否
            ◇ 是否录取 ◇ ──────→ ┌──────────────────┐
                                  │ 提升对应岗位所要   │
                    ↓是           │ 求的资质/技能      │
                                  └──────────────────┘
    否
        ◇ 工作内容、薪酬、行业发展 ◇
          是否与预期相符
                    ↓是
        ┌──────────────────────────┐
        │   成为某个领域的专业型人才   │
        └──────────────────────────┘
```

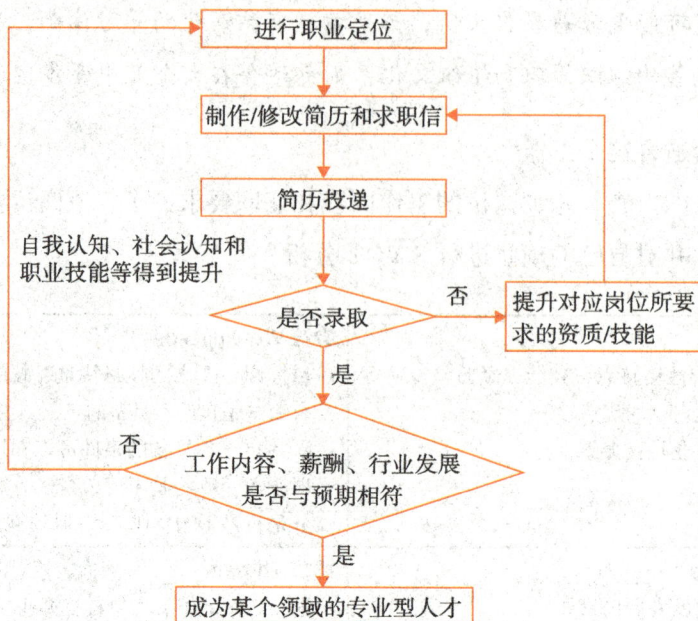

图 1-1　个人职业成长路径图

　　个人的职业发展定位和规划一旦确定，短期内不要轻易改变，除非在执行过程中发现现实与之前设想的完全不同。某知名研究机构曾对一群智力、学历和成长环境等都相似的年轻人进行了长达 25 年的跟踪调查，结果显示：成为行业领袖、社会精英等顶尖成功人士的人仅占 3%，他们共同的特点就是都拥有长期、清晰的目标且未曾更改。

　　在社会中生存，我们不可能不受到外界的干扰。当周围人的选择与自己不一致的时候，我们需要围绕着自己的规划进行冷静思考和分析，看看自己之前是否有分析不全面的地方，如果答案是"否"，那我们就应该踏踏实实朝着自己的目标继续前行。

1.2　HR 是如何筛选简历的

　　简历的阅读者一般是企业的 HR 和各用人部门，即便不在校招季，一些大企业核心岗位每天收到的简历也都数以百计，以 300 份算，1 份简历阅读 1 分钟就需要 5 个小时才能看完，这还不算电话沟通、简历分类等工作。此外，HR 每天还有公司培训、员工绩效评估等其他更重要的工作安排，因此事实上，一家大企业的 HR 浏览每份简历的平均用时一般不会超过 10 秒钟。你要想让自己的简历在这么短的时间内脱颖而出，必须充分了解 HR 的简历阅读习惯和"筛选套路"。

　　讲到底，人力资源部是企业对外招聘的窗口，负责将各部门的用人需求汇总，再发布到各大信息平台上。收到简历后，他们只对候选人进行初步筛选，然后将符合条件的那部分发送到用人部门。与业务和职能部门相比，HR 并不需要完全了解业务细节，他们初筛的标准通常有两点：一是从企业发展角度出发，看求职者的素质和能力是否和企业的发展步调一致；二是站在岗位和职业发展角度，看候选人的关键性的经验和能力是否与岗位要求匹配，所以很多时候他们只会看一些重点信息（见图 1-2）。

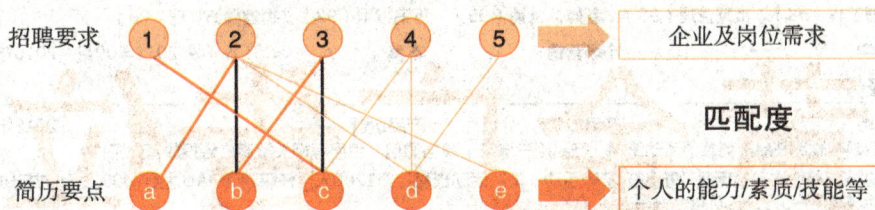

图 1-2　HR 筛选简历的标准

所以，让 HR 在最短的时间内获取他们最希望看到的信息就是简历胜出的关键。既然我们知道了问题的关键，那么如何解决这个问题呢？见招拆招，我们需要了解以下两点：

（1）HR 常见的阅读习惯（视线重点停留区域）；

（2）HR 希望快速获取哪些重点信息。

那么 HR 是如何阅读简历的呢？正常人的阅读习惯都是从上到下、从左到右，所以不管是哪个网站或 App，如果你要在顶端投放广告，价格一定是最贵的，因为这是最吸引眼球的位置。简历也不例外，中部偏上 1/3 的位置就是最核心的位置（图 1-3）。

图 1-3 是使用职徒简历制作的专业简历，排版也采用了目前非常受 HR 推崇的简洁风格。最顶端的部分是个人基本信息，HR 只有对求职者有兴趣并需要进一步联络时才会看这个部位的信息，而起初他们的视线会直接跳过这部分。粗框部分就是他们浏览的重点，所以一定要把与求职岗位最相关的，也是自己最有竞争力的部分展现在粗框内的位置。这样做的好处在于，可以尽可能地保证 HR 不会错过你希望展示给他的重点，进而争取到面试的机会。

那么 HR 最希望获取哪些重点信息呢？在简历筛选过程中，HR 不会一丝不苟地阅读简历，与其说是看不如说是从上到下快速"扫描"，扫描那些与岗位属性高度相关的信息。下面我们举几个例子。

（1）学校 / 学历：如果招聘岗位对学校或学历有明确要求，或者你本身就是名校的毕业生，那么就应该把相关信息放在这个黄金窗口位置。金融行业有很多公司对求职者的学校和学历都划出了严格的标准，如"985"或者"211"院校、硕士以上学历；再比

李安迪

188-8888-8888 ｜ ████████████ ｜ 上海市
微信：████████ ｜ QQ：████████ ｜ cv.utrainee.com
研二（每周可实习4天）｜ 入职时间：2019-03-27
女 ｜ 生日：1992-07-09 ｜ 165cm ｜ 55kg ｜ 湖南 ｜ 汉 ｜ 中共党员 ｜ 未婚

教育经历

上海交通大学	市场营销	硕士	2017年09月 - 2019年07月

- 全系排名：1/50，思源奖学金（2016-2017），上海市优秀毕业生，获得1次国家奖学金
- 营销工程（98），战略管理（95），新媒体营销（96），营销模型（92），销售渠道管理（96）

厦门大学	市场营销	本科	2012年09月 - 2016年06月

实习经历

黄金广告位

职徒简历	产品部	产品运营	2018年09月

- 负责职徒简历产品市场营销活动策划、产品用户增长，参与微信、百度等相关渠道广告投放等工作
- 策划"618暑期实习月历""每月一签""每月一签"等活动，单次活动最高拉新1200人，任职期间MAU达到3000，环比提升40%，累计增加用户5万，月复合增长率25%
- 撰写知乎简历撰写类文章10篇，最高单篇阅读量达3万次，单篇最高点赞1000+，收藏3000+
- 连续2个季度被评为优秀实习生，暑期实习后成功留任

美团点评	产品部	产品经理助理	2017年10月 - 2018年03月

- 协助产品经理进行市场和用户调研，绘制产品原型图，掌握完整用户研究、交互设计流程，可熟练使用 xmind,axzure，sketch等工具
- 负责D产品酒店模块迭代期间，完成100名用户访谈，绘制30余个产品原型图，日活用户由50万增长至80万，主页跳出率降低10%，付费购买率提升30%
- 参与完成D产品X模块上线整个流程，与视觉设计、前后端开发、用户运营多部门协调沟通，连续3个月每日平均工作10小时以上，并对上线后交互功能进行完善

项目经历

上海财经大学B&O创新项目	小组长&市场品牌	2018年03月 - 2018年05月

- 该项目为丹麦顶级奢侈品公司B&O全程赞助，录取学生来自上海财经大学和丹麦顶级学府，录取比例1/1000
- 负责项目组W产品市场需求分析、用户研究、问卷设计、路演PPT设计和最终展示，累计收回调查问卷200余份，协调和管理团队完成W产品功能设计、代码调试、模具定制和采购
- 参与设计宣传DEMO，成功在A产品众筹平台筹集获得资金5万元，在累计10万元经费下，在项目进度期内完成初级产品制作，并提前完成35件产品预售

校园组织

厦门大学校学生会	外联部	副主席兼外联部部长	2013年10月 - 2015年03月

- 招募外联部成员，重新设立外联组组织架构，设立校内联络组、招商组、预算管理组，制定部门管理制度，部门成员由初期10人，扩张为35人
- 任职期间成功获得外部赞助6次，累计赞助金额达26万，承办企业委托大型比赛2次（百事可乐校园歌手大赛、华为杯案例分析大赛），累计覆盖人群达5000人
- 外联部连续2年被评为学生会最佳部门，本人连续2年被评为校优秀学生干部

大赛获奖

- 华为杯案例分析大赛二等奖　　　　　　　　　　　　　　　　　　　2015年02月
- 宝洁供应链设计大赛二等奖　　　　　　　　　　　　　　　　　　　2018年03月

技能/证书及其他

- 语言: 雅思 (7)，英语六级 (587)，广东话 (母语)，日语 (简单日常用语)
- 技能: PPT (熟练掌握PPT动画制作)，Excel (熟悉数据透视表)，Photoshop，Sketch，Xmind思维导图，Axure
- 证书: 计算机二级 (C语言)，注册会计师 (通过会计、审计、财务管理)，证券从业资格 (全部通过)，基金从业资格
- 爱好: 钢琴 (业余十级)，跑步 (参加过3场以上马拉松比赛)，羽毛球 (校队主力成员)

图 1-3　简历中的"黄金广告位"

如一些独角兽公司或者上市公司，需要对投资者披露企业内硕士以上、本科以上学历人数占比等。在校学生找实习、应届生求职时，如果学校背景好，专业与岗位对口，最好把教育背景放在前面；而如果已经有了几年工作经验，教育背景就相对次要了。

（2）工作经验／实习经验：如果招聘岗位对经验要求比较高，就应该把相关的工作经验、实习经验等放在最前面。对于社会招聘，招聘部门往往更看重求职者以往的工作经验，包括曾任职的公司、岗位以及所取得的成绩等。一般而言，这部分内容应按照时间顺序倒叙排列，因为越靠后的工作不管是职位、经验还是所取得的成就，通常都会比前一份要好一些。但是不少求职者会在不止一个岗位工作过，且公司类型也都不同，这种情况下建议你对排序进行微调，将与应聘岗位最相关的一段工作经历放在最上面。

（3）技能／刚性资格证书：如果招聘岗位对求职者的软件技能、硬件技能有硬性要求，就把这部分内容放到最前面。例如，程序开发类岗位往往需要掌握多种不同的语言、框架、数据库和相关技术，这就要求求职者在简历顶端对自己的技能进行高度概括。

不少求职者喜欢将自我评价放在简历的第一部分，这样做好不好呢？如果你的经历相对分散且难以突出优势，比如跨行求职或者缺少相关岗位工作经验，通过个人总结可以高度提炼你的优势，以提升自身和目标岗位的契合度，那么将其放在这个黄金位置是合适的。但是好的个人总结并不容易撰写，在后面的章节我们会对该模块进行详细的介绍。

1.3 简历的基本要素

为了让阅读者更快捷地找到想要获取的信息，一份标准的简历需要将个人的背景经历划分为不同的模块，具体包括个人信息、工作经历、教育背景、项目经历、组织经历、技能爱好、荣誉证书等。

1. 个人基本信息（Personal Information）

必写模块。姓名、电话、邮箱、求职目标（Job Objective）、现居城市等基本为必填项，根据岗位性质决定是否填写籍贯、到岗时间、期望薪酬等。

2. 工作经历（Professional Experience）

必写模块。包括个人所有的工作经历和实习经历，一般按照倒序排列，将最核心和相关的工作经历放在最前面。

3. 教育背景（Education or Academic Background）

必写模块。按最高学历倒序填写，一般仅写高中以上的教育背景（不含高中）。

4. 项目经历和研究经历（Project Experience or Research Experience）

可选模块。可以写上与工作岗位相关的项目经历和科研经历，如果申请工科研究生或研发类的岗位，这两块相对比较重要。

5. 组织和活动经历（Extracurricular Activities）

可选模块。视组织与岗位的相关性来定，如果求职者是应届毕业生，可以将相对核心的在校期间的组织和活动经历写进去。

6. 技能/证书/爱好/语言/荣誉和奖项（Skills & Certificates & Honors）

可选模块。每个子模块可单列，也可融入其他模块中，视申请岗位对该模块的重视程度而定。

大家一定要注意，必写模块和可选模块是与岗位直接相关的。例如，应届生是本市户籍或者应聘公司当地高校毕业的一般会有加分；如果申请科研类研究生，做过什么课题、有多少论文是最重要的一个模块；创业经历在应聘一些大型企业时往往是减分项，而在应聘一些中小型初创企业时往往又是加分项……所以，该写哪些不该写哪些一定要视岗位而定。

在对各个模块进行排序时，除了个人基本信息模块应放在简历的最顶端，其他模块的排位顺序也是因岗、因人而异的。简历的中上部是 HR 关注的核心位置，我们要把最重要也是最核心的模块排在前面，不重要的内容往后排，甚至将其从简历中剔除。

例如，对于研究型（学术类）的简历，工作经历可替换为研究经验（Research Experience）、教学经验（Teaching Experience），将与学术相关的个人的专利（Patents）、出版物（Publications）、会议演讲（Conference Presentations）等单独列示。

1.4　创作简历应当遵循的原则

简历是求职的敲门砖，简历是否优秀的评价标准是求职者能否利用简历得到面试机会并且斩获 Offer（录取通知）。求职者在创作简历时应遵循相应的原则，这样可以极大地提升简历的投递成功率。这些原则都是全局性的，也就是说需要应用在简历的各个模块中。求职者在简历制作完成后，不妨遵循这几条原则对简历进行优化（见图 1-4）。

图 1-4　创作简历的四项原则

1.4.1　相关性原则

相关性是简历撰写中最重要的一个原则，对于工作经验多的人，相关性更重要，无关的工作经验、项目经验等，不仅不会成为求职者的优势，反而有可能成为成功应聘的障碍。因为从求职者的角度出发，更多的经验和资历意味着更高的薪酬期待；而对招聘方而言，只有与招聘岗位高度相关的经验才是真正有效的经验，为什么要为一大堆无关的技能和经验买单呢？可以设想，一个 40 岁的求职者跨行去找一份与过往经历没有任何关联的工作，与一个 20 岁出头的年轻人对比，后者拥有更充沛的精力、更灵活的想法、更大的可塑性以及更低的薪资期待，同样没有相关经历，招聘方有什么理由不选择后者？在此，我也给大家一个建议：在大学实习期间或者刚毕业的 1～3 年内，你可以去体验希望尝试的行业和岗位，找到与自己兴趣及能力匹配的舞台，但之后务必把方向定下来，在一个领域深耕，直到成为某个领域的专业性人才，频繁地变动行业和岗位会对自身的职业生涯造成不良影响。

相关性可以分为招聘岗位的相关性和内容排序的相关性。

1. 招聘岗位的相关性

很多求职者往往看到某个岗位与自己目标大致匹配，就先把简历投递过去，等收到面试通知了再去看公司的业务情况和详细招聘信息。这是一种高效的方式，但不一定是有效的。我的建议是在求职的时候可以多投些简历以提升面试受邀的概率，但对于特别心仪的岗位，最好对简历做完针对性的优化后再投递。

HR 阅读一份简历的时间一般不超过 10 秒钟，面对大量的业务部门的招聘需求，作为业务"外行"，如果要完成这项任务，必然要快速提取出求职者简历中的关键信息，判断其与岗位的契合度，所以 HR 在简历筛选过程中一般是跳跃式地快速对关键词进行提取。例如，如果招聘的是新媒体运营人员，HR最关注的是阅读量、增长率、微信、抖音等相关词汇；如果招聘的是证券分析师，HR可能更关注的是CPA、投资收益、Wind、报告撰写等相关词汇。如果我们的简历中包含这些岗位的关键词，必然会引起HR的关注并有非常大的概率进入面试环节，而招聘公告就是我们获取这些关键信息的主要渠道。如果招聘公告中没有详细的职位职责及职位要求，我们可以通过查找其他公司类似职位的招聘信息来进行分析。

下面，我们以某企业的TMT行业分析师的招聘公告为例，看一下如何从中提炼关键信息。

岗位职责：

1.负责TMT行业（包括但不限于互联网、新媒体、通信、传媒出版、文化消费等子行业）相关公司的研究与分析，对行业进行调研、跟踪与预测，并撰写相关报告，提供投资建议；

2.对TMT行业发展现状及未来发展趋势进行研究，提供相关行业研究报告和投资策略；

3.构建TMT行业及相关公司的数据库，并定期维护数据库；

4.为公司相关项目和业务提供TMT行业相关专业支持。

5.完成领导交办的其他工作。

任职条件：

1.理工科硕士及以上学历，要求TMT相关专业背景；

2.三年以上工作经验，具有TMT行业工作经历、产业基金工作经历、TMT行业研究员从业经历者优先；

3.熟悉TMT行业相关领域专业知识，能独立撰写研究报告；

4.通过CPA、CFA考试者优先，熟练使用Wind、东方财富Choice工具；

5.工作细致耐心，具有良好的职业操守和较强的团队合作精神，能承受工作压力。品行端正，对公司忠诚，服从工作安排。

在对以上招聘公告中的关键信息进行标记后，接下来就是检查我们自己的简历中是否有这些关键词信息。

（1）行业相关性：在工作经历和项目经历模块，之前有没有行业研究的工作经历，有没有互联网、新媒体、通信、传媒出版、文化消费行业的从业经历或者项目经历。

（2）岗位技能相关性：在工作经历、项目经历、组织和活动经历模块中，是否有行业研究、研究报告撰写、投资策略制定的经验，有没有使用过 Wind 和东方财富 Choice 等工具。

（3）**教育背景相关性**：教育背景是否是硕士学历、是否是理工科；如果不是，有没有学习理工科相关的辅修课程；兴趣爱好里有没有写看过 TMT 相关的书籍；证书技能里有没有写通过 CPA、CFA 考试。

（4）**能力品质相关性**：在工作经验、项目经历、组织经历模块中有没有突出自己的团队精神和抗压能力（例如，作为团队成员或者领导，将某一项任务完成得极为出色，在时间短、任务难度高的情况下圆满解决问题）。

我建议，从招聘信息中提取出来的关键字要尽可能多地在简历中出现，必要时可以将字体加粗来凸显它们，相关性越高意味着简历越容易脱颖而出。其实，很多同类型岗位的招聘要求非常类似，我们可以根据关键字要求的种类在简历工具中创建多份简历，并把有一定差异性的关键字标注在简历上面，以应对不同的投递场景。下面是职徒简历中两份不同简历所设置的关键词标记示例（见图 1-5）。

图 1-5 不同简历所设置的关键词标记示例

随着大数据的兴起，现在几乎所有的招聘网站都会进行关键字筛选，并与网站神经网络算法相结合，以实现高效率的招聘。招聘网站会根据关键词进行双向推荐，即把与企业招聘需求契合的求职者推荐给企业，同时把符合求职者意向的岗位源源不断推荐过来。这也意味着如果简历中的关键词契合度高，它就会在相应企业面前有更多的曝光机会；而简历相关度低，可能应聘者根本无法看到对应的岗位。在招聘过程中，很多大企业收到的简历是数以万计的，他们会设置专门的关键词过滤系统，如果一些具有刚性要求的关键词无法匹配，简历会被系统自动过滤掉。

2. 内容排序的相关性

一般而言，简历中各个模块的经历是按照时间顺序倒序排列的，但是如果与相关性冲突，则相关性的优先级更高。随着人们实习、工作阅历的增加，简历的内容会越来越多，结构会越来越臃肿，这个时候必然需要进行删减，将与所应聘岗位无关的经历删除掉，只保留与申请岗位最相关的工作经历、项目经历、培训经历等。同时，对剩余的经历进行综合排序，将相关性强、能够展现个人成绩的经历放在前面，占据简历的黄金位置（页面上端约 1/3 的位置），将相关性弱的经历放置在后面，甚至可以只用一行标题来代替，这样面试官如果恰好感兴趣则可以针对这个细节进行提问。

在职徒简历中，我们可以对各个模块内的内容进行灵活调整，将经历顺序不同的简历分别保存，同时用简历标题和简历关键字标注出来，以应对不同场景的投递（见图1-6）。

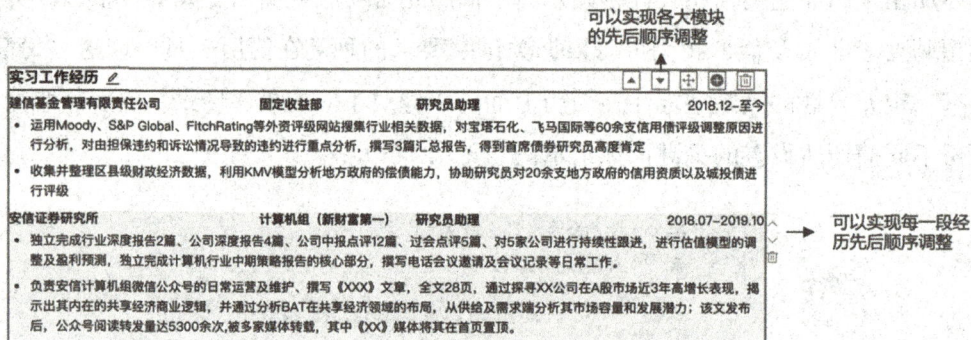

图 1-6　按投递场景调整先后顺序

1.4.2　简洁性原则

我们可以把简历想成作文，HR 是阅卷老师。我们都知道，工整的字体、清晰的段落层次可以提升作文的整体印象分，从而让我们获得更高的分数。对于简历撰写来说，简洁同样重要。

1. 排版简洁

很多求职者在撰写简历时，习惯去网上下载一些花里胡哨的模板，配上自己喜欢的颜色，再配点好看的图标，然后将个人信息在简历上下左右的各个位置随意放置。他们觉得简历要突出个性，以为这种独特酷炫的风格能够让自己的简历脱颖而出。

事实上，如果简历上各个模块的布局相同，HR 就可以根据思维惯性迅速在各个模块常见的位置找到想要的信息，而不会遗漏重要的信息；相反，如果简历模块相对另类，HR 就会耗费更多的时间去寻找相关信息，甚至有可能将关键信息遗漏掉，而且那些花哨的颜色、图标还会分散 HR 对核心内容的关注度。请记住，简历上最引人注目的应该是你想重点突出的经历内容，而不是花哨的色彩和另类的设计。因此，简历的背景可以统一设置为白色，校徽、校训以及其他多余的图标都不需要，更不要画蛇添足增加一个自认为很有设计感的简历封面。

每个模块的标题是 HR 寻找模块信息时率先看的地方，可以用下划线或浅底色等进行强调。同时，各模块标题保持垂直方向上的左对齐，整个版面的行间距、段间距、页边距等都保持一致。最好使用简历工具对整体的排版格式进行调整，避免因为局部调整发生错乱而影响整体的美观和简洁。

2. 文字简洁

创作简历时切忌将所有经历都用一整段的长篇文字来描述，因为语句越长，信息越不容易提炼。正确的做法是将一段经历按照工作内容、职责、成绩等进行分类，再使用段落符分行填写，用简明扼要的短句，将自身的核心能力、核心价值、核心成就用数据和关键词的形式表述清楚。

图 1-7 所示就是一个比较典型的简历样例。

1.4.3　客观性原则

简历是应聘者对自己过往经历的综述，在用词上可以进行适当的修饰，但前提是这段经历是真实发生的，如果无中生有或过度夸大，就会涉嫌简历造假。诚信问题是大多数企业的底线，优秀企业的 HR 往往经历过无数次的招聘，在这方面具有足够丰富的经验，千万不要有蒙混过关的想法。即便靠造假通过了简历筛选，在接下来的几轮面试环节，HR 深挖几个细节问题就会了解到你的真实经历，而且编造和过分夸大过往经历，会让你在面试时缺乏自信，回答提问时前后矛盾、漏洞百出，这种情况就是浪费双方的时间。

另外，简历中的语言描述不建议出现"你""我""他"这样的人称代词；撰写的角度应力求客观，尽量用简短的语句；避免用"乐观""幽默""有趣"等无事实依据的情感性词汇，而应使用具体的事例和数字化的表达方式。写完简历之后，可以把自己当作HR，用第三方的眼光评价一下简历是否合格，直到觉得无法再修改为止。

1.4.4　结果导向性

结果导向性不仅是撰写简历的一大原则，在日常的职场工作中也极为重要。我在本科阶段参加过某地产公司管理培训生宣讲会，当时有个同学向嘉宾提问说："我们这家

刘丽丽

188-8888-8888 ｜ hr@utrainee.com

求职意向：证券研究所

教育经历

| 上海财经大学 | 计算机科学与技术 | 本科 | 2016.09 - 2020.07 |

- GPA：3.7/4.0（3/100），获校级以上一等奖学金1次（Top 1%），二等奖学金2次（Top 3%）
- 荣誉和奖励：上海财经大学优秀学生干部、优秀毕业生、校园歌手大赛二等奖（5/400）

实习工作经历

| 建信基金管理有限责任公司 | 固定收益部 | 研究员助理 | 2018.12至今 |

- 运用Moody、S&P Global、FitchRating等外资评级网站搜集行业相关数据，对宝塔石化、飞马国际等60余支信用债评级调整原因进行分析，对由担保违约和诉讼情况导致的违约进行重点分析，撰写3篇汇总报告，得到首席债券研究员高度肯定
- 收集并整理区县级财政经济数据，利用KMV模型分析地方政府的偿债能力，协助研究员对20余支地方政府的信用资质以及城投债进行评级

| 安信证券研究所 | 计算机组（新财富第一） | 研究员助理 | 2018.07 - 2019.10 |

- 独立完成行业深度报告2篇、公司深度报告4篇、公司中报点评12篇、过会点评5篇、对5家公司进行持续性跟进，进行估值模型的调整及盈利预测，独立完成计算机行业中期策略报告的核心部分，撰写电话会议邀请以及会议记录等日常工作
- 负责安信计算机组微信公众号的日常运营与维护、撰写《XXX》文章，全文28页，通过探寻XX公司在A股市场近3年高增长表现，揭示出其内在的共享经济商业逻辑，并通过分析BAT在共享经济领域的布局，从供给及需求端分析其市场容量和发展潜力；该文发布后，公众号阅读转发量达5300余次，被多家媒体转载，其中《XX》媒体将其在首页置顶。

| 职徒（全国领先的大学生职业发展平台） | 校园市场部 | 市场营销校园合伙人 | 2018.06 - 2019.02 |

- 负责职徒上海、香港、纽约实训项目上线上下营销，及智能化简历平台在厦门大学的渠道拓展工作
- 负责项目文案的撰写和改版，完成2个新学院官方网站的商务投放，并采用EDM方式对1000+目标用户进行精准推广，协助举办2场在线讲座，成功邀请到摩根投行部VP和花旗银行人力资源部经理
- 半年个人完成销售额近10万元（占团队总业绩60%），为职徒简历带来700+活跃用户，获得职徒年度十佳校园大使证书及职徒总经理推荐信

| 中国农业银行无锡支行 | 对公业务 | 对公客户经理助理 | 2017.07 - 2018.09 |

- 协助对公客户经理进行不动产信息登记，核对客户财务报表数据的准确性和真实性，任职期间参与某A股上市公司2亿规模的贷款需求资料整理工作
- 协助大堂经理完成客户引导，指导客户办理开卡、存款、理财等相关业务，协助客户完成累计近2000万的理财产品购买

研究经历

| 高精度GNSS 信号处理研究（国家自然科学基金项目） | 软件组成员 | 2015.03 - 2017.05 |

- 在Visual Studio 下利用MFC编写卫星实时定向软件，基于最小二乘算法和乔里斯基分解优化多系统卫星定位精度，调用API 函数实现双线程串口通讯，利用队列解决消息数据传输不同步的问题
- 累计编写代码上万行，算法采用单历元解算，规避载波相位周跳问题，初始化时间节约30%，成功率提升35%，定向精度提升0.3m
- 《多约束条件的全球定位系统单频单历元短基线定向技术与实现》[J]. 上海交通大学学报，2015　　　（EI收录，检索号：20150710718633）

校园组织及活动经历

| 重庆大学经济管理学院学生会 | 外联部 | 部长 | 2014.09 - 2015.09 |

- 负责校园内部合作及校外招商引资，根据我院活动类型，策划与商户高匹配度的广告植入
- 累计洽谈合作机构超过50家，先后为雀巢咖啡、腾讯、好乐迪KTV等知名企业策划校园营销活动，参与12场商业性质的广告策划和投放，包括院迎新晚会、十佳歌手大赛等
- 任职期间，获取现金赞助金额达2万元，以及价值超过10万元的会员卡、设备租赁等活动物资；累计活动参与人数达1万余人，单次活动覆盖参与人数均超过1000人，活动现场为商户直接带来销售额累计超过3万元

| 谷歌杯益暖中华公益创意大赛一等奖 | 项目总负责 | 2010.11 - 2011.09 |

- 在2万余项目角逐中脱颖而出，获得谷歌中国3.6万元的项目资金扶持，对川渝地区"棒棒军"团体进行为期9个月的调研及关爱扶持工作，整个项目分为"走进棒棒军送温暖""全市义诊""关爱留守儿童""城市展览"4个大型环节
- 项目团队25人，项目全程覆盖川渝两地10余个城市，先后与重庆市肿瘤医院、广安义工社等10多个大型组织建立项目合作关系，先后被广安电视台、重庆晚报、重庆晨报等20余家主流媒体报道
- 项目被评为"公益无界奖"，项目成员中1人获得校五四青年奖章（10/30000），2人获得重庆市优秀学生（30/30000），5人获得校优秀青年志愿者，2人获得谷歌中国实习直接录取资格

技能/证书及其他

- 技能：Wind（熟练），Excel（熟练掌握数据透视表，可编写简单VBA程序），Java（3年经验）
- 证书：CFA（通过一级考试），证券从业资格证，基金从业资格证
- 爱好：跑步（上海国际马拉松198名，曾骑行从上海抵达青岛），读书（累计阅读证券交易类书籍超过100本）

图 1-7　标准简历样例

公司会加班吗？"嘉宾并没有给出直接答复，而是说："加班与否并非是关键点，但是你负责的工作你需要做完、做好。"在职场中，当你的上级询问你为什么设置的目标没有实现时，最不希望听到的回答是"我已经做了 A、做了 B，但是依然没有效果，这种情况下，我也没办法"。这是一种不负责任、敷衍了事的回答，领导其实并不关心你做过什么，只在意你实现了什么，做了什么是你在工作过程中必然会经历的事情，而做成什么样子才是你能力的体现。职场升级的速度取决于你面对工作困境时的思考力和解决问题的能力，经历了同样的时间，有的人已经成为公司核心管理层，薪资翻了几十倍，有的则还在原地踏步。

因此，我们不仅要在简历中以结果为核心去陈述我们的过往经历，也要在工作过程中刻意去培养自己的结果导向性思维，多问一下自己"这件事情我已经做得足够好了吗""这件事情还有更好的解决方法吗""这件事情还有什么改进的空间吗"，只有这样才能不断取得职业上的进步。

那么如何在简历中通过结果导向式的表达来凸显个人的能力呢？这里教大家两个技巧：数字化表达和善用行为词。

1. 数字化表达

写简历时，我们一定要善于挖掘自己所有经历中能够用数字说话的部分，数字化的描述会让表达更加准确、更有冲击力和说服力。数额（比如任职当年完成了多少销售额、个人的销售业绩在团队中占比多少等）、效率（例如通过改进某个程序的算法结构，使执行效率提升了多少个百分点等）、数量（运营的公众号达到了多少阅读量、日活用户的数量达到多少等），这些都是比较容易数字化的点。教育经历里的成绩、排名，工作经历和项目经历里的个人成就、晋升速度，组织活动经历里所获得的成果和奖项，这些都可以用数字化的方式来表达。

2. 善用行为词

在描述过往经历的时候，简历中的行为词（Action Verbs）能够起到至关重要的作用，这类词汇能够直接、简洁地体现出个人的能力及其在团队中的作用。采用行为词开头的短句，结合数字化的表达方式，可以将以往经历精准有力地描述出来。

为了便于理解，我们来看一个例子。以下是一个在外汇公司担任市场策划的求职者的工作经历（修改前）。

FXKM 外汇金融集团	市场策划	2018.06 至今

曾经做过一段时间的外汇行业销售，做过半年的 Top Sales，后来转到市场部做市场策划和文案策划，负责公司自媒体运营、媒体沟通、新闻稿撰写、品牌推广、线下展会以及沙龙和线上活动的创意策划。

这段话描述了该求职者在这家公司接近两年的工作经历，既包含了销售工作，也包含了市场工作，并且用了非常口语化的表达，使用了如"做过""转到"等词汇，而"运营""推广"等词语也缺乏语言表达的张力。既然提到了 Top Sales，那么具体销售额是多少？为什么要从销售岗位转到市场岗位（家庭原因还是能力原因）？在市场岗位取得了哪些成绩？这些以结果为导向的内容在简历中均未提及，就更不用说将具体经历用数字化的方式表达了。

我们根据岗位、工作内容以及所达到的结果对这段经历进行调整，同时加入行为化的词汇进行修改，修改后的经历如下。

FXKM 外汇金融集团　　　　**市场部**　　　　**市场策划主管**　　　　2018.06 至今

- 入职前 8 个月负责集团大中华区外汇销售工作，任职期间超额 50% 完成销售指标，获得 2 个季度销售冠军，归属客户资产平均增长率达 40%
- 因家庭原因转岗市场部，负责市场及文案策划工作，主导 5 场大型品牌展会（平均参与人数高达 5000 人），参与 3 次线上活动创意策划，累计覆盖人数超 20 万，将原有 10 家合作媒体渠道扩张为 50 家，撰写 25 篇品牌推广及媒体文章，公众号粉丝数量半年增长 80%

"负责""完成""主导""扩张"等词汇反映了该求职者在整个工作过程中所扮演的角色和所实现的价值，结合数字化的描述，让整段经历显得更加具体、更加吸引眼球。

我们在选择动词的时候，要优选"强动词"，规避"弱动词"。例如，"领导""负责"就会比"协助""参与"这些词更有张力一些。如无特别需要突出的原因，句式可以以动词开头，前面无需加任何主语和修饰性词汇。

通过上述案例，我们可以看到行为词对经历描述的意义，不同的行为词能反映出我们在工作过程中的角色和作用。下面，我们对常见的行为词进行整理。

（1）常见工作流程动词：

参与	编辑	校订	使用	处理	行使	查阅	实现	采购	提供	供应
完成	提交	汇报	支持	记录	辅助	保持	促进	阐述	担任	解释
参加	生产	销售	出售	执行	演示	宣传	反馈	发布	展示	介绍
出版	调试	测试	试验	报告	翻译	编写	计算	操作	修理	

（2）表现个人成就的行为词：

加快	获得	实现	得到	赢取	加速	降低	扩大	拓展	改善	改进
重构	创建	升级	完成	影响	增加	减少	掌握	完善	重塑	简化
扩张	提升	覆盖	加强	修复	重建	搭建				

（3）表现个人领导力的行为词：

负责　　召集　　指挥　　组建　　构建　　任命　　主导　　主持　　组织　　制定　　带领
领导　　牵头　　监督　　监管　　核查　　决定　　引导　　挑选　　调解　　影响

（4）表现组织管理能力的行为词：

组织　　协调　　配合　　调配　　统一　　分配　　归类　　分组　　划分　　沟通　　分类
汇总　　总结　　管理　　安排　　审阅　　收集　　比较　　贯彻　　维护　　派遣　　确保
争取　　整合　　建议　　发展　　修订　　评估　　推荐　　评定　　筹集　　管控

（5）表现开创和创新意识的行为词：

优化　　设立　　提出　　发起　　创立　　重构　　开创　　创造　　设计　　建立　　引进
发明　　改造　　翻新　　升级　　改变　　成立　　发行

（6）表现沟通和团队能力的行为词：

联合　　招募　　鼓励　　激发　　合作　　传达　　招待　　沟通　　接触　　联络　　联系
通知　　调解　　说服　　介绍　　和解

（7）表现解决问题能力的行为词：

解决　　排除　　消除　　化解　　完成　　达成　　实现

（8）表现研究、学习和应用能力的行为词：

学习　　应用　　检验　　开发　　研究　　探究　　检查　　观察　　搜集　　比较　　推导
得出　　洞悉　　查明　　回测　　测量　　调查　　校验　　核查　　计算　　推算　　分析
评估　　演算　　对比　　改造　　诊断　　调整　　证明　　测试

（9）表现教授、指导他人的行为词：

建议　　帮助　　教育　　教导　　培训　　咨询　　辅导　　教授　　训练　　指导　　指引
讲授

（10）表现计划能力的行为词：

筹备　　预测　　计划　　规划　　安排　　制定　　筹划　　预防　　准备　　构想

值得注意的是，简历中所描述的都是过去所发生的行为，所以在英文简历中所涉及的行为动词均以过去式的形式存在。更多的行为词及其对应的翻译，请查看附录 1 "简历行为词中英文对照表"。

1.5　简历排版规则

简历核心内容（关键性技能和经验）是取得面试机会的关键，而撰写规范和排版规则对提升简历的竞争力也很重要，尤其在应聘一些非技术类的岗位（比如咨询、投行、市场）时，遵循相应的撰写和排版规则，可以给 HR 留下态度严谨、做事细心的第一印象。

一般而言，简历在内容布局和排版上需要遵循以下几个规则。

1.5.1　一页纸规则

好的简历一般都是一页纸。肯定有求职者会说："我的经历太多了，而且随着后续经历的持续增加，别说一页了，三四页都放不下。"但是，这么多经历里面，与岗位相关的有多少呢？能表现你核心竞争力的有多少呢？是不是有很多经历属性雷同？从 HR 的角度思考，一份三四页的简历，意味着要花费三四倍的时间去阅读，而且增加了筛选关键信息的难度，这就是求职者不会换位思考的表现。所以，这个时候我们需要做减法，将无关的经历删除，薄弱的经历不写或者少些，以保证把最有效的经历在一页中展现出来。职徒简历就提供了"自动一页"的功能（见图 1-8）。

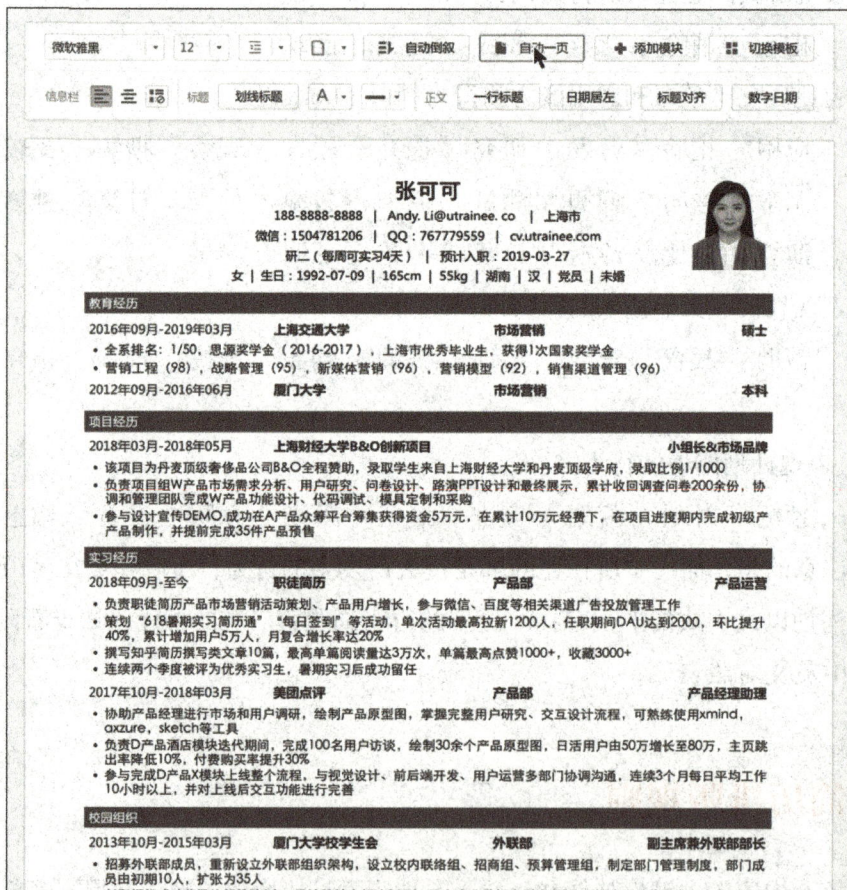

图 1-8　简历内容放在一页中展示

根据申请岗位的不同，简历中的各个模块需要进行一定的移动、增加或删减。这种情况下，建议可以先做一份大而全的简历作为原始素材，之后根据不同岗位的要求在这份简历的基础上进行修改，将不相关的信息删除，或者是替换成相关的信息，紧密结合岗位需求写出匹配度高的简历，再将内容压缩到一页。

随着移动互联网的兴起，诸如 BOSS 直聘、拉勾网等平台都支持在线的简历，这种简历因为直接以网页形式存在，且手机屏幕较小，如果将一屏定义为一页的话，超出一屏（一页）是必然的，因此在这里就不用拘泥于一屏的规则，但是优先呈现和岗位相关的经历这一规则是不变的。由于这些网页简历都有各自的 Logo 和布局排版，其便携性和平台之间的通用性不佳，好在这些网站一般都会有上传附件简历的功能，建议求职者在制作网页简历之后，同步上传一份标准的一页附件简历，在 HR 索取简历时，将附件简历发送给他们，并在面试的时候打印一份带上。

科研工作者经常是身兼数职，在求职高校学术研究型岗位时，需要在简历中列出个人所有的论文、出版物、学术会议、专利等信息，以教学、研究成果为导向，且应聘该类岗位的求职者数量往往不会太多，所以也无须考虑一页纸的限制。

1.5.2　经历倒叙

简历可以划分为多个模块，每个模块里面的经历都应该按照时间顺序倒序排列。俗话说"人往高处走"，随着时间的推移、阅历的增加，人们在工作中担任的职位、所做项目的规模以及所获奖项的分量都会不断变化，越接近当前时间点的经历越能反映当下的状况。所以在每个模块中，我们要先筛选出与这个职位相关的经历，然后按照倒序进行排列。有些简历工具有自动倒叙的功能，即便之前的经历排序是混乱的，一键就可以实现自动倒叙。不仅如此，还可以在网页上实现模块与模块之间、模块内部顺序的整体调整（见图 1-9）。

1.5.3　字体和字号

不管是中文字体还是英文字体，从大类上可以分为衬线字体（Serif）和无衬线字体（Sans Serif），衬线字体在字形上表现为首尾的装饰和笔画粗细的变化（见图 1-10）。

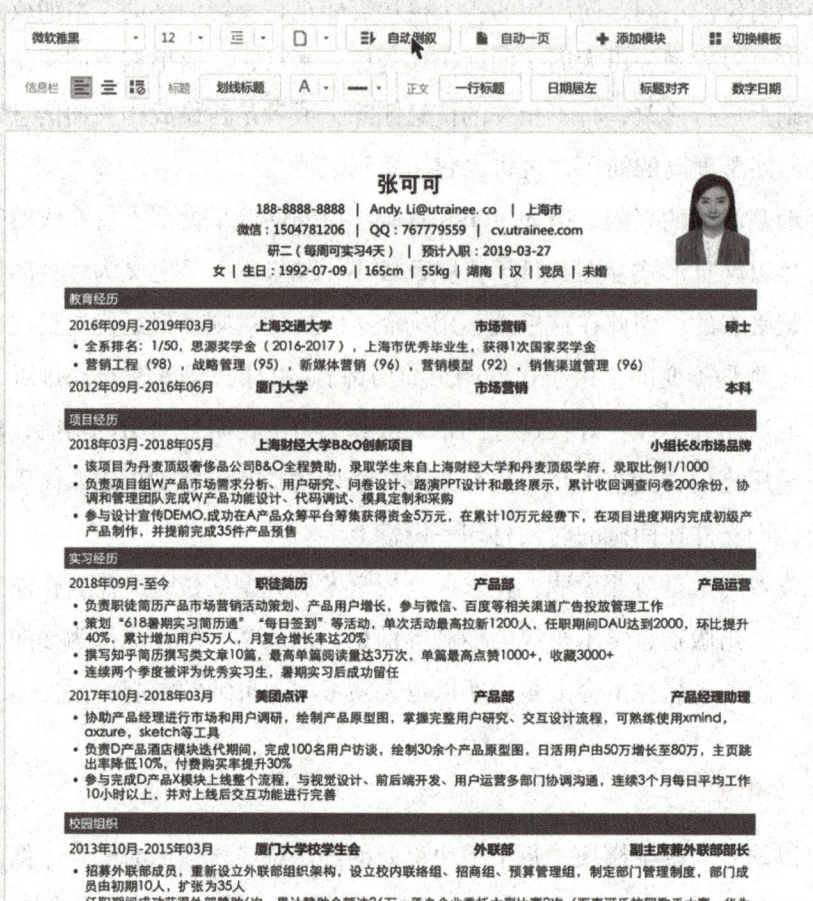

图 1-9　简历工具中"自动倒叙"的功能

我是宋体，我是一种衬线字体，笔画末端的修饰让我更加刚劲有力。

我是黑体，我是一种无衬线字体，笔画粗细接近相等，更加简洁。

图 1-10　衬线字体和无衬线字体的区别

　　一份简历的字体建议不超过 2 种，最好是全篇只使用一种字体，过多的字体会让简历显得杂乱。最好不要用那些"拉风帅气"的连体字、英文的圆体字等，这些字体往往适用于艺术类的海报设计，整份简历都是连体字的话绝对会让阅读者晕眩，当然，求职设计类岗位的除外。同时，选择字体时还需要考虑到电脑自带字体的兼容性（如果对方电脑上没有安装你所用的字体，会用一种新的字体替代，那就可能导致排版出现错乱），因此建议选用常规的字体。

1. 字体选择

（1）中文字体：推荐宋体（思源宋体、华文中宋）、黑体（华文黑体、微软雅黑、方正黑体）、楷体（华文楷体）等，这些字体设计都不错，而且大部分字体都是 Windows 系统或者苹果系统自带的。

（2）英文字体：推荐 Times New Roman 和 Palatino Linotype 这两款有衬线字体、Arial 和 Helvetica 这两款无衬线字体。Times New Roman 是老牌字体，在印刷体中表现出众；Palatino Linotype 是哈佛商学院、沃顿商学院等知名学府在正式文稿、论文、简历中推荐使用的字体，也是 Windows 系统和 Mac OS 系统自带的字体；Arial 和 Helvetica 这两款字体非常相似，字号小的时候无法看出细节上的区别，Helvetica 更有历史，也是 Mac 电脑默认的字体，Arial 是 Windows 电脑自带的字体。

2. 字号选择

关于字体大小，我们分成几个部分来讲，从最大的字号到最小的字号依次说明。

（1）姓名：作为简历中区别性最大的也是最有代表性的部分，名字要放在简历的最顶端，字号也应该是简历中最大的，一般采用 22 号（二号）。

（2）各个模块的标题：各个模块标题的大小取决于正文的整体大小，一般需要比正文大 1 ~ 2 个字号，最小不能小于 12 号字体，再小看起来会非常吃力。对于英文简历而言，模块标题的所有字母建议全部大写，如 EDUCATION、PROJECTS 等。不管是中文还是英文简历，每个模块的标题文字都要加粗，以示强调。除此之外，模块的标题可以加上分割线与正文部分进行分割。下面是两种分割样式的示例，都是比较受 HR 青睐的简洁风格。

样式一：

实习经历

××公司	产品部	产品运营	2018年09月至今

- 负责××公司市场营销活动策划、产品用户增长，参与微信、百度等相关渠道广告投放管理工作
- 策划"618暑期实习简历通""每日签到"等活动，单次活动最高拉新1200人，任职期间DAU达到2000，环比提升40%，累计增加用户5万人，月复合增长率达20%
- 撰写知乎简历撰写类文章10篇，最高单篇阅读量达3万次，单篇最高点赞1000+，收藏3000+
- 连续2个季度被评为优秀实习生，暑期实习后成功留任

样式二：

实习经历			
××公司	产品部	产品运营	2018年09月-至今

- 负责××公司市场营销活动策划、产品用户增长，参与微信、百度等相关渠道广告投放管理工作
- 策划"618暑期实习简历通""每日签到"等活动，单次活动最高拉新1200人，任职期间DAU达到2000，环比提升40%，累计增加用户5万人，月复合增长率达20%
- 撰写知乎简历撰写类文章10篇，最高单篇阅读量达3万次，单篇最高点赞1000+，收藏3000+
- 连续2个季度被评为优秀实习生，暑期实习后成功留任

（3）经历标题：这里又可分为主标题信息和次标题信息。例如学校名称、项目名称、组织名称、公司名称等相对比较重要，而专业、部门、岗位等相对次要一些。如果简历中所有的标题都是一行，建议加粗；如果采用两行标题，粗体面积过大会影响整体美观，那么次标题无需加粗。在字体大小上，经历标题与正文保持一致即可。在创作英文简历时，岗位、部门建议用斜体，这样既能和正文及主标题区分，整体又显得简洁美观。示例如下。

Bank of China(Fortune Global 500)   Sept. 2017-Dec. 2017
Financial and Risk Analyst Intern   *Beijing, China*
- Analyzed the financial performance of 20+ companies by computing liquidity, solvency and profitability ratios
- Summarized the loan details of 50+ default accounts and provided recommendations on mitigating credit risks by 3%
- Performed due diligence on clients' financial statements and used a risk control framework to assess their market/credit risks
- Drafted a report on the polices and regulations governing financial securities, taxes and foreign investments
- Improved understanding of strategic, compliance risk, audit risk and cyber risk assessments

（4）正文内容：根据我们的研究和尝试，简历正文的字号最好是 12～14 号，太大会显得笨拙且内容会显得单薄，太小读者看起来会比较吃力。正文之中建议使用项目符对经历进行分列，把工作重点和取得的成绩逐条列示。不建议用下划线，因为在不同位置多次使用下划线会让整个页面显得非常混乱，如果正文有要突出的关键字，建议加粗显示就可以，但也不建议过多使用，仅突出最核心的内容就可以。

1.5.4　对齐和留白

在简历正文中，每个模块每一竖行的标题都应当保持对齐，这样整体视觉上会更显美观，很多咨询公司和投资银行的 HR 在这点上都非常挑剔，会着重看简历上的各种细节；内容上建议用段落符分段排布，简明扼要说明经历关键点，整体居左对齐。

适当的留白是非常有必要的，要给简历留有适当的页边距，同时基本信息部分也不建议排布得太满，如果整页都是密密麻麻的文字，会让阅读者产生窒息感，影响他们对简历的第一印象（见图 1-11）。

← 留白

李安迪

188-8888-6666 | Andy.Li@utrainee.com | 上海市
研二 | 入职时间: 2019-03-27 | 求职意向: 产品运营

教育经历

上海交通大学	市场营销	硕士	2016年09月 – 2019年03月

- 全系排名1/50，思源奖学金（2016-2017），上海市优秀毕业生，获得2次国家奖学金
- 营销工程（98），战略管理（95），新媒体营销（96），营销模型（92）

厦门大学	市场营销	本科	2012年09月 – 2016年06月

对齐

实习经历

职徒简历	产品部	产品运营	2018年09月 – 至今

- 负责职徒简历产品市场营销活动策划、产品用户增长，参与微信、百度等相关渠道广告投放管理工作
- 策划"618暑期实习简历通""每日签到"等活动，单次活动最高拉新1200人，任职期间DAU达到2000，环比提升40%，累计增加用户5万人，月复合增长率达20%
- 撰写知乎简历撰写类文章10篇，最高单篇阅读量达3万次，单篇最高点赞1000+，收藏3000+
- 连续2个季度被评为优秀实习生，暑期实习后成功留任

美团点评	产品部	产品经理助理	2017年10月 – 2018年03月

- 协助产品经理进行市场和用户调研，绘制产品原型图，掌握完整用户研究、交互设计流程，可熟练使用xmind，axzure，sketch等工具
- 负责D产品酒店模块迭代期间，完成100名用户访谈，绘制30余个产品原型图，日活用户由50万增长至80万，主页跳出率降低10%，付费购买率提升30%
- 参与完成D产品X模块上线整个流程，与视觉设计、前后端开发、用户运营多部门协调沟通，连续3个月每日平均工作10小时以上，并对上线后交互功能进行完善

项目经历

上海交通大学B&O创新项目	小组长&市场品牌	2018年03月 – 2018年05月

- 该项目为丹麦顶级奢侈品公司B&O全程赞助，录取学生来自上海交通大学和丹麦顶级学府，录取比例1/1000
- 负责项目组W产品市场需求分析、用户研究、问卷设计、路演PPT设计和最终展示，累计收回调查问卷200余份，协调和管理团队完成W产品功能设计、代码调试、模具定制和采购
- 参与设计宣传DEMO，成功在A产品众筹平台筹集获得资金5万元，在累计10万元经费下，在项目进度期内完成初级产品制作，并提前完成35件产品预售

段落符

校园组织

厦门大学校学生会	外联部	副主席兼外联部部长	2013年10月 – 2015年03月

- 招募外联部成员，重新设立外联部组织架构，设立校内联络组、招商组、预算管理组，制定部门管理制度，部门成员由初期10人，扩张为35人
- 任职期间成功获得外部赞助6次，累计赞助金额达26万，承办企业委托大型比赛2次（百事可乐校园歌手大赛、华为杯案例分析大赛），累计覆盖人群达5000人
- 外联部任职期间，连续2年被评为学生会最佳部门，连续2年被评为校优秀学生干部

大赛获奖

- 华为杯案例分析大赛二等奖　　　　　　　　　　　　　　　　　　　　　　2015年02月
- 宝洁杯供应链设计大赛二等奖　　　　　　　　　　　　　　　　　　　　　　2018年03月

技能/证书及其他

- 技能：PPT（熟练掌握PPT动画制作），Excel（熟悉数据透视表），Photoshop，Sketch，Axzure，Xmind思维导图
- 证书：计算机二级证书（C语言），证券从业资格（全部通过），基金从业资格，CFA(注册金融分析师)，CPA(注册会计师)
- 爱好：钢琴（业余十级），跑步（参加过3场以上马拉松比赛），羽毛球（校队主力成员）
- 语言：英语六级（587），雅思（7），日语（简单日常用语），广东话（母语）

图1-11 简历中的留白、对齐、段落符

1.5.5　简历印刷和传播规范

我建议，发送给 HR 的简历最好使用 PDF 格式，这样可以确保对方看到的就是你精心制作的干净简洁的简历。如果是 Word 格式的，HR 电脑或者打印店电脑里恰好没有你制作简历所使用的字体，其格式极可能就会变乱，而 PDF 格式的简历就不会出现这种情况。有的求职者会担心 HR 那边没有阅读 PDF 文件的软件，这点无需担心，因为 PDF 文件用大部分浏览器都可以打开。

另外，面试前要携带 1~2 份纸质简历，以方便 HR 阅读。简历最好用 80 克以上的白色 A4 纸打印，黑白或彩印均可。

1.6　中英文简历的差异

对于大多数国内的求职者而言，中文简历是必需品，而英文简历的使用范围稍窄，主要的使用场景包括申请境外研究生、求职外资企业和中外合资企业等。不过，我们仍然建议求职者准备一份英文简历。随着全球化的到来，人们与外商打交道的机会越来越多，很多技术文档也是用英文撰写的，而且良好的英文读写能力本身就是个人素质的加分项。

英文简历不能简单照搬中文简历，也不能只将对应的内容做简单的翻译，因为不管是在语言表达、排版方式还是在内容体现上，中英文简历都有所不同，下面我们看一下二者的区别。

1.6.1　排版方式

英文简历的整体形式要求与中文简历大体一致，都力求信息简洁明了，排版风格一般与中文保持一致。但是，由于英文单词相对比较长，一般采取两行标题的格式，而中文简历一行或两行标题都可以。

英文简历两行标题示例：

EDUCATION

Shanghai Jiao Tong University　　　　　　　　　　　　　　　　　　　　Expected 2019.07
Finance Master of Business Administration GPA: 3.5/4　　　　　　　　　　*Shanghai, China*

- Certifications: CMA (passed) , ACCA (five course passed)
- Honors: First-class Scholarship of Shanghai Jiao Tong University(2017), Excellent Student Leader of Shanghai Jiao Tong University(2018)

中文简历一行标题示例：

教育经历
_____

上海交通大学　　　　　　　　市场营销　　　　　硕士　　　　　　　　　2016年09月–2019年03月
- 全系排名1/50，思源奖学金（2016–2017），上海市优秀毕业生，获得2次国家奖学金
- 营销工程（98），战略管理（95），新媒体营销（96），营销模型（92）

1.6.2　内容呈现

我们针对中文简历和英文简历在各个模块的区别做了一张对比表，供求职者们学习参考（见表 1-1）。

表 1-1　中英文简历对比

简历模块	中文简历	英文简历
基本信息	必填项：姓名、邮箱、电话 选填项：求职目标、现居地 无关项：性别、照片、身高、体重、婚姻状况、政治面貌等无关项仅在企业明确要求写的时候写，没有要求的时候不写	简单的基本信息：姓名、电话、现居地、邮编、求职目标等 其他信息不建议填写，照片不建议放置
教育背景	可罗列主要课程及分数，一般用专业排名来比较成绩好坏；学历按照本科、硕士等划分，一般不会展示学位类型	一般以 GPA 作为成绩的评价标准，学位类型需要展示
工作经历 / 实习经历	更注重个人的经历和岗位的匹配度	更加注重个人的学习能力、成长性、专业能力等综合素质与企业文化的匹配性
项目经历 / 研究经历	因岗而异	因岗而异
组织和活动经历	更侧重求职者的社会实践和组织能力	更侧重求职者的创新能力、组织能力、沟通能力等综合素质
荣誉奖项	如优秀学生干部等荣誉，需结合地方就业政策填写，会有倾向性	与中文简历区别不大
职业技能 / 证书	偏重中国境内的证书考试	更关注当地国家举办的证书考试
语言	某些特定岗位会对语言有一定的要求	注重英语的听说读写能力，尤其是写作能力

1.6.3　表达方式

英文简历除了要使用过去式外，对关键词（Key Words）和行为词（Action Words）的表达更为关注，以保证 HR 能够快速获取关键信息。如果求职纯外资企业或者是去国

外求学，且自己的英文能力一般，建议找常驻英美的老师来协助翻译，标准的英美式表达有助于求职者获得面试机会。

以下是一份标准的英文简历示例（见图 1-12）。

Cindy, Liu

(021) 8027-0126 | contact@utrainee.com

EDUCATION

University of Rochester, Simon Business School Rochester, NY
M.S. in Finance | GPA: 3.8/4.0 *Expected 12/2019*
Honor: Merit Scholarship Recipient (2018)

Capital University of Economics and Business Beijing, China
Bachelor of Business Management Economics, Major: Accounting | GPA: 3.83/4.0 09/2014-06/2018
Honor: Outstanding Student Scholarship (2014-2018)

EXPERIENCE

CJ Group Beijing, China
Investment Analyst Intern | Marketing Team 02-06/2018
- Prepared the quarterly ROI reports to evaluate marketing, media, sales and promotions spend
- Conducted statistical analysis to analyze customer patterns and purchase behaviors across 5 regions
- Integrated data from multiple data bases to draw insights on product pricing, sales forecasts and marketing budgets
- Provided technical recommendations to optimize data base management by 30%
- Assisted the Senior Manager in improving financial policies and developing new accounting protocols

Bank of China Beijing, China
Financial and Risk Analyst Intern 09-11/2017
- Analyzed the financial performance of 20+ companies by computing liquidity, solvency and profitability ratios
- Summarized the loan details of 50+ default accounts and provided recommendations on mitigating credit risks by 3%
- Performed due diligence on clients' financial statements and used a risk control framework to assess their market/credit risks
- Drafted a report on the polices and regulations governing financial securities, taxes and foreign investments
- Improved understanding of strategic, compliance risk, audit risk and cyber risk assessments

Ernst & Young Beijing, China
Audit Intern | Financial Group 07-09/2017
- Ensured cash disbursements, purchasing card transactions and travel expense reports complied with company policies
- Completed audit manuscripts and provided confirmations to clients and banks.
- Documented test findings and reported results to the Department of Audits Leadership Team.
- Performed thorough bank reconciliation to ensure 100% accuracy on the financial statements and negotiated with clients to solve problems in time
- Recommended new metrics, financial controls and KPI's to reduce costs and to improve business practice

China Dragon Securities Beijing, China
Investment Analyst Intern | Investment Banking Division 01-03/2017
- Investigated economic trends in equity markets and identified industry drivers for the TMT sectors
- Provided analysis support in the IPO worth $25M of Tangshan Sunfar Silicon Industry Co
- Used the DCF, the NPV and the Ratio Valuation method to assess the company's value
- Provided research on investment trends, capital markets and consumer markets for the firms group managers

PROJECT

Equity Research & Investment Training Program
- Performed due diligence for target companies, such as Costco, Facebook and AT&T, using multiple resources (e.g. Bloomberg, Yahoo Finance and annual reports)
- Evaluated the companies using the DCF, comparable companies and precedent transactions methods
- Developed equity reports in an easily understandable way and prepared the presentation decks
- Built an equity portfolio in a virtual trading account and achieved an annual return as of 23% from 2017-2019

CERTIFICATIONS, SKILLS & INTERESTS

- **Certification:** ACCA (Association of Chartered Certified Accountants) Certified
- **Technical Skills:** Advanced Excel (Pivot-Table/Macros/Solver/Modeling/Data Analysis), R, Python, Bloomberg, MATLAB
- **Languages:** English (Fluent), Mandarin (Native)
- **Interests:** Music (Vocalist for a Rock Band), Violist, Blogging, Toast Masters

图 1-12　英文简历示例

　　在投递简历的时候，如果是内资企业，投递中文简历就可以；如果是国内的外资企业，中英文简历合并在一起，以单个文件发送；如果招聘信息由纯英文构成，并且工作地点在国内，务必投递英文简历，或者中英文简历一起投递（英文简历在前，中文简历在后）。

第 2 章

中文简历制作

2.1　基本信息

　　基本信息是必须填写的栏目，但它并不是决定求职者能否进入面试的关键部分。该部分类似于简历的标题，简明扼要地告诉 HR 这份简历是属于谁的，以及如何联系该求职者。如果不是招聘方有特殊要求，这个部分一般尽可能保持简洁清晰，不要填写无关的冗余信息。

　　基本信息中，必须填写的信息包括姓名、电话、邮箱，可选择填写的信息包括求职目标、现居城市、联系地址、性别、年龄、出生日期、政治面貌、籍贯、民族、期望薪酬、到岗日期、QQ 或微信号、婚姻状况、身高体重、个人网站、照片、健康状况等。

1. 必填项

　　（1）姓名：一般位于简历最顶端，其代表了简历的标题。很多求职者画蛇添足般地在顶端写上"简历""个人简历"等标题，其实完全没必要：第一，即便不加这个标题，大家也知道这是简历；第二，名字才是你最有识别度的信息，也是 HR 在拨通你电话时第一个要核对的信息，所以务必让自己的名字足够醒目。如果你的名字比较生僻，最好在旁边加个括号标注一下拼音。

　　（2）电话：英文简历中的电话要加上国家代码，中文简历可不加。如果求职者正在国外，建议求职者在求职期间将国内电话开通国际漫游服务，因为国内很多公司的固定电话并不一定支持拨打海外号码。如果你没有国内号码，除了海外号码，还可以留一个国内亲属的电话以便紧急联系。如果并非大批量的校招，只是日常零星的实习招聘，HR 一般也会选择使用邮件与求职者取得联系。如果仍不放心，还可以留下微信号码，并在邮件正文中说明情况，重点提示方便的联系方式。总之，你写在简历上的必须是你正在使用的联系方式。之前曾遇到一些海外留学生，把国内已经注销的电话或者没有开通国际通话功能的号码写在简历上，HR 按这些号码给他们发短信通知面试，他们压根收不到，就这样错过了面试机会，实在非常可惜。

　　此外，国内手机号码的长度是 11 位，建议用短横线按 3-4-4 的方式将数字进行一下分割，如 188-1234-1234，这样 HR 在拨打电话的时候更容易阅读。

在求职高峰季，一定要有一部 24 小时开机、随时带在身边的手机，并保证处于非静音状态，以便及时接听各公司的来电。如有陌生号码来电，或者因重要的事没能及时接听，在方便时要及时回拨，避免错过 HR 来电。

需要注意的是，务必不要留公司电话。毕竟换工作是个人私事，同时在未明确要离职前就让领导或同事知道你要换工作并不是什么好事。

（3）邮箱：我们应优先选择大品牌的邮箱，如网易的 126 和 163 邮箱、移动的 139 邮箱（移动手机号同步）、Foxmail 邮箱（可与 QQ 邮箱同步）等。一来这些邮箱的后缀比较简短，容易记忆；二来这类邮箱的用户基数大，被绝大多数邮件服务器所兼容，可以确保你顺利地收发邮件。而有些比较小众的邮箱包括学校的 edu 邮箱，发送的邮件都有可能被对方的服务器拦截，将其归入垃圾邮件，导致求职者错失面试机会。

个人邮箱的用户名最好就是自己的中文名字或者英文名字直译的缩写（与名字有一定的关联性即可），如果已经被注册或占用的话，还可以采用英文名 + 中文姓氏、中文拼音 + 数字（注册日期、生日、幸运数字等）的形式，好的用户名能让对方一看就知道这是谁。

需要注意的是，不太建议在求职时使用 QQ 邮箱。QQ 本身偏社交和娱乐，会显得不那么正式或专业。

不过有的求职者常用的邮箱就是 QQ 邮箱，已经习惯了每天查看 QQ 邮件，那该怎么办？下面提供一个解决方案。

①点击 QQ 邮箱的账户栏目，把账户信息里的默认账户昵称设置为你的姓名（见图 2-1 ）。

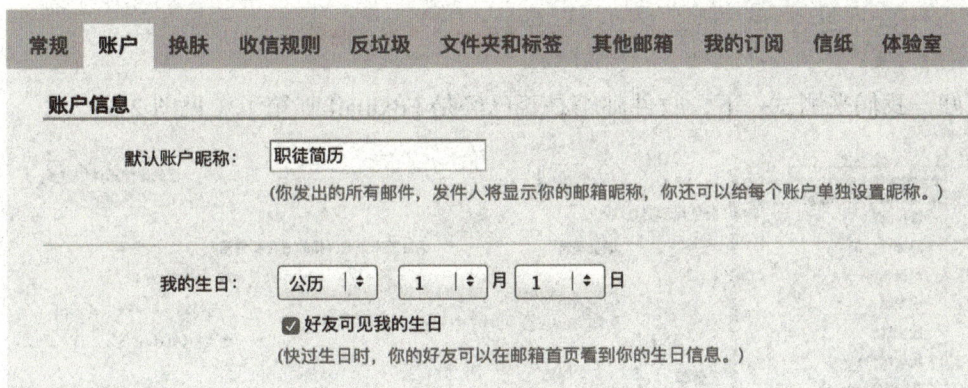

图 2-1　设置账户昵称

②注册英文 QQ 邮箱名（见图 2-2）。

邮箱账号

英文邮箱账号：　注册@qq.com英文账号...

（你还可以注册一个英文邮箱账号，例如：chen@qq.com，并以此登录。）

foxmail邮箱账号：　注册foxmail.com邮箱账号...

（使用@foxmail.com地址，沟通更显商务气质。）

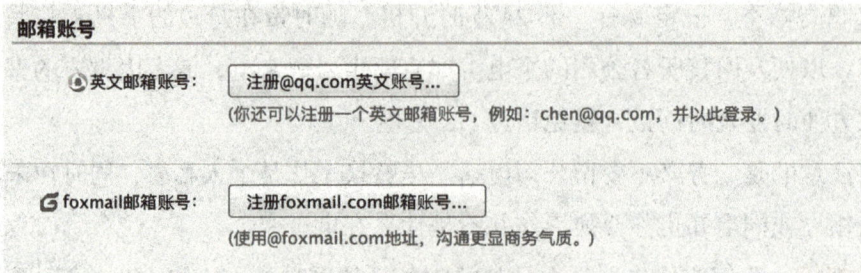

图 2-2　注册英文 QQ 邮箱

③绑定 Foxmail 作为 QQ 邮箱同名邮箱（见图 2-3）。

@foxmail.com　　开始注册

检测账号是否已被注册

图 2-3　绑定 Foxmail

④设置完成后，选择默认发件邮箱是 Foxmail 邮箱（见图 2-4）。

默认发信账号

utrainee@foxmail.com

邮箱账号

英文邮箱账号：　utrainee@qq.com

foxmail邮箱账号：　utrainee@foxmail.com

图 2-4　默认 Foxmail 为发件邮箱

好，我们来测试一下，收件邮箱是否已经是 Foxmail 邮箱了（见图 2-5）。

您的未读邮件数过多，您

收件箱(319)
星标邮件 ☆
群邮件(21)
草稿箱(4)
已发送
已删除
垃圾箱(1)　　[清空]
QQ邮件订阅(1)

今天 (4 封)

职徒简历　　请注意来信收件箱的名称和邮箱 - 这是一封测试邮件

测试

职徒简历　　QQ邮箱用户：您的@foxmail.co
utrainee@foxmail.com　往来邮件

请资格(AD) - 显示不正常，点

更早 (21　　拒收　　添加　　归档至...

图 2-5　设置成功

通过这种方式，在简历上留 Foxmail 邮箱显得更为正式和专业，而自己收发邮件使用 QQ 邮箱也更加便捷，一举两得。如果邮箱特别多，推荐一个工具"网易邮箱大师"，利用该工具在电脑端和手机端可以同步管理多个邮箱。

2. 选填项

在个人信息部分，有些内容要根据应聘单位的具体性质和职位要求来决定是否填写。例如，一般国企、事业单位倾向于要求个人信息全面，他们认为求职者的性别、年龄、籍贯、政治面貌、民族等都是重要信息，因此在应聘这类单位时建议将这些相应信息体现在简历中。下面，我们依次看一下选填内容的注意事项。

（1）照片：我们主要根据应聘岗位和公司发布的招聘要求来决定是否放照片。例如，对于有些业务型岗位（演员、销售、公关、市场、模特等）来说，高颜值是加分项。当然，有的公司不会明确地说要贴照片，但是在招聘要求里提到了形象气质良好等内容，求职者此时最好附上照片。英文简历一般不放照片。

如果决定要在简历中放置照片，请去正规的照相馆拍摄正装证件照，并和照相馆索取处理过的电子照片。照片背景用蓝、白、灰色都可以，忌用红色，具体可参照下图案例（见图 2-6）。照片贴放的位置一般位于简历右上角或个人信息的右侧，一般招聘网站或者是简历制作平台都可以对电子照片进行在线裁剪。

图 2-6　简历照片的正确选择和错误示例

（2）求职目标（求职意向）：如果自己的求职目标已经确定，建议填写此项，同时简历正文部分也要围绕着求职目标来突出自己的优势和竞争力。这样做有以下几点好处。

①简历内容更加有针对性。为了提高求职成功率，简历应围绕求职意向展开，工作

经历、实习经历、项目经历等都要尽量与求职意向相匹配。简历好比一篇命题作文，题目是目标岗位，正文围绕主题写，越贴合自然得分越高。

②公司同时招聘多个岗位的时候，写明求职目标可以帮助 HR 快速进行简历筛选和分类。如果简历上没有写明自己所应聘的岗位，将给 HR 带来很多额外工作。

③可以给用人单位留下良好的印象，大多数公司都喜欢目标和方向感明确的员工。

如果意向岗位在多个行业都有，比如运营岗位、销售岗位等，而不同行业的岗位用人标准有比较大的差异时，建议同时标注行业，如互联网产品运营、医药销售代表；如果该岗位以技术为导向或者大概率属于某一特定行业，则可以直接写岗位，如 UI 设计师、Java 工程师、股票交易员等。

需要注意的是，一份简历只能有一个求职目标，如果有多个职业目标，最好分别撰写不同的简历。如果一定要在一份简历中写两个目标，则两个目标岗位应当有很大的关联和相似性，且处于同一职级水平。过于宽泛的求职目标看似给用人单位很大的选择余地，实则是求职者自我定位不明确、竞争优势不突出的表现。

精准的求职目标示例

求职目标：平面设计

求职意向：财务分析

求职目标：Java 开发岗

求职意向：互联网行业内容运营

求职目标：行业研究 / 证券分析

宽泛的求职目标示例

求职目标：宝洁暑期实习生

求职意向：企业内部支持相关岗位

求职意向：设计类相关岗位

求职目标：教育行业相关岗位

此外，每一份简历都要针对求职意向进行适当修改（经历的排序、每段经历所要突出的亮点等），以尽可能满足该岗位的招聘需求。从某种程度上说，求职意向就是整份简历的灵魂，一份高质量的简历，即使不写求职意向，通过简历中的经历也能够对该应聘者进行相对精准的职业定位。所以，在此提醒求职者，一定要在某个领域有优于他人的能力、经历、经验，这样才能保证求职时立于不败之地。

（3）**年级**：如果是应聘实习岗位，建议写上年级，同时可以在后面括号里备注自己每周可以实习的天数。如果是应聘全职工作，则不用填写。

（4）**在职 / 离职**：如果招聘信息中明确说明希望立即到岗，可标注"已离职，可立即到岗"，或直接写明最早可入职时间。如没有要求，则不用填写。

（5）**现居城市、联系地址**：这两者选其一填写即可，优先选择现居城市。在一些公司的简历筛选标准中，求职者的居住地址也是重要考虑因素之一。如果现居城市和应聘岗位所在城市相同，建议标注现居城市，尤其是对一些寻找实习机会的求职者来说，同一个城市会有更大的优势（如果跨区域，住宿需要解决，实习补贴都不一定能覆盖租房成本，学校也有可能突然有紧急的事情要请假去处理等）。

举个例子，如果你就读高校在合肥，现居城市在上海，应聘公司所在城市为上海，这个时候务必填写现居城市，以让 HR 知道你是非常方便来参加面试的（现实中因异地而放弃面试的情况还是挺多的）。

如果你应聘的岗位不在同一个城市，建议在邮件中向 HR 说明，如"如果能够进入面试，我可以自费准时参加贵公司面试，同时可自行解决在当地的住宿问题"。对于一些大公司来说，安排外地的应聘人员前来面试并不困难，并且也可以报销来回路费，但是你在简历中注明类似的话，可以让 HR 减少安排你面试的顾虑。跨城市求职的成本确实高一些，但是为了获得心仪的岗位，尤其是对于在读学生或者应届生而言，多付出一些努力还是非常值得的。

（6）**详细联系地址**：现在是电子媒介时代，很多事情并不需要通过传统信件的方式沟通联络，所以如果招聘方没有特别要求，此项可以不填写。如果招聘方特别强调你的简历和相关资料需要通过快递寄送，那么简历基本信息里可以注明联系地址。当然，在某种情况下，地址也会成为你的一大优势，例如，居住地离公司近，基于交通成本和生活便利的考虑，这种员工一般稳定性会较高，HR 会优先考虑，这种情况下就最好把详细地址写出来。

（7）**性别**：招聘信息中如果没有明确要求男性或者女性优先，则不需要填写该项信息。

（8）**年龄 / 出生日期**：某些岗位对年龄有一定的要求，比如一些大型国企的管理岗位，没有多年的从业经历和阅历，是很难达到相关要求的；而在一些互联网企业"90后"都成为中流砥柱了，如果求职者是个"70后"，就不太符合企业的要求。所以，如果你所应聘的岗位的行业平均年龄与你的实际情况差距有些大，建议写上年龄，这样可以节省彼此的时间。

（9）**身高体重**：一般不填写，它只跟某些特定的岗位有关（如空乘人员、模特、主持人、演员等），对于大多数岗位而言是无关信息。

（10）**婚姻状况**：一般不填写。已婚已育在求职稳定型的岗位时会给求职者加分，在求职出差频繁的岗位时则可能给求职者减分。

（11）**民族**：一般不填写，但如应聘翻译类岗位，且对应语言是该民族的专属语言，如蒙古语翻译、韩语翻译等，标注民族会是一大优势，如不是则不填写。

（12）**籍贯**：一般不填写，如所应聘岗位需要较多地使用当地方言沟通，或招聘启事中明确说明当地户籍优先，则填写了会成为加分项。英文简历不填写。

（13）**政治面貌**：一般不填写，应聘部分岗位时需要填写，对大多数公司岗位来说属于无关信息。

（14）**期望薪酬**：社会招聘建议填写，这样可以提前让用人单位了解你的期望薪资水平，如果双方薪资完全不在一个区间内，面试也是浪费彼此的时间。求职者可以依照工作经验、市场行情、往期工资水平为自己设定一个期望薪资区间，撰写在简历上的应该是区间范围内的中间值或者偏下限值，毕竟选择一家公司时薪资只是一方面因素，这样不至于单纯因为薪资错失面试机会。

校园招聘和实习不需要填写，这个阶段的求职者尚未有工作经验和技能，往往需要经公司培训后才能上手工作，因此人才议价能力一般比较低，且同一家公司同一批次招聘薪资差异不会太大，这个信息对于招聘方而言并没有什么意义。

（15）**到岗日期**：如果企业有急招的需求，建议填写此项信息，比如"立即到岗""一周内到岗"，这样可增加简历通过率。至于待定、三个月之类的话，写了和没写其实差不多。

（16）**QQ/微信**：如果求职者人在国外，建议留下此项信息，以便 HR 在电话无法联系到你的时候，通过 QQ 和微信联系你。如果人在国内，电话和邮箱都可以畅通联系，就没必要填写了。

（17）**健康状况**：如果应聘食品、医药等相关企业，且目标企业是大型国企，有必要填写此项信息，其他的一般不填写。

（18）**个人主页**：是否填写视个人所应聘岗位而定。如果求职开发类岗位，可放置 Github、CSDN 的主页；如果求职设计类的岗位，可放置站酷、Behance、Dribble 的主页；如果求职内容运营的岗位，可放置个人知乎账号、微信公众号等信息；如果在国外求职，可放置自己的 Linkedin 主页；QQ 空间等社交性主页，不建议放置。

（19）**校徽**：如果是名校毕业或者该校是应聘企业的重点目标院校，应届生在求职时可放置校徽（学校 logo）以增加 HR 的认同感；如果不是，则不建议放置。校徽应放置在简历的页眉或者基本信息旁边的位置，与姓名平齐或高于姓名。

社会招聘一般不放校徽。换言之，学校的招牌在找工作时的作用会随着毕业时间的增长而递减，之后主要是靠自己的经验和硬实力。

在填写过程中，求职者一定要根据岗位情况进行无关信息的删减。下面这个案例几乎填写了全部信息，明显太多太杂了，让人抓不到重点（见图 2-7）。

李安迪

188-8888-8888 | Andy.Li@utrainee.com | 上海市

微信：█████████ | QQ：██████ | cv.utrainee.com

研二（每周可实习4天） | 预计入职：2019-03-27 求职意向：互联网产品运营

女 | 生日：1992-07-09 | 165cm | 55kg | 湖南 | 汉 | 中共党员 | 未婚

图 2-7 基本信息过多的示例

此外，再次强调一下，在英文简历里不要放置除了姓名、邮箱、电话之外的信息，性别、年龄、政治面貌、籍贯、民族等在应聘外资企业时一般都不写，因为外企很忌讳被冠以"性别歧视""民族歧视""地域歧视"等标签。

2.2 教育背景

对于应届毕业生或者寻找实习岗位的同学来说，建议把教育背景作为基本信息下面的第一个模块来展示，除非求职者在实习经验、项目经验和其他个人成就方面有非常出色的亮点。因为对于大多数学生而言，在刚毕业的时候学校还是其身份属性上最重要的标签。随着工作经验的增加，当你的工作履历已经足够替代学校的光环后，再把教育背景后置。例如，李彦宏是北京大学毕业的，但是他更为人熟知的身份是百度公司的董事长兼首席执行官。

有的求职者可能说："我的学校不够好啊，只是个二本院校怎么办？"首先，并不是所有企业、所有行业都那么看重学校背景，所以自信投递、自信面试，在求职时规避名校学生扎堆的企业，工作几年后靠自己的经验和实力通过社会招聘再寻找更合适的岗位；其次，你学校之外的履历是否足以弥补自己的教育背景？如果可以，确实可以后置教育背景。在工作的这几年，我们见证了很多学校背景一般却最终获得成功的求职者案例。例如，有一个在厦门某二本院校读书的同学，2017 年申请职徒的投行精英训练营项目，因为在校成绩优异（一等奖学金）、语言表达能力突出（辩论队队长）而被暑期训练营录取，在项目中她勤奋努力、收获满满。随后的一年时间里，她凭借这段经历和自己的软实力先后拿到了厦门国际银行投资银行部和 LVMH（路威酩轩，全球最大的奢侈品集团）商业分析岗实习 Offer，并在 2019 年初收到了 UCL（伦敦大学学院，全球排名前 10 的高校）的研究生录取通知书。在此之后，又有谁还在意她曾经的二本学历呢？这只是其中一个例子，我想说的是职业发展是一个漫长的过程，不要因为任何一段短暂的经历或不那么出彩的标签而自怨自艾，只要你持续不断地努力攀爬，把握每一个机会来提升自己，迟早有一天会发现，自己已经走在了通向成功的道路上。在此之前，请对自己充满信心，永远都不要放弃。

在给教育背景和实习工作经历的模块排序时，可以参考以下内容（见表 2-1）。

表 2-1　教育背景和实习工作经历排序

求职者特点			教育背景位置
非应届生社会招聘	全职工作 2 年以上		先工作经历，后教育背景
	全职工作不足 2 年		先教育背景，后工作经历
应届毕业生或实习生	重点高校		先教育背景，后实习背景
	普通高校	实习、实践经历丰富	先实习经历，后教育背景
		缺乏实习、实践经历	先教育背景，后实习经历

教育背景这一栏一般从大学开始写，如果求职者所就读的高中在当地有非常高的知名度，或者你在高中时取得了令人瞩目的成就，也可以写上高中的教育经历，例如高考状元、全国数学奥林匹克竞赛一等奖、美术考试全省第 5 名等。

接下来我们详细介绍一下填写每一个模块时的细节及注意事项。

1. 学历排序

学历应按照时间由晚到早、由高到低的顺序排列。在读的学历不管是否毕业都可以写上，截止日期填写预计毕业的日期。在英文简历里，一般写成 Expected MM/YYYY，即期望的毕业时间（见图 2-8）。

EDUCATION

Shanghai Jiao Tong University Expected June. 2021
Finance Master of Economics GPA: 3.8/4 *Shanghai, China*
- <u>Competition</u>: 1st Prize in Bain Cup Case Competition
- <u>Honor</u>: 1st Scholarship of Shanghai Jiao Tong University(2018),Excellent Student Leader of Shandong University(2018)

图 2-8　英文简历中的学历模块示例

2. 学校

如果求职者就读的院校的知名度足够高，在应届求职时会有更大的竞争力，尤其当你的院校是招聘方的目标院校时。例如，华为偏好西安电子科技大学、腾讯偏好电子科技大学、阿里偏好华中科技大学，那这些学校的应届生在应聘这几家企业时就更应该将学校信息重点写上去。如果求职者就读的高校本身资质不错但是知名度偏低，比如一些海外院校，由于信息不对称不为国内 HR 所熟知，求职者不妨在高校后面加括号标注（如 985、双一流、QS 排名 TOP100 等）。

如果求职者有出国交换的经历，或者读了第二专业，可以单起一行，并在学校名或者专业名后标注交换或第二专业字样（见图 2-9）。现在很多高校都有国际和国内跨校交换的机会，很多同一城市的高校之间也有跨校辅修的合作，如果个人就读的高校并不出众，一定要留意学校教务网和学院发布的信息，把握机会去一些知名度更高的高校交换和辅修，这样不管是对未来出国、求职还是保研都会有帮助。

教育经历

上海财经大学	市场营销	本科	2016.09–2019.03

- 全系排名1/50，思源奖学金（2016–2017），上海市优秀毕业生，获得2次国家奖学金
- 营销工程（98），战略管理（95），新媒体营销（96），营销模型（92）

上海交通大学	会计（第二专业）	本科	2017.09–2019.06

图 2-9　简历中第二专业的写法示例

3. 学院和专业

对于大多数求职者来说，专业比学院更能体现出个人的背景特点，也更被用人单位重视，所以一般只需要写专业即可。如果学院的知名度非常高，也可以一并写上，如光华管理学院、清华五道口金融学院等。

如果应聘专业对口的职位，那么专业最好加粗强调。通常研发、技术类的岗位对专业对口的要求较为严格，市场营销、运营、商科经管类的基础岗位对专业背景要求较松，往往更看重工作经验。如果是跨专业求职，但有第二专业或者相关的辅修经历，那么第二专业或者辅修的经历应加粗。

如果你就读的学校不是名校，专业与所应聘岗位的要求也不对口，同时也没有学习过相关的课程，但考取过比较有含金量的证书，也可以将其填入教育信息栏。

如果以上都没有，建议将教育背景的模块下移，将与岗位有关的项目经历、实习经历上移，尽可能突出自身与岗位相关的优势。

4. 专业排名和绩点（GPA）

GPA 英语全称是 Grade Point Average，意思是平均成绩点数。目前，国内与国外接轨，大多数国内高校都已经引入 GPA 制度。GPA 的绩点等于各单科 GPA 的加权平均分，

其计算公式如下：

$$GPA=\frac{科目 A 成绩 \times A 学分 + 科目 B 成绩 \times B 学分 \cdots\cdots 科目 N 成绩 \times N 学分}{总学分}$$

但是不同学校、不同学院绩点的总分，以及绩点与百分制的换算方法都有所不同，根据国际权威学位和成绩单评估机构 World Education Services（WES）的折算标准，课程综合成绩与学分绩点之间的换算关系如表 2-2 所示。

表 2-2　课程综合成绩与学分绩点的换算关系

百分制成绩	综合成绩	学分绩点
93～100	A	4.00
90～92	A–	3.67
87～89	B+	3.33
83～86	B	3.00
80～82	B–	2.67
77～79	C+	2.33
73～76	C	2.00
70～72	C–	1.67
66～69	D+	1.33
60～65	D	1.00
<60	F	0.00

国内考试成绩多以百分制为准，且打分往往比较严格，上 90 分比较难。而国外高校以 GPA 为准，如果申请出国读研，有些时候会存在 GPA 低估的现象。如果简历用于申请研究生，建议要求学校出具成绩换算说明（Transcript Legend），列示适用于该校的成绩换算方法，比如 85～100=A、70～84=B、60～74=C 等，以辅助进行国外高校申请。

在求职时，IT 和工业类岗位对 GPA 要求一般相对较松，或仅关注与岗位相关学科的成绩；而对于那些国际知名的咨询公司来说，高的 GPA 是必须满足的条件。如果自己的学习成绩优异，撰写绩点可以体现个人的优势。以标准满分绩点 4 分来看：

文科／文理学院的 GPA 在 3.6 以上属于"高"；

理科／工程学院的 GPA 在 3.2 以上属于"高"。

因为各个学校的绩点不同，撰写方法一般是绩点／满绩，如"GPA：3.5/4"。如果自己的学校没有绩点，但是申请的岗位或者学校要求必须填写的话，可以将自己的各科百分制成绩填入公式计算器换算。

如果个人的成绩排名比较靠前，但是绩点绝对值不高，推荐用排名的方式来表述，这样要比写绩点值的方式更能吸引 HR 的注意。比如年级排名第 2，年级一共有 200 人，可以写为"排名：2/100"。

如果排名中上，而且绩点也不突出，或者同一年级人数特别多，排名写上去不那么好看，可以用百分比来描述自己的成绩。比如年级有 1000 名同学，排第 40 名，单看排名比较尴尬，但是如果转换成比例，那就是前 4% 了，所以可以写为"排名：专业前 4%（或者 Top 4%）"，这样就会更吸引 HR 注意。

如果你的成绩并不好，那就只写专业等信息就可以了，不用刻意在简历上显示自己的学习成绩。简历是为了帮助你更顺利地拿到面试资格，如果用人单位在意，即便你不填写他也会询问；但是如果对方并不在意，这样做只会降低对方对你的印象分。当然，更不能造假，诚信是职场的重要法则，保不准会有公司让你在入职的时候提供成绩单。

对于个人发表的学术论文和专利情况，如果数量不多，且在读书期间完成，应聘岗位为社会性岗位时，也可以一并列入教育经历中。如果求职的是科研院所和高校，重要的论文、专利、学术著作等需要作为单独的模块重点描述。

5. 相关课程

这个栏目并非必填项，尤其是在其他经历非常丰富的前提下，如果简历篇幅过长需要删减内容，可以从相关课程这个栏目来开刀，如果已经工作了则更不必列出来。

很多求职者根据网上搜索到的模板，不管应聘什么职位都喜欢将大学学习的课程列一遍，这其实是错误的做法。既然是相关课程，就意味着所列举的课程应该与应聘岗位所需要的技能、知识储备直接相关，所以要秉承相关性优先、分数优先的原则，列举不超过 5 门的最相关的核心课程（保证一行能排得下，太多了 HR 看不过来），并且保证这几门课程的分数都不低，以凸显自己的优秀（见图 2-10）。

教育经历

上海交通大学	市场营销	硕士	2016年09月–2019年03月

- 全系排名：1/50，思源奖学金（2016–2017），上海市优秀毕业生，获得1次国家奖学金
- 营销工程（98），战略管理（95），新媒体营销（96），营销模型（92），销售渠道管理（96）

厦门大学	市场营销	本科	2012年09月–2016年06月

图 2-10　简历中的"相关课程"模块

6. 荣誉

可以在学校背景下列举在校期间与学习成绩相关的荣誉情况，比如拿了一等奖学金、国家奖学金、评为优秀学生干部和优秀毕业生等。如果求职者不止一次获得某个奖

项，没必要一个年份写一次，而是合并同类项，挑最高荣誉来写，同时标注次数即可。

例如，"一等奖学金（2018—2019 年第一学期），二等奖学金（2017—2018 年第一学期），一等奖学金（2017—2018 年第二学期）。"对于以上荣誉可以按以下方式来填写，这样显得更为直观简洁：

"荣誉奖项：一等奖学金 2 次（1/200），二等奖学金 1 次（5/200）。"

有的求职者会把荣誉和奖项单列为一个模块，如果只是奖学金、优秀学生干部之类的荣誉大可不必，因为 HR 只会将这些信息作为不太重要的筛选因素。但是如果所获荣誉或奖项与应聘的岗位直接相关，如微软全球程序设计大赛金奖、贝恩杯咨询案例大赛一等奖等，则可以单列，从而更加突出自身的优势。

如果是摄影、舞蹈、声乐之类的奖项，且与应聘岗位相关性不大，建议把这类内容列入兴趣爱好栏目里。

其实，在学生最早求职的时候，因为职场经验不足，可以设置一个单独的"校园组织和活动经历"模块。随着后续工作经验的增加，校园经历的重要性会越来越低，等到工作几年后，即便原来当过校学生会主席，也可能只是一句话带过。因为该经历与校园最为接近，所以可以一并放到同期的教育背景里面。

2.3　实习经历、工作经历

个人的技能、工作能力可以在实际的工作中完整地展现出来，相关的工作或实习经历是直接体现求职者岗位胜任能力的模块，因此，不管是应届生还是有工作经验的求职者，招聘方在简历筛选和面试过程中最看重的往往就是他们简历中的工作经验这一模块。在一份合格的简历中，相关的实习经历或工作经历应该是篇幅最大的一个模块。

这个模块一般包含工作经历、实习经历、兼职经历、志愿者服务经历（该项也可以放置到活动及组织经历模块）。对于在校生或者应届生而言，往往没有正式的工作经验，那么利用日常空闲时间或者寒暑假进入企业进行实习显得尤为重要。通过实习，不仅能够学到工作中的一些基本技能，培养职场意识，而且能够在实习过程中认清自己的性格特点和优劣势，以更好地开展职业规划。一般而言，建议求职者在找工作前至少完成两份相关岗位的实习，这样能确保在应聘时处于优势地位。

很多学生在上大学后忙着兼职赚一些生活费，比如做家教、去家电商城当促销员等，如果不是生活特别拮据，我并不建议这么做。因为这些工作不管对你的职业规划还是工作经验的积累都不会有很大的帮助，虽然能赚些钱，但是你也失去了更好地提升自身能力的机会。诚然，大多数公司的实习补贴不高，甚至部分公司都没有补贴，但从长远的职业发展角度来看，这些实习经历能够让你站在一个更高的职业起点上，获得更有潜力的工作机会。对于还在读书的学生而言，时间才是最宝贵的资源，一定要把有限的时间用在长期来看最有价值的事情上。

但是对于已经正式工作的求职者来说有一点需要注意，那就是工作经验并非越长越好。招聘最讲究的是人岗匹配，比如企业可能只需要 2 年工作经验的开发人员，而你可能在开发岗位已经工作了 10 年，那么招聘方往往会存在很多顾虑，比如工作年限长的求职者往往会有更高的薪酬预期、不愿意从事基础性工作，甚至会由于年龄比主管大而引发一些沟通问题。这也告诉了我们在职场不进则退的残酷现状。

从命名上来看，这个模块常见的中文名称为"工作经历""实习经历""实习实践经历""商务实践"等，英文标准名称为"PROFESSIONAL EXPERIENCE"，在国内也可以用"WORK EXPERIENCE""INTERNSHIP EXPERIENCE"，英文建议所有字母均采用大写的形式。

接下来，我们看一下该模块各个单元的撰写细则。

2.3.1　工作经历各要素

2.3.1.1　工作时间（日期）

工作时间是实习或者工作的起止时间，细化到月份即可，一般放置在行首或者行尾，但是无论是日期居左还是日期居右，整个简历所有模块必须统一。根据大多数人从左到右的阅读规律，左边的内容往往比右边的内容具有更高的优先级。

1. 日期居左

对于 HR 而言，求职者每份工作的时间越短，意味着求职者越不稳定，如平均每份工作不足 3 个月、工作领域之间跨度大等，这些都是求职者心浮气躁的表现。如果实习在 3 个月以上，或者每份工作时长都在 3 年以上，那么这既是求职者经验丰富的证明，也是求职者稳定的表现。在这种情况下，工作时间长无疑是求职者的一种优势，所以可以居左排列。

2. 日期居右

如果求职者原来所供职的公司非常有知名度，或者该公司及岗位与应聘公司及岗位相关性强，这种情况下公司和岗位才是突出的重点，此时就应该将公司和岗位放置到左边，而将日期放置到右边。日期居右也是大多数人的习惯，如果你不确定放哪边的话，建议将所有模块的日期统一放置在右边。

实习时间超过 3 个月会被认为是深度实习，但是对于大部分大一到大三的学生来说，可能只有寒暑假的时间能用来实习（大四或研究生的实习时间较为宽裕），因此实习时间大部分为一两个月，四大会计师事务所重点招募的就是寒假实习生，所以并非短期实习就一定没有含金量。在经历描述中，重点突出自己参与的实际工作及取得的成果，使经历看起来专业且丰满一些。在正式工作以后，如果在不同公司之间的工作经历有空档期，且空档期超过 3 个月，需要对此有合理的解释。虽然无需在简历上提及，但在面试前需要提前做好准备。

2.3.1.2　公司名称

公司名称和公司品牌名称是两个概念，例如，"饿了么"是公司品牌，而上海拉扎斯信息科技有限公司是公司名称；"麦当劳"是公司品牌，而金拱门（中国）有限公司是公司名称。

如果公司品牌的知名度高于公司名称，直接写公司品牌名称即可；如果公司有两个或者多个品牌，优先选知名度高的以及与自己历史工作直接相关的品牌；如果公司没有品牌名，那就直接写公司名称的全称；如果公司名称的缩写更为人所熟知，可以直接写简称，比如"中信证券股份有限公司"简称"中信证券"，那么公司名称直接写中信证券就可以了。

如果公司规模比较大，可以在公司名称后加一些标注，如 500 强企业、A 股上市公司、共享单车龙头企业等；如果公司规模比较小，可以在正文描述中突出公司的优势和岗位的优势。

公司名称的字体大小和正文保持一致，但是需要加粗。

2.3.1.3　部门名称

不少公司尤其是大型的外资企业，采用矩阵化的组织架构，部门名称往往起得比较有特色，同时也存在一级部门和二级部门等上下级关系，单纯看名称并不能直接了解这个部门是做什么的。这种情况下，如果是同行业不同公司求职，且所在的部门在行业内享有盛誉，那么直接填写该部门的名称；如果不是，可以根据岗位性质或者业务性质划定一个部门。例如，互联网公司一般会划分为运营部、设计部、市场部、销售部、技术部、人力资源部等，证券公司根据业务会划分为投资银行部、交易部、风控部、固定收益部、经纪业务部等，假如你所在的公司设立了一个创新业务部，那么就看看在大多数从业者的认知里，你所工作的领域应该属于哪个范畴，然后将其归类至一个部门。这样的归类并非是在造假，而是让 HR 可以迅速地了解你的工作内容，也便于 HR 通过搜索关键字的形式快速找到你的简历。

2.3.1.4　岗位名称

岗位有两个作用：第一个是表明工作的性质，这一点和部门的作用类似，对于一些工作而言，尤其是技能导向的工作，岗位比部门更加重要，如平面设计师、Java 开发工程师等；第二个是突出岗位级别，例如设计主管、技术总监等。

这些年国家大力鼓励创新创业，不少学生在学校里面注册了公司，担任了某个管理层职务，且确实取得了一定的成就，在这种情况下，如果你应聘的是初创型或者小规模企业，你可以用岗位级别突出自身的管理能力和领导能力，这些往往会受到招聘方的青睐；但是如果你当时只是参加学校比赛，毕业以后就加入了校招求职的大军，这种情况下建议用岗位属性的名称，这样更能体现你务实和低调的态度，也避免了面试时候的尴尬。

很多应届生在岗位上直接写"实习生""Intern"或者"兼职"，这种写法虽然没有错，但是并不能体现出你的岗位的具体工作属性。这种情况下，你可以根据部门和岗位的性质，以及所负责的具体工作内容，来"定义"一个有显著意义的职位名。例如，做的工作大多与互联网产品设计、产品调研相关，不妨写成"产品实习生""产品经理助理"。这样做的核心目的也是为了让 HR 迅速判断你是否符合招聘岗位的需求。

工作几年后，个人的工作职级通常会发生变化，这种情况下简历通常按最高职位来写，升职经历可以放在具体的工作描述中。毕竟你找的下一份工作，职级至少会和现在平级甚至更高，所以入行初期一些基层的经历可以略去，以突出自己的管理能力或者技术实力。

有些求职者曾在同一家公司任职过不同岗位，这种情况下可以将其当作两段工作经历来写。如果简历整体采取的是一行标题，撰写方式等同于两家公司；如果简历采取的是两行标题，第二段经历的第一行的公司名称可以省略，只写部门和岗位名称即可。

2.3.1.5　地点

地点并非必填项目。如果求职者有国外留学和工作背景，那么撰写地点可以让 HR 更加明确你的发展路径，但这仍属于比较次要的信息。在中文简历中，一行标题的情况下一般不写地点，两行标题的话加上地点会更显美观。在英文简历中，公司、岗位等名称都比较长，一般都是选用两行标题的样式，在写地点时，除了要写具体城市外，还要加上国家名称，因为有些不同国家的知名城市是重名的。需要注意的是，如果在工作经历中写了地点，项目经历、组织经历等也要一并写上地点，以保持整体的统一性。

在中文简历的整体排版上，标题的字体字号和正文内容要保持一致。如果是一行标题，公司名称、部门名称、岗位名称全部加粗，日期用常规字体（见图2-11）；如果是两行标题，公司、部门、岗位名称都在第一行的话仍然全部加粗（见图2-12），部门、岗位名称放置在第二行的话则不用加粗（见图2-13）。

在英文简历中，公司名加粗，日期不加粗，第二行的部门、岗位、地点都用斜体表示（见图2-14）。

实习经历

××简历	**产品部**	**产品运营**	2018年09月至今

- 负责职徒简历产品市场营销活动策划、产品用户增长，参与微信、百度等相关渠道广告投放管理工作
- 策划"618暑期实习简历通""每日签到"等活动，单次活动最高拉新1200人，任职期间DAU达到2000，环比提升40%，累计增加用户5万人，月复合增长率达20%
- 撰写知乎简历撰写类文章10篇，最高单篇阅读量达3万次，单篇最高点赞1000+，收藏3000+
- 连续2个季度被评为优秀实习生，暑期实习后成功留任

图2-11　一行标题、日期居右的样式

实习经历

××简历	**产品部**	**产品运营**
2018年09月至今		上海

- 负责职徒简历产品市场营销活动策划、产品用户增长，参与微信、百度等相关渠道广告投放管理工作
- 策划"618暑期实习简历通""每日签到"等活动，单次活动最高拉新1200人，任职期间DAU达到2000，环比提升40%，累计增加用户5万人，月复合增长率达20%
- 撰写知乎简历撰写类文章10篇，最高单篇阅读量达3万次，单篇最高点赞1000+，收藏3000+
- 连续2个季度被评为优秀实习生，暑期实习后成功留任

图2-12　两行标题，公司、部门、岗位名称都在第一行的样式

实习经历

××简历	2018年09月至今
产品部 产品运营	上海

- 负责职徒简历产品市场营销活动策划、产品用户增长，参与微信、百度等相关渠道广告投放管理工作
- 策划"618暑期实习简历通""每日签到"等活动，单次活动最高拉新1200人，任职期间DAU达到2000，环比提升40%，累计增加用户5万人，月复合增长率达20%
- 撰写知乎简历撰写类文章10篇，最高单篇阅读量达3万次，单篇最高点赞1000+，收藏3000+
- 连续2个季度被评为优秀实习生，暑期实习后成功留任

图2-13　两行标题，部门和岗位在第二行的样式

EXPERIENCE

CJ Group   Feb. 2018- June. 2018

Investment Analyst Intern Marketing Team   *Beijing, China*

- Prepared the quarterly ROI reports to evaluate marketing, media, sales and promotions spend
- Conducted statistical analysis to analyze customer patterns and purchase behaviors across 5 regions
- Integrated data from multiple data bases to draw insights on product pricing, sales forecasts and marketing budgets

图 2-14　英文简历两行标题示例

2.3.1.6　工作和实习内容

这部分内容反映了求职者在工作或者实习期间的综合表现，包含了个人的岗位职责、所取得的工作成绩等，也是简历中最难撰写的部分。客观地说，工作内容模块的撰写质量很大程度上决定了简历能否脱颖而出，因为从这一部分文字可以看出求职者对过往工作的宏观思考、解决问题的能力和对结果导向性的重视程度，这些往往是用人单位最为看重的素质。

应届生求职者在撰写该模块内容时往往存在以下问题：

（1）缺少实习经历，没有什么可以写；

（2）过往实习经历与应聘职位相关性不大，有的实习完全是为了应付学校考核；

（3）实习内容以打印、复印、跑腿等琐碎的工作为主，缺乏技术含量；

（4）虽然有大公司实习经历，但是因为缺乏好的内容描述方式，本来应该很闪亮的经历却被描述得平淡无奇。

寻找实习机会是一个从校园步入社会的过程，是一个从无到有、从四处撒网到精准投递的过程。第一份实习往往是最难找的，从大二甚至大一开始就应该对此进行准备和筹划。如果校方或同学、朋友有一定的资源，能够代为帮忙引荐，这可能会是你获取第一份实习的捷径。在国外通过 Network 获取实习和工作机会是非常主流的途径，当然入职后你一定要好好表现，不要辜负推荐人的期望，毕竟他们都是以自身的信用作为背书给你争取到机会。如果没有这样的资源，在制作好简历后，可以根据自己的时间和实习地点进行海投，第一份实习不要太在意公司规模、实习工资等，只要公司正规合法，直属领导愿意指导新人，你也愿意在工作中勤学多做，就一定会有所收获。另外就是日常多参加与今后求职目标相关的科研项目或实践比赛，有意识地弥补实习经历的缺陷。切忌移花接木，把他人的实习经历套到自己身上。如果捏造事实、编故事，在有经验的面试官面前很容易就会暴露，最后的结果就是浪费双方的时间，还给企业留下不诚信的印象。

相对暑期实习和校园招聘，日常实习生的招募因为时间紧、任务急，招聘门槛往往会低不少，同学们可以大胆投递，通过实习来探索自己真正感兴趣或适合的方向。在做过一两份实习之后，就要开始慢慢聚焦，不要再漫天撒网，使得自己的背景和经验沿着某一个特定的方向延续和沉淀，不要因为实习补贴多一点少一点或上班距离近一些远一些而轻易变换实习方向。

如果早期实习经历不足或实习经历不对口，一些企业实践经历、相关培训经历也都可以写在简历中作为加分项。可以将整个模块命名为"实习实践经历""商务实践"等，把与求职岗位相关的实习、实践、培训经历都放在下面。

一般正规的企业都不会让实习生承担很大的责任，毕竟实习生并未和企业签署劳动合同，也缺乏相应的工作经验和技能，在工作中会有较高的犯错率。所以一般而言，实习生从事的都是偏基础的辅助性工作，俗称"打杂"。从工作的难易程度来看，越是大规模的企业，实习生的工作往往越简单琐碎；越是小公司，因为缺乏人手，越会让实习生干更重要的活。所以在我看来，从储备实习经验的角度来说，大公司和小公司的经历都需要，利用在小公司的经历来学习技能，利用在大公司的经历来包装自己的实习背景，这样几份实习做下来，你的求职竞争力会大幅提升，也更加接近一个全职工作者的职业素养。

需要强调的是，即便工作很不起眼、很琐碎，只要你有心，依然能在这个岗位上闪闪发光。我曾经在某家世界500强企业实习，供职于某产品单元下的市场活动策划部，取快递、拎包、联络供应商、布置会议现场这些事情都干过，直属领导并没有对我的工作职责进行定位，没有任何可以提前了解和学习的手册资料，我也没见过上一任实习生，但是我在干了5个月后离职前主动整理了该岗位所有的通讯录，建立了部门产品的介绍手册，整理了岗位内部工具的使用流程，参与公司视频的录制和剪辑，在沟通能力、责任心、工作习惯等方面都有了很大的提升。当然这些工作大多不是领导分配的，我始终相信，任何一项琐碎的工作都有提升和改进的空间，关键看你是不是有心人，是想混一个实习证明还是在这个岗位绽放自己。很多大人物都是从小事开始做起，把每一件小事都做得超出他人预期，然后逐渐承担起越来越大的责任。

在简历辅导的过程中，我们也确实发现有的同学在实习过程中做了不少工作，但写在简历上只是寥寥数笔，这是非常吃亏的。轻描淡写的经历很可能让HR误以为你的经历缺乏含金量，尤其是当实习公司并不知名时，工作内容的描述就显得更为重要。因此，实习结束后，还得善于把实习内容形成文字，并在简历中很好地表达出来。

2.3.2　巧用规则撰写完美工作经历

如何写好一段工作经历呢？我们可以运用以下几个规则和方法。

2.3.2.1　用 STAR 法则搭建整体内容框架

首先，给大家介绍简历撰写中非常实用的一个法则——STAR 法则，即每一段经历都可以归纳为背景（Situation，S）、任务（Task，T）、行动（Action，A）、结果（Result，R）四个部分来表述，从这四个方面来充分挖掘自己的经历，力求将其写得出彩（见图 2-15）。

背景（Situation）
描述所面临的困难
为什么你会去做这件事情

任务（Task）
都有哪些任务
每项任务的具体内容是什么

行动（Action）
采取了哪些与众不同的行动
化解了哪些困难

结果（Result）
用数据量化所带来的结果
突出与众不同的成就

图 2-15　STAR 法则

1. 阐述任务背景（Situation）

这是指描述该项工作所处的背景环境。例如，某个项目策划方案只有 3 天的完成时间，但是工作量十分巨大；你从来没有学过金融相关的知识，但是为了转行金融，一次性报考了 6 门 CPA 考试；项目出现了一个问题，该问题是如何产生的……这个部分的描述是在为后续所做的事情和产生的结果埋下伏笔，留有悬念。如果一直担任一个职位或者做一个连续性的项目，背景一般只提及一次即可；如果背景没有特别突出的地方，则可以一笔带过或省略。

2. 描述工作内容（Task）

这是指描述你的工作职责、内容、流程是什么，以及要实现的目标是什么。例如，管理 10 人团队，策划一场学院公益讲座；完成电器行业研究分析日报，并编写团队推文；负责公司产品运营，提升产品新增用户的数量和现存用户的活跃度等。这个环节可以与第一部分合并在一起写，但是要将与应聘岗位相关的工作内容优先写在前面。

3. 所采取的行动（Action）

这是指描述面对工作任务时你所采取的行动。例如，为了将讲座举办好，你调动了 5 家媒体宣传，邀请到了某公司的总经理发言；为了撰写研究报告，你使用 Wind 资讯平台获取数据，并使用 Matlab 软件进行数据分析；为了增加用户数量，你策划了病毒式分享游戏，撰写了知乎爆款软文等。

4. 最终的结果（Result）

这是指描述你的行动所实现的结果，可以重点突出一下与众不同的地方。例如，讲座参与人数达到 200 人，主办方收到 150 份简历；根据数据拟合得出其在未来 2 个年度的营收和利润情况，报告阅读量达到 2000 次；用户在 2 个月的时间增加 5 万，同比增长 300%，文章曝光次数达 20 万次等。没有结果的描述，会让雇主方觉得你缺乏结果导向意识，没有"功劳"，只有"苦劳"；而一个漂亮的结果会成为你某段经历的点睛之笔，使整段描述达到"高潮"。

为了便于大家理解，我们通过一个案例进行分析。

某求职者最初的工作经历是这样写的：

上海火锅科技有限公司　　会计助理实习生

- 协助会计人员完成基础性工作，制作和整理原始凭证
- 负责发票粘贴和报销

对于做会计实习的求职者来说，以上经历描述似乎再常见不过，这种寡淡无味仿佛记流水账似的表述显然无法吸引我们的眼球。我们尝试用 STAR 法则来思考这段描述：你的独特之处和价值点在哪里？你做这份实习期望实现什么目标？发现了什么问题？采用了什么新的方法和流程？你的新方法有没有提高效率？有没有降低出错的频率？你对团队的贡献是什么……这些问题你不但需要在实习过程中不断去思考，而且在实习结束后撰写简历时也需要去总结。

我们可以按照 STAR 法则对这段经历进行修改，修改后的结果如下：

上海火锅科技有限公司　　会计助理实习生

- 参与公司原始会计凭证的粘贴、整理、分类、录入工作，熟练使用金蝶软件，通过改进数据录入流程使效率提升了 20%，任职期间零错误率
- 为企业生产部门制定记账报销流程表，并完成部门成员培训工作，根据生产部门的财务数据分析结果，提出优化库存的建议

对于刚毕业的应届生来说，学校经历和实习经历是简历中非常核心的内容。下面再列举两个例子，来看一下如何应用 STAR 法则使你的经历"活起来"。

（1）学校经历示例：

××大学 AIESEC 出境公益部团队　　负责人

任职 3 个月即被选举为团队负责人【S】，管理 12 人团队开展工作【T】，输送不同城市高校共 80 余位在校大学生去往东南亚、非洲国家参加海外志愿者项目，获得优秀负责人荣誉称号【AR】

对××地区 10 余个国家超过 300 个项目进行数据处理与质量分析【T】，设计 10 个维度对项目进行评级【A】，最终筛选出 20 个优质项目进行长期推广【R】

参与组织 AIESEC ××区域迎新大会，负责各高校成员之间的联络沟通和活动宣传工作【T】，通过在 10 个校园新媒体平台宣传【A】，吸引与会成员超过 500 人【R】

运营本校社团微信公众号【T】，面向社团成员及本校学生提供学习资料、项目信息、服务帮助等【A】，文章平均阅读量 800+【R】

（2）实习经历示例：

××证券研究所传媒组　　研究员助理

负责团队部分研究报告专业撰写【T】，独立完成行业深度报告 2 篇、公司深度报告 4 篇、公司中报点评 12 篇、过会点评 5 篇，对 5 家公司进行持续性跟进，进行估值模型的调整及盈利预测，独立完成计算机行业中期策略报告核心部分的撰写，撰写电话会议邀请及会议记录等日常工作【A】，报告得到团队首席高度认可，并给予了推荐信【R】

负责安信计算机组微信公众号的日常运营及维护【T】；撰写×××文章，全文 28 页，通过探寻××公司在 A 股市场近 3 年的高增长表现，揭示出其内在的共享经济商业逻辑，并通过分析 BAT 在共享经济领域的布局，从供给及需求端分析其市场容量和发展潜力【A】。该文发布后，在公众号上的阅读转发量达 5300 余次，被多家媒体转载，其中××媒体将其在首页置顶【R】

实际上，STAR 法则不仅适用于简历经历的撰写，也同样适合应用在面试问题的解答中。运用 STAR 法则来回答面试官的问题，会让你的回答变得更加清晰和具有逻辑。

我们经常会看到很多企业在招聘要求里强调，希望应聘者具备良好的沟通能力、快速学习能力等，如果招聘官在面试中对上述能力进行考察，此时你可以运用 STAR 法则来展开描述。例如，你曾参与组织了某一项市场活动，需要协调的人员横跨了 4 个部门以及外部的供应商（S），时间很紧迫，需要尽快给出可行性的书面方案并采购所需物料（T）。为此，你制定了甘特图，确立了各方主要对接人的职责和分工，锁定了项目进度，并通过英文邮件完成跨国沟通（A）。最后，活动如期举办，参与人数比往期平均人数多出 80%，参与方好评率达 95% 以上（R）。上述描述可以向 HR 证明你拥有良好的沟通能力。

与 STAR 法则相类似的还有一个 PAR（Problem，Action，Result）法则，本质上两个法则是相通的，即描述你在工作中遇到了哪些问题、采取了什么解决方式、达到了怎样的结果。职场一切都是以结果为导向的，没有人在意你做了什么、花费了多少精力和心血，只在意最后是否达到了预期的结果。

2.3.2.2　用数字量化你的成果

如何让经历更加有说服力？请用数字说话，华丽的形容词并没有什么说服力。例如，在实习期间搜索处理大量的行业数据，撰写了多份行业研究报告；担任新媒体编辑期间，公众号的阅读量得到了显著提升；任职期间，联络了多家合作机构。这样写看似没毛病，但是在阅读后很难给人留下深刻的印象，也很难真正取得 HR 的信任。我们把上面的几段经历用数字量化一下，看看会有什么效果。

累计处理和分析 20 万条数据，并根据分析结果撰写了 5 篇研究报告，其中 2 篇的下载量超过 2000 次；

担任新媒体编辑期间，公众号的单条图文平均阅读量达到 3 万以上，并保持环比 20% 的增长速度。

累计联络 300 余家机构，促成 20 家官方合作，个人销售业绩每个月均超过 10 万元。可以看出，虽然表达的是同样的经历，但在加入具体的数据后，冲击力明显增强。

简历中常见的可以数字化的内容主要包括以下几个方面。

（1）数额：比如任职当年完成了多少数额的销售业绩，个人的销售业绩在团队中占多少比重，通过采用新的工艺、流程降低了多少生产成本等。

（2）效率：比如通过更改某个流程，缩短了完成某个任务所需要的工作时间；改进了某个程序的算法结构，执行效率提升了百分之多少等。

（3）数量：比如拜访了多少家客户，促成多少合作，运营的公众号达到了多少阅读量，日活用户的数量达到多少等。

不少学生在刚开始寻找实习机会的时候，经历非常单薄，比赛经历、学生干部经历都不是很出彩，但是做了不少兼职，上了大学基本上就不从家里拿钱，这本来是很好的个人品质，然而兼职卖牙膏、脸盆、洗发水之类的写出来总显得不够专业，但除此之外又没有其他和岗位相关的经验可写，此时应该怎么写呢？

我们以销售学生生活用品（台灯、毛巾、蚊帐、床上四件套）为例，首先要给这段经历想一个名字，不一定是公司，我们可以把它包装成一个团队，团队的名称自取，哪怕只有 2 个人，然后根据 STAR 和数字量化法则对经历进行描述和渲染，整理得出以下内容：

×× 大学优梦团队　团队负责人　2016 年 3 月 –2017 年 3 月

- 大二开学时，组建 20 人新生生活用品销售团队，利用 5 天时间完成供应商挑选、海报传单设计、产品定价、代理渠道搭建工作，确立 3 个代理和货物仓储地点；
- 与建筑学院的同学合作设计 Q 版校园生活索引地图，标注代理销售点位置，邀请商家加盟，累计获得 2000 元商家赞助，印刷 3000 份地图并全部发放完毕；
- 通过线上（百度贴吧软文和新生 QQ 群）和线下混合营销的方式，1 个月内共销售 2000 余件生活用品，累计销售金额达 10 万元，净利润 3 万元。

上面的描述充分表现了该学生的创新能力、销售能力、领导能力、沟通能力，很显然，如果是应聘营销类的岗位，凭借这份经历是非常容易脱颖而出的。

需要注意的是，合理地使用绝对数字和相对数字能够让表达更加出色。如果这个数字在行业内算是比较高的，那么就用绝对数字，如单月平均销售额超过 100 万元、个人牵头与 200 余所高校建立合作、抓取了 30 万条数据并进行分析等；如果这个数字是比较低的，那么用相对数字更能突出自己的价值，如公众号粉丝 3000 个，这个数字其实是比较低的，但是如果你说运营 3 个月，每月粉丝增速高达 50%，这样就可以突出你确实是公众号运营的好手。

有的时候，突出自己的成绩既需要绝对数字也需要相对比较数字。例如：负责为某公众号撰写文章，原创文章阅读量 5 万 +，比该公众号整体平均阅读量高出 80%。为什么这么描述呢？因为这个公众号的阅读量高可能有两个原因：第一是粉丝基数高，第二是文章确实写得好，而从绝对数字上是看不到第二个原因的，加上相对数字，就可以清晰地看出你个人的能力以及在团队中的贡献。

2.3.2.3　用专业术语加强雇主认同感

这里的专业术语有两层含义：一是指该工作岗位使用的专业性词汇，二是指用专业性的词语对经历进行描述。

常见的各类工作岗位的专业性词汇如下。

金融类：投资回报率、最大回撤率、ROE（净资产收益率）、夏普比率、杠杆率等；

运营类：DAU（日活跃用户数）、MAU（月活跃用户数）、PV（页面访问量）、UV（访问次数）、用户留存率、KOL（关键意见领袖）、SEO（搜索引擎优化）、SEM（搜索引擎营销）、跳出率等；

营销类：重复购买率、4P、客单价、客户转换率、EDM（电子邮件营销）等；

产品类：MVP（最小化可实行产品）、PRD（产品需求文档）、UCD（以用户为中心的设计）、UE/UX（用户体验）、UED（用户体验设计）等。

虽说并不是每个岗位都会有这些类似的词汇，但是一般岗位都会涉及一些该领域相应的工具性产品，比如用 Wind 进行数据搜集和分析、用 MATLAB 进行建模等，善用这些专业性词汇，能让对方迅速了解你有哪些方面的经验，从而提升相互之间的认同感，增加获得面试机会的概率。

使用专业化的词汇对经历进行描述，可以将一些比较普通的经历"点石成金"。例如，"问卷填写"我们可以写成"用户调研"，"打印复印"写成"资料和信息整理"，"发传单"写成"营销推广"，"谈合作"写成"渠道拓展"等。另外，要学会使用行为词，以突出自己在整个团队中的作用，如"负责""独创""统筹协调"等，这些词都能更好地突出你的领导能力和创新能力。

举个例子，我们将数字化、专业词汇、STAR 法则等技巧融合在一起，对某求职者从事校园类市场营销工作的一段经历进行重塑，就会得到以下内容。

实习工作经历

职徒	校园市场部	市场营销校园合伙人	2018.06-2019.02

- 负责职徒上海、香港、纽约实训项目线上线下营销，及智能化简历平台在厦门大学的渠道拓展工作
- 负责项目文案的撰写和改版，先后完成3个学院官方机构的商务洽谈，完成2个新媒体广告投放，并采用EDM方式对1000+目标用户进行精准推广，协助举办2场在线讲座，成功邀请到摩根投行部VP和花旗银行人力资源部经理
- 半年个人完成销售额近10万元（占团队总业绩60%），为职徒简历带来700+活跃用户，获得职徒年度十佳校园大使证书及职徒总经理推荐信

2.3.2.4　用相关经历突出竞争优势

随着时间的推移，个人的经历会越来越丰富，我们没必要将所有的经历全部写在简历中，而应遵循相关性原则，相关性强的经历要重点突出，与职位不相关的经历则轻描淡写甚至可以不写。一些无关的经历虽然不会直接给你减分，但是因为占据了简历的版面，会降低 HR 对你重要经历的关注度。例如，某求职者申请"证券研究员"的职位，他曾经有过兼职、实习经验，具体如下。

实习经历

建信基金管理有限责任公司　固定收益部	研究员助理	2018.12-2019.01
安信证券研究所　计算机组（新财富第一）	研究员助理	2018.07-2018.10
上海市维也纳酒店	酒店前台	2018.01-2018.02
中国农业银行无锡支行	大堂经理	2017.07-2018.07
联通公司　校园电话卡销售部	负责人	2016.09-2019.12

这位求职者的实习和实践经历无疑是非常丰富的，但是维也纳酒店和联通公司的经历与所要申请的岗位并没有什么相关性，完全可以省略掉；建信基金和安信研究所的经历作为最相关的两段经历，应当重点去描述；而农业银行也属于金融行业，应当作为次重点去描述。当然，如果这位求职者应聘传统营销类的岗位，那么中国农业银行和联通公司的经历就需要作为重点去描述了。根据全国前十大高校的就业信息统计结果来看，一般 2~3 份相关领域的实习是最常见也是最适合的，把一份好的实习工作做深做扎实，远好过遍地开花、蜻蜓点水。

通过分析，我们省略掉无关的经历，突出重点经历，将三段经历进一步细化，该模块修改后的内容如下。

实习工作经历

安信证券研究所	计算机组（新财富第一）	研究员助理	2018.07-2018.10

- 独立完成行业深度报告2篇、公司深度报告4篇、公司中报点评12篇、过会点评5篇，对5家公司进行持续性跟进，进行估值模型的调整及盈利预测，独立完成计算机行业中期策略报告的核心部分，负责撰写电话会议邀请及会议记录等日常工作
- 负责安信计算机组微信公众号的日常运营及维护，撰写《XXX》文章，全文28页，通过探寻XX公司在A股市场近3年高增长表现，揭示出其内在的共享经济商业逻辑，并通过分析BAT在共享经济领域的布局，从供给及需求端分析其市场容量和发展潜力；该文发布后，在公众号上的阅读转发量达5300余次，被多家媒体转载，其中《XX》媒体将其在首页置顶

建信基金管理有限责任公司	固定收益部	研究员助理	2018.12-2019.01

- 运用Moody、S&P Global、FitchRating等外资评级网站搜集行业相关数据，对宝塔石化、飞马国际等60余支信用债评级调整原因进行分析，对因担保违约和诉讼情况导致的违约进行重点分析，撰写3篇汇总报告，得到首席债券研究员高度肯定
- 收集并整理区县级财政经济数据，利用KMV模型分析地方政府的偿债能力，协助研究员对20余支地方政府的城投债进行评级

中国农业银行无锡支行	对公业务	对公客户经理助理	2017.07-2018.07

- 协助对公客户经理进行不动产信息登记，核对客户财务报表数据的准确性和真实性，任职期间参与某A股上市公司2亿规模的贷款需求资料整理工作
- 协助大堂经理完成客户引导，指导客户办理开卡、存款、理财等相关业务，协助客户购买累计近2000万元的理财产品

需要再次强调的是，实习和工作经历一般都是按时间顺序倒序排列，因为越临近的经历越能反映你最新的综合实力。但是大部分在校求职的学生还处于职业探索期，涉足的领域偏多，往往最后才确定自己的岗位意向，导致最新的经历不一定是与所应聘岗位最相关的经历。在这种情况下，相关性的优先级要高于时间顺序的优先级，要把最相关的、最能凸显你的竞争力的经历放在首位，然后再按照时间倒序对经历进行排列。

另外，有一类工作是项目制的，如果项目的类型相同，工作流程、取得成绩的属性类似，完全可以将多个项目合并到一段工作经历里。如果在一家公司（尤其是一些外包性质的公司）所做的工作以项目为周期，每个项目的类型有很大的差异，项目也用到了不同的技术、不同的行业知识，这种情况下常见的做法是：在工作经历中写主要的岗位

职责和总体成绩，然后在项目经历模块详细描述各个项目的具体内容。

2.4　项目经历

简历中的项目经历与工作经历高度相关，一般列在工作和实习经验之后，它反映的是求职者在相关领域的完整实战经历，以及对所掌握的核心技能的应用能力。

对于大多数与公司业务直接相关的岗位来说，项目经历是至关重要的，如计算机领域的软件和硬件开发岗、生物化工领域的研发岗、咨询公司所经手的案例、会计师事务所参与审计的公司等。项目经历既可以是工作中所接触的项目，也可以是在校园内所做的项目；既可以是一个完整的项目，也可以是大型项目中的某一个环节；另外，一些与实习接近的案例研究、培训经历也可以归类到这个栏目里。

下面，我们来详细看一下常见的项目经历。

2.4.1　工作、实习中的项目经历

有些岗位的特点就是在任职期间，其工作类型往往呈现项目制，且项目与项目之间有很多相似或者相关的地方，如开发岗（外包类）、咨询岗、审计岗等。

以软件开发为例，在同一家公司，尤其是外包类型的公司，往往会参与开发不止一个软件项目，甚至很多项目在同时进行，一年下来可能就要做四五个项目。这种情况下，如果将项目经历写在工作经历的下面，往往会造成两个问题：第一个问题是上一家公司和下一家之间的篇幅间隔太大（把四五个项目都写完篇幅很长），不利于 HR 连续性地查看你的多份工作经历；第二个问题是在不同公司做的项目有的可能比较同质化，中间隔了不同公司，也影响了阅读的连贯性。因此，我们建议将工作经历和项目经历单列。工作经历中主要描写个人的工作职责、所取得的总体成绩等；项目经历中主要展示各个项目的背景、特点、所用到的技术，以及单个项目所取得的成绩等，这样排列会让 HR 读起来更方便。

相对实习或工作经历，项目经历写起来更加灵活。例如，某求职者利用业余时间研究开发了一款软件，软件经过测试也上线了，这个项目能够证明求职者对该领域的热爱，以及自身所拥有的相关经验和能力，但是这个项目并不是在工作或实习中完成的，所以放在工作经历里面并不合适，更适合放在项目经历里。

需要注意的是，有些求职者工作之后，因为公司的工作不忙，就在外面兼职接项目

"赚外快"。这些当然也属于项目经历，可以写在简历上，但是在面试过程中对方不细问不宜强调这是自己"赚外快"的项目。因为企业大都希望员工将精力放在公司自有的业务上，即便在下班之后、工作之余，能额外看看书学习一下，对提升业务能力也会有所帮助，而"赚外快"往往是为了个人经济利益，如果"赚外快"的项目进度比较紧，还有可能导致员工占用正常的工作时间去完成，这就违背了基本的劳动契约。企业虽然没有资格去干涉员工工作时间以外的安排，但无论从哪个角度出发，企业都不会喜欢一个爱"赚外快"的员工。

2.4.2　与应聘岗位直接相关的培训经历

这里的培训及实践经历特指与目标岗位相关的、以提升岗位竞争力为目标的培训和实践。如果求职者参加的是 CPA 培训、英语四六级培训、考研培训等，则不宜写在简历上，这类属于标准化考试，根据考试的分数和取得的证书就可以量化结果，参加培训并不算加分项，相反靠自学通过考试的人更能证明自己的学习能力，因此不用作为培训经历写出来。而有些培训，比如计算机技能类培训、设计类技能培训、投资银行实践类培训、互联网运营相关培训等，这些培训在开展过程中会涉及与培训内容相关的具体项目的实际应用，放置在"项目经历"模块，可以让招聘方觉得你在参与培训的同时也将所学知识融入项目实战中，可以间接地将此也看作工作经验，这比写成"培训经历"更正式、更吸引眼球。

例如，在计算机技能类培训过程中，制作了某个网站、搭建了某个管理系统、开发了某个 App 应用；在设计技能培训过程中，设计出了某个网站的界面、设计了一本画册、设计了一套图标；在学习运营技巧时，设计了某次裂变活动，基于某个网站进行了数据分析……这些都可以写成你的项目经历。下面，我们看一个培训结构的项目经历范例。

职徒投行精英训练营　　组长 / 核心成员　　2017.07–2017.08
- 先后对 IPO、并购重组、债券融资、企业估值建模等进行了系统学习，与摩根士丹利、中信证券、招商证券的导师进行了深入的交流沟通
- 完成 ×× 公司对 ×× 公司并购案例的全过程模拟，进行企业估值和模拟谈判，对 ×× 企业 ×× 数据分析得出 ×× 结论，分析过程获得导师高度肯定
- 独立完成 ×× 公司公开转让说明书深度研读和挂牌流程梳理，使用 Wind 对行业现状、公司架构、近三年财务数据、法律事件进行深入分析，形成 2000 字申报材料并制作成 PPT，带领小组在路演比赛中荣获第 × 名，因表现突出，获得 ×× 证券导师亲笔推荐信

2.4.3　与应聘岗位直接相关的项目制的比赛经历

简单的校园个人赛，如校园演讲大赛、书法大赛、歌唱大赛、摄影大赛等，这些并不算项目制比赛，写在校园活动栏目里即可。项目制比赛一般跟商业实践高度相关，通常由名企牵头主办，比赛涉及组建团队、分工合作，要求高度结合商业实战，持续的周期较长，需要完成的工作量较大，整个过程更像是工作过程中遇到的真实项目的 Mini 版本，因此这种类型的比赛经历完全可以当成一个项目来写。很多知名公司都举办过这种大赛，而且公司的知名度越高，比赛的含金量就越大，如贝恩杯咨询案例大赛、毕马威商业案例分析、德勤税务精英挑战赛、安永大学生创意大赛、欧莱雅校园市场策划大赛、联合利华未来商业精英挑战赛、宝洁精英挑战赛、平安产险大学生保险创意大赛等。

细心的人会发现，这些比赛的主题一般都是主办公司的主营业务方向，它们举办这种商业比赛既可以宣传公司品牌，又可以实现低成本招聘。例如，贝恩杯咨询案例大赛只面向清华大学、北京大学、复旦大学、上海交通大学、中国人民大学、浙江大学、南京大学 7 所高校，比赛的案例成果其实本质就是咨询公司向客户出具的简版咨询建议方案，排名靠前的团队能得到贝恩公司暑期实习或全职招聘的终面资格，可见比赛应用场景的实用性和含金量。

这里也提醒一下准备求职的同学们，平时应该多关注自己未来求职和就业领域的比赛，不管是技术类的还是商科类的，并尽早针对相关的比赛进行准备，因为这种比赛的经历在正式求职中的作用不亚于一份优秀的实习经历。在求职相关岗位时，除了个人的简历，也可以在附件中加上个人的优秀大赛作品，以提高自己的竞争力。

2.4.4　研究经历或科研经历

如果应聘的是企业单位，尤其是一些技术类的岗位，本科的毕业设计、研究生的研究课题等都可以作为项目经历的组成部分，特别是当你研究的课题偏应用层面，且技术应用领域与该岗位直接相关时，这就必然成为了加分项。

如果应聘的是研究院、高校，或者是申请硕士、博士研究生，研究相对偏基础和理论，这个时候则适合将这些模块单独放置在研究经历（科研经历）模块，将这段经历进一步突出。

2.5 研究经历

研究经历可以作为单独模块在简历中列出，也可以将部分研究性质的经历放在项目经历中。单独将研究经历作为一个模块主要针对以下几种情况。

（1）保研考研复试、申请出国读研、申请奖学金。

（2）应聘研究所、高校、部分公务员岗位。

（3）应聘企业中偏基础层、理论层的技术研究岗位，如生物、医药、化工、材料等领域。

科学研究可以分为基础理论研究、应用研究、社科研究、思维科学研究等。对于大多数求职者而言，相关的研究经历一般以应用型研究为主，所以研究经历一般是新的思路、新的技术、新的解决问题的方法等，在读学生本科的毕业设计、硕士和博士的研究课题等都可以归于这个范畴。研究经历一般会涉及自己专业领域的研究背景、相应的研究方法、实验完成环境、数据分析、对应结论等，随着研究的推进，也会发表相应的论文或专利。

本科毕业设计一般要持续半年，硕士博士的课题一般都需要 2～5 年时间，一些大型的科研项目可能长达数十年之久。研究经历中往往涉及很多理论和技术，这也意味着撰写这段经历时既需要体现出研究的专业性，又需要尽可能地用简洁易懂的语言阐明项目情况，以方便负责简历初筛的 HR 能够看懂项目基本内容。

STAR 法则同样适用于研究经历的撰写：Action 部分重点突出所采用的新技术、新思路、新方法；Result 部分除了突出自己科研成果的优势外，同时要附上论文名称（发表在著名杂志上同样也需要进行突出）、专利情况等，比如这个研究论文获了什么奖，或被 SCI、EI 等收录。如有链接，也可以加入链接。

已经发表的作品可以按照"文章名 / 出版物 + 刊物名 / 出版社 + 发表 / 出版时间"的格式标注，例如：

《中药青蒿化学成分的研究》[J]，中草药，1985（凭借该论文获得诺贝尔奖）

《数学之美》[M]，人民邮电出版社，2014 年 11 月

下面提供一份完整的科研经历范例（见图 2-16）。

研究经历

高精度GNSS信号处理研究（国家自然科学基金项目）	软件组成员	2015.03-2017.05

- 在Visual Studio下利用MFC编写卫星实时定向软件，基于最小二乘算法和乔里斯基分解优化多系统卫星定位精度，调用API函数实现双线程串口通讯，利用队列解决消息数据传输不同步的问题
- 累计编写代码上万行，算法采用单历元解算，规避载波相位周跳问题，初始化时间节约30%，成功率提升35%，定向精度提升0.3m
- 《多约束条件的全球定位系统单频单历元短基线定向技术与实现》[J]，上海交通大学学报，2015（EI收录，检索号：20150710718633）

图 2-16　科研经历范例

2.6　活动组织

　　丰富的社团和组织经历也是大学生活的重要组成部分，因此大多数学生都有过学生会、社团或者参加比赛的经历。这个模块的命名没有明确的规范，如"校园活动""组织经历""活动经历""比赛经历""社团经历""社会实践"等，求职者可根据要撰写的内容来对此模块进行命名。

　　以求职为导向，我们可以将组织和社团进行简单的划分。

　　（1）兴趣爱好类：诗词书画、体育竞技、漫画街舞、汉服民俗、志愿者协会等。

　　（2）技能类：数学建模、编程联盟、摄影协会、建筑模型等。

　　（3）职业类：职业发展协会、演讲协会、微软学生俱乐部、华为俱乐部、职徒校园俱乐部、德勤俱乐部等。

　　（4）官方类：校级和院级学生会、班委会、党支部组织、科创协会、勤工助学岗等。

　　职业类型的社团一般以职业发展为导向，一般会组织一些与职业相关的讲座和沙龙。随着和在职人士交流的增多，社团成员可以不断拓展自己对职场的认知，尽早明确自己的职业规划和发展方向。已经确定方向的学生可以参与名企在高校设立的俱乐部，协助企业开展各项校内活动。这类俱乐部成员拥有更多与企业人员直接交流对话的机会，表现优秀的话可能会有面试绿色通道，不失为在校大学生进入心仪企业的捷径。

　　官方类型的社团主要是指学生会及其他官方组织，这种社团的成员会和高校老师有比较多的交集，往往也会承办校级、院级大型的活动，这些经历可以很好地锻炼个人的领导能力、策划能力、组织能力和执行力。此外，在这类组织任职，往往有更多的机会获得素质拓展加分、优秀学生干部等荣誉奖项。

　　技能类型的社团一般会有一定的知识壁垒，该类社团往往与个人所学专业直接相

关，以工科为主，组织者一般具有比较强的学习和钻研能力。这类社团一般有相关的指导老师进行辅导支持，如果日后打算往技术方向发展，这是一个不错的选择。

兴趣爱好类社团往往是某一领域爱好者的聚集区，参与门槛较低，社团内活动以兴趣爱好为主，与职业的关联度较低。

基于以上分析，根据简历撰写的相关性原则，职业类、官方类、技能类的组织经历一般建议放置在组织和活动经历中，位置排列在实习工作经历、项目经历之后；兴趣爱好类的经历一般放置在兴趣爱好类别中，一般放置在简历的最末端。

与岗位相关性较弱的比赛也可以放在这个模块，例如"公益创意大赛""互联网+创新创业大赛""英语口语比赛""书法大赛""摄影大赛"等。这类比赛可以在一定程度上突出个人的组织能力、领导能力，但是与工作所要求的经验和技能又没有太直接的联系。

需要说明的是，在 HR 眼中，并不是所有的校园组织和活动经历都是有价值的。如果在一个组织里只是干事，没有做到副部长以上的职级，除非是和岗位特别相关的经历，一般不用写。同理，如果比赛没有得奖或者只拿了院级以下的名次（包含院级），一般也没必要写，除非在这段经历中你扛了大梁，也学到了很多东西。因为这些只能证明你参与过，但是并不能证明你的实力。可能大一、大二时经历匮乏，只有这些经历能写在简历上，但是到了高年级甚至研究生，就需要更有竞争力的经历来替代之前关联性稍弱、含金量稍低的经历了。

下面我们举一个组织经历方面的案例。

重庆大学经济管理学院学生会　　外联部部长　　2015.09–2016.9
- 负责校园内部合作及校外招商引资，根据我院活动类型，策划与商户高匹配度的广告植入
- 累计洽谈合作机构超过 50 家，先后为雀巢咖啡、腾讯、好乐迪 KTV 等知名企业策划校园营销活动，参与 12 场商业性质的广告策划和投放，包括院迎新晚会、十佳歌手大赛等
- 任职期间，获取现金赞助金额达 2 万元，以及价值超过 10 万元的会员卡、租赁设备等活动物资；累计活动参与人数达 1 万余人，单次活动参与人数均超过 1000 人，活动现场为商户直接带来销售额累计超过 3 万元

很多学生参加过不止一个组织，也参与过不止一项活动和比赛，在这种情况下，应遵循相关性原则，仅详细描述与应聘岗位相关的经历；每一段经历描述同样遵循 STAR 法则或 PAR 法则。

有了正式工作经验后，校园经历就需要逐步从简历中删减，一直保留这些经历只能

说明你工作以后的经历、经验和成就还没有超过你在校园所取得的成就，除非你从事的是与校园市场高度相关的工作。

2.7　其他信息（技能、证书、语言、兴趣爱好、荣誉）

与工作经历和项目经历等持续性的过程描述不同，证书、技能等是某一阶段所取得成果的量化表现。应聘不同的工作岗位，其分类会有所差异。例如，在大多数情况下，钢琴十级属于兴趣爱好的范围，而如果应聘的是钢琴老师，它则变成了一个技能型指标。与之前的几个模块一样，不是所有的栏目都需要列示，只列示与自己应聘岗位直接相关的、能够突出自身优势的 2～4 个栏目即可。

2.7.1　荣誉和奖励情况

多数企业在招聘时会将荣誉（尤其是大学期间所获荣誉）作为一个次要的参考因素，如三好学生、优秀学生干部、优秀团员等，这些可以证明你在学校是一个优秀的学生，但却无法证明你在工作中也会有同等优秀的表现。因此，求职者可以将学校期间获取的荣誉放置在教育经历部分，舍弃掉校级以下的荣誉。正式参加工作后，校园中获取的荣誉可以不再填写，在企业中获得的荣誉可以融合在工作经历或者项目经历中。

在撰写奖励如奖学金、参加比赛所获得的奖项等时，最好将获奖的成绩放在项目经历或者校园组织活动经历下面。切记，写在简历上的每一个奖项都要经得起面试官的细致询问，要能切实体现自己的收获，千万不能胡编乱造。所获奖学金建议放在教育背景模块中，与个人成绩相关的部分一起列示。

我们不建议在简历末端将荣誉和奖励以单独的模块列示，更不建议按照时间顺序一行写一个奖项，典型的错误示例如下。

荣誉和奖励

• 上海财经大学人民奖学金二等奖	2019 年 03 月
• 上海市英语口语演讲大赛三等奖	2018 年 08 月
• 上海财经大学优秀学生干部	2018 年 03 月
• 上海财经大学优秀学生	2017 年 06 月
• 上海财经大学会计学院一等奖学金	2016 年 06 月
• 上海财经大学校园歌手大赛二等奖	2015 年 06 月

这种排布方式不仅浪费了宝贵的简历空间，而且缺乏整理归纳，HR 需要从零散的

描述中去提取和归类信息，费时费力。此外，如果这其中有特别重要的荣誉或者获奖经历，这种主次不分的撰写方式反而会让这段经历淹没在其他普通的荣誉中。

随着实习和工作经历的增多，求职者务必要懂得取舍，将那些与职位要求不相关的奖励删除，只保留那些与应聘职位相关、含金量高的奖励。在简历中，质量远比数量重要，你搬出 10 个毫不相干的获奖经历，也比不上人家轻描淡写的一句"曾获得 ACM 国际大学生程序设计竞赛金牌"有含金量。

根据上述分析，我们将上一段错误示例调整为如下格式。

教育经历

上海财经大学	计算机科学与技术	本科	2016.09–2020.07

- GPA：3.7/4.0（3/100），获校级以上一等奖学金1次（Top 1%），二等奖学金2次（Top 3%）
- 荣誉和奖励：上海财经大学优秀学生干部、优秀毕业生、校园歌手大赛二等奖（5/400）

同时，将英语比赛经历与语言栏目放在同一行，突出自己的英语口语能力。

技能/证书/语言

- 语言：英语（六级598分，雅思7分，上海市英语口语演讲比赛三等奖），粤语（听说流利），普通话（母语）

2.7.2　技能（软件技能、硬件技能）

大多数时候，技能与岗位直接挂钩。如果应聘的是偏技术类的岗位，建议求职者直接在简历初始位置（基本信息之后，其他信息模块之前）列出自己所具备的技能，并用大量篇幅着重描写。工科类毕业且应聘对口岗位的同学一定要注意，如果这些技能能够突出自己的专业胜任能力，可以将其放在简历的"黄金广告位"区域，没必要拘泥于技能一定要放在最下方的惯例。例如，应聘程序开发类岗位时，将技能放在简历开头就很合适。

软件技能

- 程序语言：Java（5年）/ PHP（3年）/ C / C++ / C# / Python / Perl / Ruby(如使用年限较少，括号内置换为熟练/掌握/了解，可备注完成项目的名称/数量/规模)
- Web框架：JavaEE(3年) / Lavarel / Django / Express / RubyOnRails（熟练使用 XX 完成 XX Web应用开发）
- 前端框架：Bootstrap（精通）/ AngularJS / Ember/ Backbone / Vue/ React(了解)
- 移动开发：Objective-C（精通）/ HTML5（熟练）/ Swift（掌握）/ Java（熟练掌握IOS和Android）
- 数据库相关：MySQL(精通) / PostgreSQL / Oracle / DB2/ SQL Server / ACCESS / SQLite
- 版本管理：SVN / Git/ VSS
- 前端语言：CSS / HTML / Javascript / jQuery / Ajax / Json /mootools / ExtJS
- 前端工具：Bower/ Webpack / Gulp/ SaSS/ LeSS/ PhoneGap
- 单元测试：Mock / PHPUnit/ Qunit/ Rspec（应用/使用/掌握XXX进行测试）
- 云和开放平台：微信小程序 / 支付宝小程序/ 微信公众号开发 / 微博开放平台/ Facebook 开发平台 / SAE / BAE / AWS/
- 操作系统：基于Windows / linux / mac/ Unix 进行项目开发

即使是非技术类岗位，一般也会涉及一些岗位相关的技能。例如，金融类岗位可能会涉及 Wind、Python，产品类岗位可能会涉及思维导图、Axure，微信公众号运营会用到秀米、创客贴等简易排版和制图工具等。举一个比较典型的例子，Office 办公软件不管是在学校还是工作中都会用得到，只不过大部分人的水平停留在比较基础的应用层面，"熟练使用 office 软件"，这样写在简历上是没有任何竞争力的。Excel 的功能非常强大，如果能够熟练掌握 VLOOKUP 这些常见函数、数据透视表、VBA 等相关功能，会大大提升工作效率；Think-cell 作为 Power Point 插件被广泛地应用于顶级咨询公司的演示中，如果你会这个技能那么这就是一个加分项。这些技能学校不会教，但是工作中使用频率很高，掌握这些额外的技能，会让你更容易从茫茫人海中脱颖而出。

在技能后可以加括号进行备注，备注的主要目的是告诉对方自己对该项技能的熟悉和掌握程度。在描述技能水平时，精通、熟练、了解这些词汇比较模糊，不同的人会有不同的理解，所以要尽可能用一些可量化的词汇进行描述，如下面这种描述方式就比较清晰。

技能/证书及其他

- 技能：Wind（熟练），Python（熟练编写交易策略），Excel（熟练掌握数据透视表，可编写简单VBA程序），Java（3年经验）

2.7.3　语言

如果求职者是在美国、英国、澳大利亚等国家读书，且应聘当地的工作，GMAT、托福之类的成绩一般列在教育经历里。但对于大多数本土求职的同学来说，英语类语言相关的技能放在末尾其他信息板块更为合适。需要注意的是，外资企业对求职者的英语听说读写能力要求都比较高，日常的电话沟通、E-mail、会议报告可能都为英文，做开发的同学可能也经常会查阅英语的 API 接口文档，良好的英语能力是在这些企业生存的一项基本技能。

英语能力的强弱可以通过证书来体现，如 CET6 在 600 分以上、托福 100 分以上、雅思 7 分以上、BEC 高级、上海高级口译等都是英语能力强的表现。如果成绩不错的话，建议写出成绩；但如果成绩只是刚超过及格线，就没有必要写出。另外，只写最高等级即可。

除了证书外，如果相关比赛、工作、实习经历能够体现自己的语言能力，也可以写在简历上，如"上海市英语演讲比赛二等奖""主导翻译外文图书××××""作为志愿者为××峰会国外厂商提供翻译服务""××电影字幕组核心成员"等。

　　如果自己的英语证书成绩一般，但是之前有海外留学或交换经历，或在外资企业工作和实习过，邮件和日常沟通都没什么障碍，也可以在工作经历中重点强调"工作语言为英语"，或在教育经历、交换经历中重点强调"全英文教学"等，毕竟语言的实际应用能力比证书成绩更重要。

　　对于一些为本区域人群提供服务的行业来说，其工作人员需要每天与当地人沟通，能够流利地使用当地方言有助于工作的顺利开展。如果是土生土长的当地人，应聘这类岗位无疑会有很大的优势；如果并非当地人，熟练掌握当地方言对求职成功也很重要。因此，建议计划留在广东或香港工作的求职者提前学学粤语，计划留在上海工作的求职者提前学习上海话，等等。

2.7.4　证书

　　一般特指与专业或应聘职位有关的资格证书、认证等，例如，财经相关专业的 CPA（注册会计师）、CFA（金融分析师）、ACCA（国际注册会计师）、证券从业资格等证书，法律相关专业的法律职业资格证书，计算机相关专业的微软认证、思科认证等。

　　对于一些岗位而言，一些证书具有很高的含金量和竞争力，建议在个人总结或者申请投递的邮件里进一步强化说明；如果该专业证书对大多数人而言比较陌生，可简略介绍描述，突出该证书的获取难度、含金量等信息；如果某个证书有多门考试，求职者没有完全考完，可以在备注里注明已经通过的科目；如果没有单独设置语言这个模块，英语四六级证书也可以写到证书模块里，成绩不错的话记得标注分数。

　　下面是证书模块的范例，供大家参考。

证书

- 注册会计师（CPA，已通过会计、审计、财务管理），证券从业资格（全科通过），司法考试（410 分）

2.7.5　兴趣爱好

　　很多招聘方会在招聘信息中列明，拥有某些特长的求职者可以优先考虑。此时，你写上相应的兴趣特长，可以增加简历的网申通过率。例如，求职 UI 设计师时，拥有优秀摄影技术的求职者会被优先考虑；求职销售或者投行类岗位时，需要长期出差，工作压力大，那么有健身和旅游爱好的求职者会更受青睐；求职宠物用品公司时，如果有养宠物的经验无疑会锦上添花。

　　关于兴趣爱好与行业的相关性，我们可以参考以下几点。

（1）行业相关性：喜欢健身，应聘健身行业会加分；喜欢炒股，应聘金融行业会加分；喜欢看电影、写影评，应聘影视娱乐行业会加分；喜欢旅游，应聘旅游行业会加分……

（2）性格相关性：喜欢围棋，表示有一定的战略性和战术性思维，适合管理类岗位；喜欢足球篮球，表示阳光健康、有团队精神，适合多数岗位；喜欢演讲辩论，表示沟通能力强，适合市场、销售岗位；喜欢看展览，表示有较强的艺术思维，适合设计类岗位；喜欢写博客、写文章，表示总结能力和思考能力强，适合开发、文案编辑等岗位……

（3）岗位上下游相关性：做前端开发同时爱好一些 UI 设计，做产品同时喜欢琢磨交互设计，做销售且喜欢研究心理学，做互联网运营并喜欢研究 App 产品……

很多企业喜欢有个性、有创新思维、敢打敢拼的员工，应聘这些企业时在兴趣爱好栏也可以写一些自己与众不同的经历，这将会是一个加分项。例如，喜欢创作，曾经或正在写书（哪怕没出版）；喜欢拍摄，拍了一个城市纪录片（有想法，哪怕拍摄得比较简陋）；喜欢骑行，独自从上海骑行到北京；喜欢钢琴，拿了国际比赛大奖；喜欢挑战，跑过马拉松，攀登过珠穆朗玛峰……即便这些兴趣爱好与应聘岗位无直接关联，但是足以吸引对方眼球，在简历和面试中能给自己带来加分。

如果没有比较特别的兴趣爱好，不建议随便写"读书""旅游"等这些大众化的爱好，这种所有人都能做的事情写与不写没什么区别，除非在某种场合下该爱好和所应聘岗位所需要的技能能够产生交集。

写在简历上的兴趣爱好总数不建议超过 5 个，不要超过一行，挑个人比较擅长且与岗位比较相关的来写，同时加一个括号进行进一步的描述。例如，应聘产品运营类岗位时，写上"喜欢读书（平均一年阅读 20 本以上，对《增长黑客》《运营之光》等有深入体会和见解）和旅游（游历过 3 个国家、20 个城市，对各大旅游类 App 的产品和运营策略进行过深度分析）"，这样的描述无疑会对你的简历起到锦上添花的效果。

有些爱好明显是消极的，比如说喜欢宅、睡觉、打游戏、看美剧等，这些对应聘职位没有帮助，反而会起反作用，不宜写在简历上面。

下面是一个完整的示例，供大家参考。

技能/证书及其他

- **语言**：英语六级 (587)，雅思 (7)，日语 (简单日常用语)，广东话 (流利)
- **技能**：PPT (熟练掌握PPT动画制作)，Excel (熟悉数据透视表)，Photoshop，Sketch，Axzure，Xmind思维导图
- **证书**：证券从业资格 (全部通过)，基金从业资格，计算机二级 (C语言)，注册会计师 (通过会计、审计、财务管理)
- **爱好**：钢琴 (业余十级)，跑步 (参加过3场以上马拉松比赛)，羽毛球 (校队主力成员)

2.8　自我评价

简历中的自我评价（个人总结）并不是必须要写的模块，一般作为求职邮件的正文，或者放置在简历的开头或结尾。撰写自我评价的真正目的是对自己的职业优势进行总结，突出自身与所应聘岗位的匹配度，比较适合跨行业求职、跨专业求职、经历较少的求职者在撰写简历时使用。自我评价写得好，既可以节省 HR 的筛选成本，同时又能快速突出自身的价值。

在自我评价中，求职者需要将个人与岗位相关的优势（知识技能、工作经验、性格特点）等集中展现给 HR，尤其是那些相对隐蔽，但对于获取这份工作来说至关重要或者能突出自己独特性的点（Unique Selling Point），以快速吸引 HR 的眼球。

一般 HR 看自我评价的时间也就几秒钟，你必须通过百余字明确地告诉他们两个至关重要的信息：

（1）我非常渴望得到这个岗位；

（2）我能够胜任这个岗位。

很多求职者觉得求职意向（动机）不重要，只要是知名企业都想去试试，也不管适不适合，先拿几个 Offer 再慢慢选。但越是热门的岗位竞争越激烈，吸引的优秀人才也越多，任何一家企业都不想成为别人的替补，所以招聘方需要评估求职者的求职动机：我们这家公司、这个岗位是否是你真的想要的，是否和你的职业发展规划相符。要不然给你 Offer 你不来，或者待了几个月发现和想象的不一样就离职了，这对于企业而言是很大的成本浪费。所以，在面试中求职动机是重点考察项。

需要注意的是，很多求职者看到简历模板里有这个栏目，就绞尽脑汁地想用什么词语形容自己，最后把吃苦耐劳、认真负责、逻辑性强、沟通能力强、学习能力强等非常主观性的描述堆砌在了一起，比如下面几个例子。

自我评价
1. 认真谨慎，责任心强。
2. 对金融证券投资分析具有较强兴趣，并学习过相关知识。
3. 勤奋乐观，精力充沛，为人正直，有担当，抗压力强，执行力强，原则性强，也善于倾听。
4. 善于与人交流合作。

个人评价

我认为我是一个活泼开朗、认真负责的女孩；我有很强的上进心，是一个完美主义者；交给我的事情我一定会认真负责地去完成，具有很强的自主性和创新能力；与身边人相处融洽，性格随和大方。通过不断的锻炼与实践提高自我，并最终实现个人价值与社会价值的统一，是我的追求与目标。

在 HR 眼中，类似这样假大空型的自我评价不仅不能给求职者加分，还占据了其他重要信息的篇幅，会让他们觉得这个求职者没什么经验，简历也是在凑字数。

那么优秀的自我评价究竟该怎么写呢？结合前文提到的自我评价的两个核心关键点，我们不妨采用以下方式来写：

（1）我非常渴望得到这个岗位——用经历证明；

（2）我有能力胜任这个岗位——用成绩说话。

为了便于大家理解，我们举两个例子说明一下。

第一个例子：应聘开发工程师。

初级写法：我喜欢开发工作，大学学习了计算机专业，能够静下心来学习新知识、修改 bug，对各种技术问题充满了兴趣。（点评：表达了求职意愿，但缺少真实经历和实力的支撑。）

中级写法：2 年计算机后端开发经验，熟练掌握 C++、java 等计算机语言，了解 Bootstrap、AngularJS 等主流前端框架，可独立使用 MySQL 搭建数据库，多次参加全国编程类大赛。（点评：有相关经历但是没看到相关成绩。）

高级写法：专业排名 2/100；2 年计算机后端开发经验，4 个完整项目后端开发经验；使用 Java+MySQL+Apache 架构，用 3 个月的时间内成功搭建职徒简历网站；作为团队小组长，曾获微软编程大赛全国总决赛第二名；个人技术博客拥有 2 万多名粉丝；对深度学习、自然语言等领域充满好奇。（点评：不仅有相关经历，而且有相关成绩。）

第二个例子：应聘证券研究员。

初级写法：学校证券投资协会成员，有良好的投资习惯和风险控制能力，关注每日财经新闻，了解国家大事。（点评：毫无亮点，既无相关经历又无任何成绩。）

中级写法：作为学校证券投资协会核心成员，举办和参与了 3 次模拟股票大赛；阅读过 10 本以上证券投资类书籍，崇尚巴菲特的价值投资理论；熟练使用各类股票交易软件。（点评：只突出了对行业的喜爱，没体现自己的能力。）

高级写法：参与 3 次全国股票交易大赛，均排名前十；熟悉 A 股／港股市场，了解 ETF、LOF、QDII 等基金产品，拥有 3 年实盘投资经验，年化收益率达 12%；拥有 3 家知名证券公司研究所实习经历，累计撰写研究报告超 10 万字，对家电行业、建筑装饰业进行过深度研究，得到 ×× 证券研究所首席研究员 ××× 先生的推荐信。（点评：既有经历又有成绩，令人信服。）

以上两个案例中的高级写法都用到了数字化的表述，这种表述方式能让你的成绩更为量化、更具说服力，也更容易抓住阅读者的眼球。对 HR 来说，与其用华丽的词藻来描述你的品质，不如直接用可量化的结果来证明你的品质。

自我评价既能体现求职者对所应聘岗位的了解程度，也是对自身相关经历和技能的总结。

例如，应聘的岗位要求具有良好的学习能力，怎么描写能体现自己的学习能力呢？跨专业通过 CPA 考试算不算？用 1 个月的时间学会 Photoshop 并用得驾轻就熟算不算？在实习过程中重新梳理了原本冗余的工作流程算不算？都算！而且这些都比你写一句"学习能力强"更有说服力。

若应聘的岗位要求有良好的沟通能力，又该如何写呢？实习的时候跨 5 个部门协作举办了一场活动算不算？在校园活动中一个人拉来了 2000 元赞助算不算？在学校辩论赛中获得"最佳辩手"算不算？显然这些都是很好的证明。

有的求职者说，我没有那么强的技术实力和经历背景怎么办？

（1）将自身优势和公司特点相结合，展现工作思路及发展潜力。举个例子，你打算应聘新媒体运营岗，但之前并没有微信排版的经验，此时可以尝试分析应聘公司的文章，寻找他们在微信活动策划方面可以改进的地方，结合以往的活动策划经验来突出自身优势。例如，具有良好的活动策划能力，曾策划 2000 多人的线上分享活动，付费转化率达 20%，相信我加入贵公司后可以提升公众号粉丝的增长速度、活跃度和转化率。

（2）表达与公司发生交集的强烈愿望。例如，关注 ×× 公司的公众号 2 年时间，也曾在 ×× 公司举办的精英训练营中带领小组取得第一名的成绩，非常认可公司团队对产品细节的执着和积极向上的文化，也非常看好职业教育方向，非常希望加入 ×× 公司。这么撰写，既可以突出自己的求职动机，又打出了感情牌，很多 HR 都会给予面试机会的。

自我总结的内容可以根据简历整体排版适当增减，但不宜超过 200 字，用词务必简洁凝练。在排版时，建议针对岗位胜任要求逐行证明，使用段落符号进行标注，并根据重要性对每段文字进行排序，将重要的部分放在前面，可将核心的关键字用加粗的形式重点标记出来，确保 HR 一眼扫过去清楚明了，能够快速抓到关键点。

例如，针对下图左侧的产品岗位，我们根据岗位需求进行分段排序，得到的个人总结如下（见图 2-17）。

岗位职责：

1. 负责用户端产品（App/H5/ 小程序）的需求设计与落地
2. 洞察用户需求，熟练使用 axzure 绘制
3. 负责产品核心路径体验与关键指标的转化

任职资格：

1. 2 年及以上互联网产品经验，独当一面地负责过移动端用户产品 / 项目
2. 有较为成功的互联网产品设计经验，产品有 10 万 + 以上用户者优先
3. 熟悉并热爱互联网，对娱乐行业有深度兴趣与洞见者优先
4. 本科及以上学历，具有国内外知名互联网公司经验者优先
5. 逻辑思维强，善于分析，但同时保有好奇心与敏锐度

个人总结

- 2年互联网大厂产品设计经验，掌握完整用户研究、交互设计流程，可熟练使用xmind,axzure、sketch梳理交互逻辑和绘制原型图
- 负责A产品迭代期间，日活用户由50万增长至80万
- 公司绩效连续2年排名Top3%,荣获公司最佳进步奖

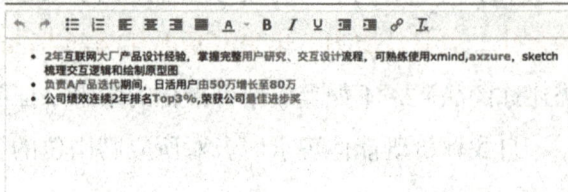

图 2-17　根据岗位需求撰写自我评价

知道以上内容就够了吗？当然不够，你还需要了解**岗位属性（硬性要求）**和**投递工具**的差异对这段内容所造成的不同影响。

岗位的硬性要求意味着如果不满足这个要求你根本就过不了筛选关，为什么要说这点？因为除了邮箱投递简历之外，移动端兴起了各类招聘 App，在这里求职者必须用 50 个以内的字来表达自身优势，而要想体现自己符合他们所有的招聘要求，50 个字往往不太够，此时应该怎么办？我们必须了解清楚这个岗位的刚性要求，并展现出自身与之相符合的点，否则你的简历很难被打开。

例如，有的岗位，名校毕业是刚性要求；有的岗位，× 年经验是刚性要求；有的岗位，所拥有的渠道资源是刚性要求。以 BOSS 直聘为例，写好关键词＋个人评价非常重要，务必保证在这里所展示的局部信息能够满足意向岗位的刚性需求，要不然简历连被打开的机会都没有。所以在使用某个求职平台前，应该花一些时间了解一下该平台的特点，这样才有助于提升求职成功率。

最后，再次强调一下，自我评价并非必须要写的，如果你的求职意向与个人经历非常对口，把有限的空间让给对口的、有竞争力的经历更有意义（当然也可以把自我评价放在邮件正文中）。而在求职者跨行跨专业求职、工作经验比较少或对口经历不足，以及在某些 App 和网站求职，简历需要二次打开的情形下，撰写个人总结就非常有必要了。

2.9 参考案例

1. 互联网产品运营方向简历模板

李安迪

188-8888-6666 | Andy.Li@utrainee.com | 上海市
研二 | 入职时间：2019-03-27 | 求职意向：产品运营

教育经历

| 上海交通大学 | 市场营销 | 硕士 | 2016年09月 – 2019年03月 |

- 全系排名1/50，思源奖学金（2016-2017），上海市优秀毕业生，获得2次国家奖学金
- 营销工程（98），战略管理（95），新媒体营销（96），营销模型（92）

| 厦门大学 | 市场营销 | 本科 | 2012年09月 – 2016年06月 |

实习经历

| 职徒简历 | 产品部 | 产品运营 | 2018年09月 – 至今 |

- 负责职徒简历产品市场营销活动策划、产品用户增长，参与微信、百度等相关渠道广告投放管理工作
- 策划"618暑期实习简历通""每日签到"等活动，单次活动最高拉新1200人，任职期间DAU达到2000，环比提升40%，累计增加用户5万人，月复合增长率达20%
- 撰写知乎简历撰写类文章10篇，最高单篇阅读量达3万次，单篇最高点赞1000+，收藏3000+
- 连续2个季度被评为优秀实习生，暑期实习后成功留任

| 美团点评 | 产品部 | 产品经理助理 | 2017年10月 – 2018年03月 |

- 协助产品经理进行市场和用户调研，绘制产品原型图，掌握完整用户研究、交互设计流程，可熟练使用xmind，axzure，sketch等工具
- 负责D产品酒店模块迭代期间，完成100名用户访谈，绘制30余个产品原型图，日活用户由50万增长至80万，主页跳出率降低10%，付费购买率提升30%
- 参与完成D产品X模块上线整个流程，与视觉设计、前后端开发、用户运营多部门协调沟通，连续3个月每日平均工作10小时以上，并对上线后交互功能进行完善

项目经历

| 上海交通大学B&O创新项目 | | 小组长&市场品牌 | 2018年03月 – 2018年05月 |

- 该项目为丹麦顶级奢侈品公司B&O全程赞助，录取学生来自上海交通大学和丹麦顶级学府，录取比例1/1000
- 负责项目W产品市场需求分析、用户研究、问卷设计、路演PPT设计和最终展示，累计收回调查问卷200余份，协调和管理团队完成W产品功能设计、代码调试、模具定制和采购
- 参与设计宣传DEMO，成功在A产品众筹平台筹集获得资金5万元，在累计10万元经费下，在项目进度期内完成初级产品制作，并提前完成35件产品预售

校园组织

| 厦门大学校学生会 | 外联部 | 副主席兼外联部部长 | 2013年10月 – 2015年03月 |

- 招募外联部成员，重新设立外联部组织架构，设立校内联络组、招商组、预算管理组，制定部门管理制度，部门成员由初期10人，扩充为35人
- 任职期间成功获得外部赞助6次，累计赞助金额达26万，承办企业委托大型比赛2次（百事可乐校园歌手大赛、华为杯案例分析大赛），累计覆盖人群达5000人
- 所在部门连续2年被评为学生会最佳部门，本人连续2年被评为校优秀学生干部

大赛获奖

- 华为杯案例分析大赛二等奖　　　　　　　　　　　　　　　　　　　　　　　　2015年02月
- 宝洁杯供应链设计大赛二等奖　　　　　　　　　　　　　　　　　　　　　　　2018年03月

技能/证书及其他

- 技能：PPT（熟练掌握PPT动画制作），Excel（熟悉数据透视表），Photoshop，Sketch，Axzure，Xmind思维导图
- 证书：计算机二级证书（C语言），证券从业资格（全部通过），基金从业资格，CFA（注册金融分析师），CPA（注册会计师）
- 爱好：钢琴（业余十级），跑步（参加过3场以上马拉松比赛），羽毛球（校队主力成员）
- 语言：英语六级（587），雅思（7），日语（简单日常用语），广东话（母语）

2. 金融证券（跨专业求职）方向简历模板

刘丽丽

手机号：188-8888-8888 ｜ 邮箱：hr@52cv.com
求职意向：证券研究所

教育经历

上海财经大学	**计算机科学与技术**	**硕士**	2017.09 - 2020.03

- GPA：3.7/4.0（3/100），获校级以上一等奖学金1次（Top 1%），二等奖学金2次（Top 3%）
- 荣誉和奖励：上海财经大学优秀学生干部、优秀毕业生、校园歌手大赛二等奖（5/400）

重庆大学	**计算机科学与技术**	**本科**	2013.09 - 2017.07

实习工作经历

建信基金管理有限责任公司	**固定收益部**	**研究员助理**	2018.12

- 运用Moody、S&P Global、FitchRating等外资评级网站搜集行业相关数据，对宝塔石化、飞马国际等60余支信用债评级调整原因进行分析，对由担保违约和诉讼情况导致的违约进行重点分析，撰写3篇汇总报告，得到首席债券研究员高度肯定
- 收集并整理区县级财政经济数据，利用KMV模型分析地方政府的偿债能力，协助研究员对20余支地方政府的信用资质以及城投债进行评级

安信证券研究所	**计算机组（新财富第一）**	**研究员助理**	2018.07 - 2019.10

- 独立完成行业深度报告2篇、公司深度报告4篇、公司中报点评12篇、过会点评5篇、对5家公司进行持续性跟踪，进行估值模型的调整及盈利预测，独立完成计算机行业中期策略报告的核心部分，撰写电话会议邀请及会议记录等日常工作。
- 负责安信计算机组微信公众号的日常运营及维护、撰写《XXX》文章，全文28页，通过撰写XX公司在A股市场近3年高增长表现，揭示出其内在的共享经济商业逻辑，并通过分析BAT在共享经济领域的布局，从供给及需求端分析其市场容量和发展潜力；该文发布后，公众号阅读转发量达5300余次，被多家媒体转载，其中《XX》媒体将其在首页置顶。

职徒（全国领先的大学生职业发展平台）	**校园市场部**	**市场营销校园合伙人**	2018.06 - 2019.02

- 负责职徒上海、香港、纽约实训项目线上线下营销，及智能化简历平台在厦门大学的渠道拓展工作
- 负责项目文案的撰写和改版，先后完成3个学院官方机构的**商务洽谈**，完成2个新媒体广告投放，并采用EDM方式对1000+目标用户进行**精准推广**，协助举办2场在线讲座，成功邀请到**摩根投行部**VP和花旗银行人力资源部经理
- 半年个人完成销售额近10万元（占团队总业绩60%），为职徒简历带来700+活跃用户，获得职徒年度十佳校园大使证书及职徒总经理推荐信

中国农业银行无锡支行	**对公业务**	**对公客户经理助理**	2017.07 - 2018.09

- 协助对公客户经理进行不动产信息登记，核对客户财务报表数据的准确性和真实性，任职期间参与某A股上市公司2亿规模的贷款需求资料整理工作。
- 协助大堂经理完成客户引导，指导客户办理开卡、存款、理财等相关业务，协助客户完成累计近2000万的理财产品购买

研究经历

高精度GNSS 信号处理研究（国家自然科学基金项目）		**软件组成员**	2018.05 - 2019.03

- 在Visual Studio 下利用MFC 编写卫星实时定向软件，基于最小二乘算法和乔里斯基分解优化多系统卫星定位精度，调用API 函数实现双线程串口通讯，利用队列解决消息数据传输不同步的问题
- 累计编写代码上万行，算法采用单历元解算，规避载波相位周跳问题，初始化时间节约30%，成功率提升35%，定向精度提升0.3m
- 《多约束条件的全球定位系统单频单历元短基线定向技术与实现》[J]，上海交通大学学报，2015 （EI收录，检索号：20150710718633）

校园组织及活动

谷歌杯益暖中华公益创意大赛一等奖		**项目总负责**	2016.05 - 2017.07

- 在2万余项目角逐中脱颖而出，获得谷歌中国3.6万元的项目资金扶持，对川渝地区"棒棒军"团体进行为期9个月的调研及关爱扶贫工作，整个项目分为"走进棒棒军送温暖""全市义诊""关爱留守儿童""城市展览"4个大型环节
- 项目团队25人，项目全程覆盖川渝两省，10余个城市，先后与重庆市肿瘤医院、广安义工社等10多个大型组织建立项目合作关系，先后有被广安电视台、重庆晚报、重庆晨报等20余家主流媒体报道，并都得到重庆大学党委书记欧可平教授的高度肯定
- 历年谷歌获得大赛奖项的所有项目中被评"公益无界奖"，项目成员中1人获得校五四青年奖章（10/30000），2人获得重庆市优秀学生（30/30000），5人获得校优秀青年志愿者，2人获得谷歌中国实习直接录取资格

重庆大学经济管理学院学生会	**外联部**	**部长**	2015.09 - 2016.07

- 负责校园内部合作及校外招商引资，根据我院活动类型，策划与商户高匹配度的广告植入
- 累计洽谈合作机构超过50家，先后为雀巢咖啡、腾讯、好乐迪KTV等知名企业策划校园营销活动，参与12场商业性质的广告策划和投放，包括院迎新晚会、十佳歌手大赛等
- 任职期间，获取现金赞助金额达2万元，以及价值超过10万元的会员卡、设备租赁等活动物资；累计活动参与人数达1万余人，单次活动覆盖参与人数均超过1000人，活动现场为商户直接带来销售额累计超过3万元

技能/证书及其他

- 技能：Excel（熟练掌握数据透视表，可编写简单VBA程序），Wind（熟练），Java（3年经验）
- 证书：CFA（通过一级考试），证券从业资格证，基金从业资格证
- 爱好：跑步（上海国际马拉松198名，曾骑行从上海抵达青岛），读书（累计阅读证券交易类书籍超过100本）

3. 软件开发方向简历模板

张小凡

188****8888 ｜ xiaofan.zhang@utrainee.com

求职意向：web前端

教育经历

南京大学	软件工程	本科	2016.09 - 2020.07

- GPA：3.7/4.0（专业top 5%）
- 主修课程：计算机网络、操作系统、数据结构与算法、面向对象分析与设计、数据库系统应用、软件工程数学
- 南京大学优秀毕业生，获得两次国家奖学金

实习经历

小米	Web开发实习生	2018.12 - 至今

- 负责公司内部项目SPA应用开发及运营后台开发，配合产品及其他计数人员完成3个功能模块开发。
- 参与架构设计，在缺少组件的情况下根据产品需求，独立使用Canvas完成图片打码加水印的组件，并在公司运营后台中投入使用。

网易	Web开发实习生	2018.04 - 2020.11

- 参与网易云音乐商城的开发，与同事协作重构商城购物车模块，重构后该模块的QPS从1000提升至5000。
- 独立设计并完成基于Vue的表单组件，支持多层form表单控件嵌套使用，开发人员只需对表单内容进行配置并引入组件即可，使复杂的页面布局编写只需一行代码即可实现。
- 提升了自身对服务端架构的理解，能独立使用nodejs完成服务端开发。

项目经历

DreamWardrobe-服饰商城小程序	全栈开发	2018.03 - 2018.06

- 为用户提供从服饰穿搭建议到商品挑选下单的一站式选买服务
- 基于Taro+SpingBoot进行前后端分离开发，采用MySQL作为数据存储，同时使用微信云存储进行图片存储，使小程序加载图片的速度从2~3s降至0.5~1s，为顾客提供了良好的用户体验。
- 独立完成小程序的轮播图组件、标签切换组件的封装，同时由于采用了响应式的布局，对于不同尺寸的手机都有良好的适配。
- 引入ECharts为用户提供消费数据的可视化分析，帮助用户理性消费

个人博客	前端开发	2018.01 - 2018.02

- 通过github.io搭建个人博客，并定期对博客进行更新，文章主要是前端技术的理解和分享，同时也有对书籍电影的观后感等。
- 基于Vue框架进行搭建，采用CSS3技术及Canvas标签绘制页面切换动画及页面背景动效等，并采用瀑布流布局。
- 独立实现可视化的Web音频播放器组件，并使用Canvas实现了音频声波的动态展示效果。
- 项目地址：XXXXXXXXXXX

一起玩-基于标签的协同过滤推荐平台	前端开发	2017.03 - 2017.09

- 为用户提供一个发布、参与与管理活动的平台，并根据用户对活动的参与度推荐用户感兴趣的活动。
- 采用响应式布局，实现一套代码pc站、m站的多端适配。
- 采用MD5加密算法对用户信息进行加密，保障了信息传输的安全性。

大赛奖项

- 第四届"互联网+大学生创新创业大赛"铜奖　　　　　　　　　　　　　　　2018.10
- "游族杯"上海市高校程序设计竞赛二等奖　　　　　　　　　　　　　　　2018.05
- 南京大学程序设计竞赛一等奖　　　　　　　　　　　　　　　　　　　　2017.05

专业技能

- 计算机基础扎实，有良好的数据结构和算法知识，良好的系统模块设计能力；
- 熟练掌握Js、CSS，熟练掌握各种布局；
- 熟悉W3C标准与ES规范，熟悉Web语义化；
- 熟练使用Canvas，CSS3制作动画效果；
- 熟悉MV*框架(Vue、React)，有相关项目经验；
- 熟练使用Webpack构建工具进行打包等操作；

4. 市场营销方向简历模板

张可可

188-****-8888 | coco.zhang@utrainee.com

求职意向： 市场营销主管

工作实习经历

宝洁（中国）有限公司	市场销售部	销售经理	2018.06 - 至今

- 负责海飞丝品牌电商运营管理，对接天猫旗舰店和天猫超市，统筹新品防脱系列上市，完成前期销量数据拆解、流量规划、页面设计、种草模式探索等工作，新品上市后在防脱市场引起强烈反响，46小时创百万单坑，使其成为市场上第二大防脱品牌
- 负责海飞丝天猫超市双十一活动，运营鹿晗和海贼王两大IP，制定粉丝运营方案，成功拿下双十一皇帝坑位，分析流量转化等市场数据，在XX排行榜保持名列前茅，双十一极致单品前两小时出售近10万套
- 统筹12月大牌方案，联动粉头和各大KOL，以"XXX平安夜畅享"为噱头，撬动粉丝经济，主导和阿里的资源谈判，成功拿下美妆类双十二大牌资源，双十二当天销量为去年两倍

唯品会（中国）有限公司　　　市场部　　　商务助理实习生　　　2017.07 - 2017.12

- 协助经理跟进唯品会国际美妆组30款品牌，主要负责对接库存，向供应商下订单，跟进商品上架和上线等工作，确保库存正常周转
- 负责唯品会线上活动的提报，为品牌争取更多的资源位，负责ABC促的活动建档、系统设置等，与品牌方确定活动承担力度，签订确认函，并负责素材、样品等一切的对接
- 分析每日销售数据和流量，及时调整品牌定位和活动方向，分析竞品价格，结合自身调整价格，保持竞争优势

屈臣氏集团有限公司　　　市场部　　　助理实习生　　　2017.01 - 2017.06

- 对接各品牌部门和设计部，将各档期品牌促销活动信息传达给设计部，沟通双方，推动POP等的设计，**共计负责过5个档期POP的产出**
- 对接印刷和安装供应商，**整理北上广共200+店铺信息及支付档期等资料**，最终敲定合适的供应商，并推动完成宣传物料设计与安装
- 筹备屈臣氏实习生见面会，负责流程创意与策划，与行政部门协商解决场地和物料等问题，零成本实现活动顺利落地，见面会促进了实习生间的相互了解，也深化了大家对屈臣氏企业文化的认同，获得高度肯定

项目经历

华辰青年YEST训练营　　　　　　　　　项目成员　　　2016.09 - 2020.12

华辰青年是华南区最大的教育公益组织，致力于创造青年人对话与实践成长，YEST青年计划，Young　Entrepreneurs and Students Talent，带给每个青年人视野、交流、实践等全方位的历练与提升。

- 线上面试期间，带领组员针对PA　club社群运营问题提出改善方案，主张细化管理社群，增加社群粘性，方案得到招募组认可，从全国1000多名面试者中脱颖而出，成为最终入选的40名学员之一
- 筹划YEST课程，将"马路商铺"模式引入中山，与邻舍、中山狮子会和满天星等公益组织合作，**为300多名外来务工人员搭建"用微笑买单"的公益集市**，活动被中山电视台等媒体报道，马路商铺模式被邻舍延用至今

AIESEC出境公益部

- 领导12人团队开展工作，成功输送不同城市高校共80余位在校大学生去往东南亚、非洲国家参加海外志愿者项目，获得优秀负责人荣誉称号
- 对欧美地区10余个国家超过300个项目进行数据处理与质量分析，设计10个维度对项目进行评级，最终筛选出20个优质项目进行长期推广
- 参与组织AIESEC广东区域迎新大会，负责各高校成员之间的联络沟通或活动宣传工作，吸引与会成员超过500人
- 运营本校社团微信公众号，面向社团成员及本校学生提供学习资料、项目信息、服务帮助等内容，**文章平均阅读量800+**

教育经历

广东外语外贸大学　　　市场营销　　　2014.09 - 2018.07

- GPA： 3.6/4.0（专业top 20%）
- 主修课程：市场营销学，管理学，会计学，统计学，财务管理，广告学，消费者行为学
- 荣誉/奖项：校级优秀学生二等奖学金，校级优秀学生干部

证书资质

- XX证书

技能/证书及其他

- 技能：PPT（熟练掌握商务PPT制作），Excel（掌握数据透视表）
- 其他：雅思（7.5），普通话（流利），粤语（流利）

5. 人力资源方向简历模板

林若涵

188-****-8888 | ruohan.lin@utrainee.com

教育经历

| 中山大学 | 公共管理 | 硕士 | 2017.09 - 2019.06 |

- GPA：3.85/4.0（专业top 5%）
- 主修课程：人力资源管理，组织行为学，管理学，领导学，统计学，社会研究方法
- 荣誉/奖项：国家985课题《中国事业单位改革-目标与路径选择》，获全国"挑战杯"大赛广东省特等奖；调研报告《新型城市化背景下的广州青年》被多家省市媒体转载，调研成果得到国务院关注；独立完成 cities in the international marketplace 两章、urban fortune 一章翻译任务，累积10万余字。

| 中山大学 | 行政管理 | | 2013.09 - 2017.06 |

- GPA：3.9/4.0（专业top 5%），在"南方问道"夏令营中表现优异，获研究生保送资格
- 荣誉/奖项：笃行学生干部奖学金（奖金1万元，全校仅20个名额），中山大学优秀学生一等奖学金（专业绩点排名1/84），三星企业奖学金，李学柔基金奖学金（奖金1万元，全校仅18个名额），校级优秀学生干部，校级优秀团干部

实习工作经历

| 花旗银行（中国）有限公司广州分行 | 人力资源部 | 人事助理实习生 | 2016.09 - 2017.06 |

- 任职期间，负责全公司6个大部门共30余名实习生的招聘录用，包括需求沟通、招聘宣传、笔试、面试、录用、薪酬保险、日常管理全过程，录用的实习生100%获得用人部门的好评
- 在人力资源总监的带领下，主导公司2017年管培生招募，日均阅读简历数量200+，先后组织约500名候选人进行笔试，对100余名候选人进行全英文初面，组织6次大规模小组群面，最终协助挑选出合格的管培生
- 参与商业银行部全职员工社会招聘，与猎聘、智联招聘等多家平台沟通需求，主动挖掘潜在候选人，日均电话沟通20+四大背景从业者 协助部门成功招募到合适人才
- 协助办理公司外籍高层就业证、居留许可证等重要文件，多次外派成功完成任务，离职时获得人力资源总监"最优秀实习生"赞许

| 科锐国际人力资源有限公司 | 猎聘部 | 猎头助理 | 2016.04 - 2016.07 |

- 为百度、联想、联合利华三大行业内龙头公司寻找部门管理者，每天完成与80位总监级别从业者的cold call沟通，挑选合适候选人进行持续追踪，建立人才库记录详细信息，共成功邀请8名候选人参与企业方面试
- 入职一周即因出色表现被提拔成6人小组组长，负责团队成员每日工作安排，话术完善，联络表整理，总结复盘等工作，实习期间完成猎聘部门50页实习生手册编撰，500余人的行业人才库搭建，大大提升了实习生工作效率，被部门各业务线广泛采用

| 中国电信股份有限公司 | 人力资源部 | 实习生 | 2014.07 - 2014.09 |

- 完成市公司约500名员工的档案信息核对及电子化录入，跟随人力资源主管对综合业务处理岗60余人展开工时调研
- 用7天时间独立完成档案馆全体员工人事档案的整理归档工作，为本部门大大降低了人力成本

校园组织及活动经历

| 中山大学政务学院学生会 | | 主席 | 2015.09 - 2016.06 |

- 统筹管理学生会8个常规部门，负责干部干事人数总计80人，组织学生会成员的招聘、甄选、培训与开发
- 成功举办学术及文体活动共60余场，参与人数达 12000 余人；把我院品牌学术活动"政务龙坛"推向大学城各大高校
- 完善学生会制度建设，组织编撰近30个下属制度及实例文件，累积超过5万字
- 任期内，学生会获得"中山大学十佳学生会"称号；本人获得"中山大学优秀学生干部"（1/1000 获奖比例）称号

| 中山大学博雅教育计划博雅班 | | 班长 | 2013.09 - 2014.09 |

- 策划组织第六届博雅文化节，含运动会、调研大赛等多项校级活动，参与者多达1000人，活动成果送达美国岭南基金会
- 任期内，组织跨年级专业交流会、博雅大联欢等活动总计20余场，获得"中山大学优秀组织奖"荣誉称号

技能/证书及其他

- 证书：国家三级企业人力资源管理师，计算机二级证书，基金从业资格证
- 爱好：写作（多篇习作在《美文》等国家级杂志发表），跑步（3次参与马拉松比赛）
- 其他：英语(四六级优秀，雅思7分)，普通话(优秀)，粤语(听说流利)

第 3 章

英 文 简 历 制 作

3.1　需要注意的基本细节

制作英文简历时，很多求职者最常用的方法就是用谷歌等翻译工具把中文简历直接翻译一遍，但实际上这样翻译出来的只能作为英文简历的初始版本。从英文单词的字体、字号，到简历各个模块的布局，英文简历都有一套相对规范的标准，遵守这些标准能够让英文简历显得更加规范和专业。

在本章内容中，我们从文字、排版、语法等各个角度对英文简历的常见规则和易错问题进行整理和总结，然后把中英文简历差异比较大的几个模块拎出来，对这几个模块的异同点进行逐一讲解，以便帮助大家一步一步制作一份完美的英文简历。

3.1.1　字体

在前面的章节我们简单地提过衬线字体和无衬线字体的区别，对于英文来说，所谓的衬线字体就是在字的笔画开始、结束的地方有额外的装饰，而且笔画的粗细会有所不同。衬线字体强调了每个字母笔画的开始和结束，识别度比较高，被广泛地用于印刷排版，但受限于技术原因，早期很难在电子屏幕上显示；无衬线字体简约、清新，笔画粗细一致，在字号相同的情况下，它在电脑和手机上的显示效果比衬线字体更好（见图3-1）。

图 3-1　衬线体和无衬线体英文字体的区别

如果英文简历主要用于印刷场景，推荐使用衬线字体；如果主要用于电子传播场景，推荐使用无衬线字体。如果同时制作中文和英文简历，中文简历采用的是衬线体，英文简历也需要采用同样的字体，这样会使整体的视觉效果更加协调统一。下图上半部分是衬线字体的中英文组合，下半部分是无衬线字体的中英文组合（见图 3-2）。

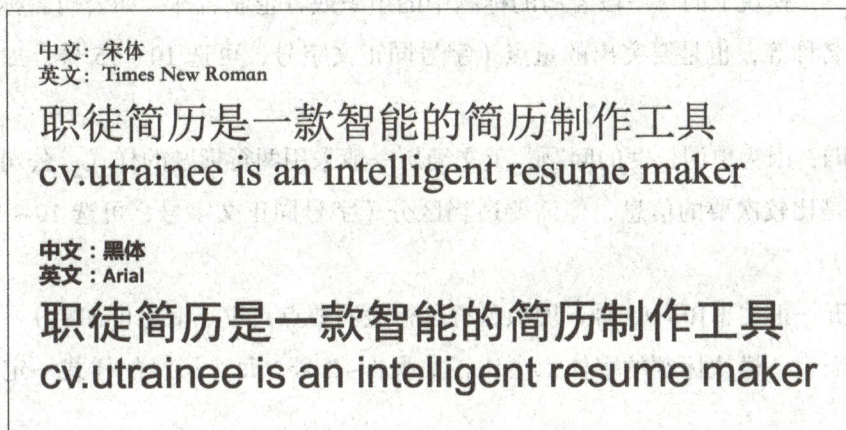

中文：宋体
英文：Times New Roman

职徒简历是一款智能的简历制作工具
cv.utrainee is an intelligent resume maker

中文：黑体
英文：Arial

职徒简历是一款智能的简历制作工具
cv.utrainee is an intelligent resume maker

图 3-2　衬线字体和无衬线字体的中英文组合对比

选择简历字体时除了考虑易读性外，还要考虑应用的广泛性和通用性，这样既能保证对方电脑里不会因为缺失某个字体导致排版错乱，又能保证对方阅读简历时的连贯性和舒适性。

下面推荐几款英文字体供大家创作英文简历时使用（见图 3-3）。

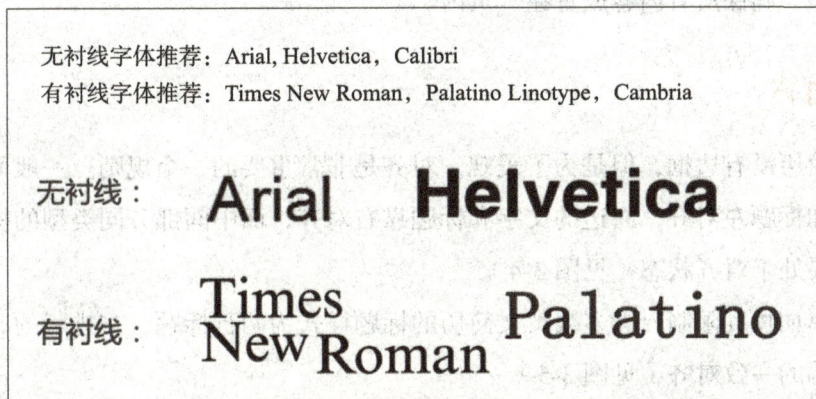

无衬线字体推荐：Arial, Helvetica，Calibri
有衬线字体推荐：Times New Roman，Palatino Linotype，Cambria

无衬线：　**Arial**　**Helvetica**

有衬线：　Times New Roman　Palatino

图 3-3　兼容性较好的几款英文字体

3.1.2　字号、加粗、斜体、大小写

字号、加粗、斜体都是突出重点的一种形式。在英文简历中，字号可以划分五个层

级，从大到小依次如下。

层级一：姓名（二号字体，字号大小与中文对应，加粗）；

层级二：EDUCATION（教育经历）、PROFESSIONAL EXPERIENCE（工作经历）等（10～16 号字体，加粗，字母全部大写或至少首字母大写）；

层级三：模块下的每一段经历的标题中的组织或者企业名称，如公司名称、项目名称、组织名称等，也是要突出的重点（字号同正文字号，可选 10～15 号，加粗，首字母大写）；

层级四：因为单词长度的问题，英文简历一般采用两行标题的样式，公司部门、岗位名称等是比较次要的信息，但需要适当区分（字号同正文字号，可选 10～15 号，斜体不加粗）；

层级五：正文（10～15 号，用项目符分行表明要点，重点信息可加粗）

一般而言，模块标题的字体都会比正文大 1～2 号，每个层级的样式一定要保持完全一致。

3.1.3　行间距、段间距、页边距

行间距：一般选择 1～1.5 倍行距，具体取决于所选字体的样式和大小。

段间距：主要指的是模块与模块之间的间距，一般段前间距一行。

页边距：上下左右页边距一般不小于 1 厘米、不大于 3 厘米，可根据简历的内容进行适当调整，确保所有内容放置在一页内。

3.1.4　对齐

虽然简历没有边框，但是为了美观，对齐是非常重要的一个规则。一般而言，最左边的文字和标题左对齐，右边的文字和标题靠右对齐，而中间部分同类型的标题在垂直方向上也要处于对齐状态（见图 3-4）。

因为单词长度限制，大多数英文简历的标题样式为两行标题，在排版的时候也要保证左右两端的一致对齐（见图 3-5）。

Andy Chen

188-8888-8888 | andy.chen@utrainee.com

Career Direction: Investment Banks

文字需按照边线对齐

EDUCATION

Shanghai Jiao Tong University	**Finance**	Expected 2020. 03
Honor: Merit Scholarship Recipient (2018)		
Capital University of Economics and Business	**Business Management Economics**	2014. 09 - 2018. 07
Honor: Outstanding Student Scholarship (2014-2018)		

EXPERIENCE

CJ Group	**Investment Analyst Intern**	2018.02 - 2018.06

- Prepared the quarterly ROI reports to evaluate marketing, media, sales and promotions spend
- Conducted statistical analysis to analyze customer patterns and purchase behaviors across 5 regions
- Integrated data from multiple data bases to draw insights on product pricing, sales forecasts and marketing budgets
- Provided technical recommendations to optimize data base management by 30%
- Assisted the Senior Manager in improving financial policies and developing new accounting protocols

Bank of China	**Financial and Risk Analyst Intern**	2017.09 - 2017.12

- Analyzed the financial performance of 20+ companies by computing liquidity, solvency and profitability ratios
- Summarized the loan details of 50+ default accounts and provided recommendations on mitigating credit risks by 3%
- Performed due diligence on clients' financial statements and used a risk control framework to assess their market/credit risks
- Drafted a report on the polices and regulations governing financial securities, taxes and foreign investments
- Improved understanding of strategic, compliance risk, audit risk and cyber risk assessments

Ernst Young	**Audit Intern**	2019.07 - 2019.09

- Ensured cash disbursements, purchasing card transactions and travel expense reports complied with company policies
- Completed audit manuscripts and provided confirmations to clients and banks.
- Documented test findings and reported results to the Department of Audits Leadership Team
- Performed thorough bank reconciliation to ensure 100% accuracy on the financial statements and negotiated with clients to solve problems in time
- Recommended new metrics, financial controls and KPI's to reduce costs and to improve business practice

China Dragon Securities	**Investment Analyst Intern**	2017.01 - 2019.03

- Investigated economic trends in equity markets and identified industry drivers for the TMT sectors
- Provided analysis support in the IPO worth $25M of Tangshan Sunfar Silicon Industry Co
- Used the DCF, the NPV and the Ratio Valuation method to assess the company's value
- Provided research on investment trends, capital markets and consumer markets for the firms group managers

图 3-4 英文简历中的对齐示范

EXPERIENCE

CJ Group	Feb. 2018- June. 2018
Investment Analyst Intern Marketing Team	*Beijing, China*

- Prepared the quarterly ROI reports to evaluate marketing, media, sales and promotions spend
- Conducted statistical analysis to analyze customer patterns and purchase behaviors across 5 regions
- Integrated data from multiple data bases to draw insights on product pricing, sales forecasts and marketing budgets

Bank of China	Sept. 2017- Dec. 2017
Financial and Risk Analyst Intern	*Beijing, China*

- Analyzed the financial performance of 20+ companies by computing liquidity, solvency and profitability ratios
- Summarized the loan details of 50+ default accounts and provided recommendations on mitigating credit risks by 3%
- Performed due diligence on clients' financial statements and used a risk control framework to assess their market/credit risks
- Drafted a report on the polices and regulations governing financial securities, taxes and foreign investments
- Improved understanding of strategic, compliance risk, audit risk and cyber risk assessments

Ernst Young	July. 2019- Sept. 2019
Audit Intern Financial Group	*Beijing, China*

- Ensured cash disbursements, purchasing card transactions and travel expense reports complied with company policies
- Completed audit manuscripts and provided confirmations to clients and banks.
- Documented test findings and reported results to the Department of Audits Leadership Team.

China Dragon Securities	Jan. 2017- Mar. 2019
Investment Analyst Intern Investment Banking Division	*Beijing, China*

- Investigated economic trends in equity markets and identified industry drivers for the TMT sectors
- Provided analysis support in the IPO worth $25M of Tangshan Sunfar Silicon Industry Co
- Used the DCF, the NPV and the Ratio Valuation method to assess the company's value
- Provided research on investment trends, capital markets and consumer markets for the firms group managers

图 3-5 两行标题的排版示例

3.1.5 标点符号

英文简历中所有标点符号都采用英文的半角格式，逗号、句号、分号、冒号、感叹号、问号与后面的字符之间必须留有一个半角的空格，而标点符号的前面不可以留任何空格。

错误：I like reading,dancing,and playing the piano.

正确：I like reading, dancing, and playing the piano.

值得注意的是，虽然中英文中很多标点符号看似一样，但是它们的排版方式不同，其占位宽度也不一样，所以在撰写英文简历的时候，一定要将输入法切换到英文状态，并且在写完之后对标点进行排查（见图3-6）。

RESEARCH EXPERIENCE

Equity Research Investment Training Program   2018.09-2018.09
- Performed due diligence for target companies,such as Costco, Facebook and AT&T, using multiple resources (e.g. Bloomberg, Yahoo Finance and annual reports)
- Evaluated the companies using the DCF, comparable companies and precedent transactions methods
- Developed equity reports in an easily understandable way and prepared the presentation decks
- Built an equity portfolio in a virtual trading account and achieved an annual return as of 23% from 2017-2019

图 3-6 标点符号错误示例

下面列举一些其他常见的注意事项。

注意点一：英文中没有书名号，一般在遇到文章和书籍的时候采取如下方式处理。

（1）用斜体来表示书名、报刊名、戏剧名、杂志名、电影名、音乐专辑名等。例如：

The title of Stephen R. Covey's book is *The 7 Habits of Highly Effective People*.（英语书名用斜体）

（2）用引号（包括双引号和单引号）来表示文章名、论文名、短篇小说等。一般来说，整篇文章用双引号，文章中的一个章节用单引号。例如：

In a 2010 essay, **"Only Disconnect"**, Gary Shteyngart describes his experience of reading an ink-and-paper book.（文章名用引号）

注意点二：英文中的简写符号和句号是同一符号，出现在句号处不可省略。

例如：I've travelled to Rome, Paris, London etc..（两个点）

同理，句后的省略号和句号的写法应该是同一水平线上的四个点，前三个点表示省略号，后一个点表示句号。

例如：I've travelled to Rome, Paris, London….（四个点）

注意点三：英文连字符、连接号、破折号的用法如下。

（1）连字符（-），主要用于复合词（如 pencil-box）、分割数字或字母（188-8888-8888），以及连接因换行而被断开的单词。

（2）连接号（–），macOS 中正确的输入法是"option"+"-"，Windows 中则是"alt"+0150（按住 alt 键同时键入编号，松开便得到）。其用法主要有以下几个。

①连接数字（数值区间）或单词，表达"从……到……"的意思。例如：

His college years, 1998–2002, were the happiest in his life.

June–July 1967.

1:00–2:00 p.m..

②连接拥有不同校区的大学。例如：

University of Wisconsin–Madison.

（3）破折号（—），macOS 中正确的输入法应该是"shift"+"option"+"-"，Windows 中则是"alt"+0151（按住 alt 键同时键入编号，松开便得到）。其用法主要有以下几个。

①解释说明。例如：

Give your secretary what he needs — pencil, paper and a good typewriter.

②引出被强调的词语。例如：

The only person that he admires is — Churchill.

③表示概括性词语。例如：

English, Chinese and math — all these are the subjects that he should study.

④表示引文出处。例如：

I have nothing to offer but blood, toil, tears and sweat. — Winston Churchill

注意点四：在美式英语中，邮件或信件的称呼语之后用冒号；而在英式英语中，称呼语之后多用逗号。所以简历如果采用美式英语，标点符号也要注意。

注意点五：在简历中一律用陈述性语句，不要出现感叹号、问号等表示语气的句型和标点符号。

注意点六：英文语句括号外要留空格，括号内不用。例如：

错误：My Brother (Tom) is a doctor.

正确：My Brother (Tom) is a doctor.

3.1.6　单词拼写

英文简历中基本的单词拼写错误很容易检查出来，一个简单的做法就是将简历的文字全部放在 Word 里，启用 Word 的"检查拼写"功能，Word 会将检查到的可能的拼写错误全部用波浪线描红，描红的不一定都是错的，但一定是与正常单词拼写有差异的，需要重点注意。

主流英语分英式英语和美式英语，一份简历里只能二选一，或者全是英式英语，或者全是美式英语，而不能混用。两者在单词拼写上就有许多不同，比如美式英语通常会将字母组合"our"中的"u"省去，常用"z"代替"s"，一些"re"结尾的单词会改为"er"结尾等（见表 3-1）。

表 3-1　英式和美式英语单词拼写的不同

中文含义	英式	美式
中心	centre	center
公斤	kilogramme	kilogram
方案	programme	program
举止、行为	behaviour	behavior
颜色	colour	color
荣誉	honour	honor
劳动	labour	labor
执照	licence	license
组织	organise	organize
实现	realise	realize
辨认	recognise	recognize
使标准化	standardise	standardize

我更推荐大家使用美式英语，因为从目前来看，全球 500 强企业中美资企业占比更多，美式英语通用性更好。当然，如果求职者是英国留学生且计划在当地求职，还是保持地道的英式英语更好。最为忌讳的就是英式和美式单词混用，其实这是英文基本功不够扎实的求职者非常容易犯的错误。如何避免呢？比较简单的方法是在 Word 里面对"检查拼写"功能进行设置，选择是用美式英语词典还是英式英语词典。

具体操作方式是：在 Word 的菜单栏里点击"审阅"栏中的"语言"，然后选择英语（美国）或者是英语（英国）（见图 3-7）。

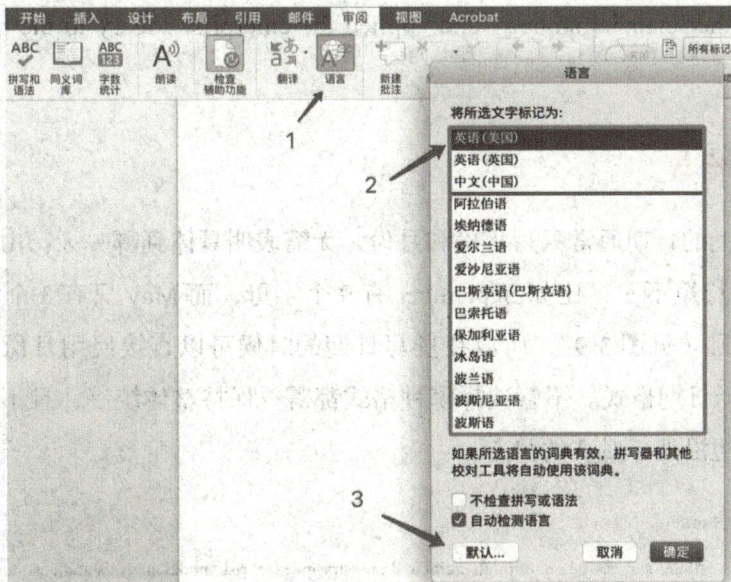

图 3-7　Office Word 2018 英式和美式英语检测设置

以表 3-1 为例，在设置检查语言为"英语（美国）"后，Word 会检测出表格左侧的英式英语拼写为错误，并用红色的波浪线标记出来（见图 3-8）。

中文含义	英式	美式
中心	centre	center
公斤	kilogramme	kilogram
方案	programme	program
举止、行为	behaviour	behavior
颜色	colour	color
荣誉	honour	honor
劳动	labour	labor
执照	licence	license
组织	organise	organize
实现	realise	realize
辨认	recognise	recognize
使标准化	standardise	standardize

图 3-8　Office Word 2018 检测效果

3.1.7　时态语法

因为简历是对过去经历的描述，因此英文简历的时态一般统一为过去式。但是在自荐信中，如果一份经历仍在持续，则要用现在完成时。

在英文简历中描述具体经历时，不要在句子里用主语和人称代词，所有经历的描述都以强势动词开头，结合数字化表达方式强调工作的结果，例如：

Analyzed the financial strategy and applied the enterprise theory to the merger between Didi and Uber.

3.1.8　日期格式

英文简历上的日期通常只写年份和月份，无需表明具体到哪一天。由于表示各个月份的英文单词长短不一，比如 September 有 9 个字母，而 May 只有 3 个字母，写全称会看着比较杂乱（见图 3-9），所以在撰写日期的时候可以直接使用月份的缩写（见表 3-2），或者选择日期格式。不管选择哪种格式都需要保持整体统一，且不管是居左还是居右都保证与边沿处于对齐的状态。

China Construction Bank　　　　　　　　　　　　　　　　　　　　　　**Jining, China**
Credit Analyst Intern　　　　　　　　　　　　　　　　　　　　　*April 2017 – May 2017*
- Assessed the credit worthiness of customers through credit and industry indexes, risk model analysis and customer site visits
- Analyzed financial statements of 10+ customers seeking commercial loans between $5-$10M across 4 sectors
- Organized capacity building programs for SME's to improve knowledge on financial policies and viable credit options

Chubb　　　　　　　　　　　　　　　　　　　　　　　　　　　　　**Hong Kong**
Investment Analyst Intern　　　　　　　　　　　　　　*September 2016 – October 2016*
- Supported the development of investment plans for 3 institutional clients through capital markets analysis and market research
- Worked with a team of Senior Managers on an asset allocation strategy for two leading international investment banks
- Applied the VaR and the Coefficient Revising models to assess portfolio risk, balance errors and estimate future trends

图 3-9　写全称会让日期的长度变得不整齐

表 3-2　英文月份缩写表

月份	英文简写	英文全称	月份	英文简写	英文全称
一月	Jan.	January	七月	July.	July
二月	Feb.	February	八月	Aug.	Aguest
三月	Mar.	March	九月	Sept.	September
四月	Apr.	April	十月	Oct.	October
五月	May.	May	十一月	Nov.	November
六月	June.	June	十二月	Dec.	December

（1）日期样式一：数字日期，示例如下。

Bank of China(Fortune Global 500)　　　　　　　　　　　　　　　2017.09-2017.12
Financial and Risk Analyst Intern　　　　　　　　　　　　　　　　　*Beijing, China*
- Analyzed the financial performance of 20+ companies by computing liquidity, solvency and profitability ratios
- Summarized the loan details of 50+ default accounts and provided recommendations on mitigating credit risks by 3%
- Performed due diligence on clients' financial statements and used a risk control framework to assess their market/credit risks
- Drafted a report on the polices and regulations governing financial securities, taxes and foreign investments
- Improved understanding of strategic, compliance risk, audit risk and cyber risk assessments

（2）日期样式二：英文日期，示例如下。

Bank of China(Fortune Global 500)   Sept. 2017-Dec. 2017
Financial and Risk Analyst Intern   *Beijing, China*

- Analyzed the financial performance of 20+ companies by computing liquidity, solvency and profitability ratios
- Summarized the loan details of 50+ default accounts and provided recommendations on mitigating credit risks by 3%
- Performed due diligence on clients' financial statements and used a risk control framework to assess their market/credit risks
- Drafted a report on the polices and regulations governing financial securities, taxes and foreign investments
- Improved understanding of strategic, compliance risk, audit risk and cyber risk assessments

3.2 基本信息

英文简历只需列出姓名、电话、电子邮箱、地址等基本信息，除非用人单位有明确要求，其他信息一般不填写，照片也不需要放。

下面，我们依次对几个需要重点填写的内容进行讲解。

3.2.1 姓名

英文名称一般是姓在后、名在前，中间不添加任何符号。下面我们以几个常见的中文名字为例，看如何翻译为英文（见表 3-3）。

表 3-3 常见中文名字的英文翻译

序号	姓名	英文
1	王涛	TAO WANG
2	王涛	Tao Wang
3	王涛	Tao Wang（王涛）
4	王涛	Wang, Tao
5	王涛	Wang Tao
6	李世明	Shiming Li
7	欧阳兰	Lan Ouyang

对于第三种写法需要着重解释一下。应聘国内的企业时，虽然很多外企都要求投递英文简历，但是看你简历的大多还是中国人，标注汉字可以让对方直接知道你的中文名字；如果是在国外投递纯外资企业，则不需要附带中文。

很多求职者喜欢给自己取一个英文名，以便交流起来更加方便，尤其是应聘大型外企时，更有必要给自己取一个地道的英文名。一般而言，英文名和中文姓名的谐音相近比较好，例如，"李丽"的英文名可以为"Lily"，"江丽霞"的英文名可以为"Lisa Jiang"，"周文生"的英文名可以为"Vincent Zhou"，这样既与中文姓名有很好的关联性，又能够很顺口地读出来。

如果仅仅是为了临时求职准备，其实大可直接将自己的姓名用中文拼音直译。如果已经起了英文名，务必要尽快记住并且适应这个英文名，不管是在面试沟通过程中还是在正式的工作场合，当别人叫你的英文名字时，你得有和叫你中文名一样的反应才行。

3.2.2　电话

为了阅读方便，英文简历中的电话填写一般也遵循3-4-4原则，中间用连字符断开，如188-1234-1234。只是英文简历偏国际场景，所以需要在电话前面加上国际区号，如中国大陆的国际区号是+86，正确的填写方式为：+86-188-1234-1234 或 +86 188 1234 1234。

3.2.3　电子邮箱

英文简历中电子邮箱的填写方式和中文简历一致，保证是自己经常查看的邮箱即可，邮箱名、昵称、邮箱类型等在中文简历一章里已经提及，此处不再赘述。

3.2.4　地址

在纸媒时代，基于通信的需求，地址是必须填写的基本信息之一。

中文和英文在地址的表述方式上有所不同：中文地址的排列顺序是由大到小，即"×国×省×市×区×路×号"；而英文地址是由小到大，即"×号，×路，×区，×市，×省，×国"，每个地址单元之间用逗号间隔。如果地址不是特别长，不太建议使用缩写形式。以下是常见的地址单词及其缩略形式（见表3-4）。

表 3-4　中英文地址词汇及其缩略形式

中文	英文名词	英文缩写
区	District	Dist.
路	Road	Rd.
人街，林荫人道	Avenue	Ave.
街	Street	St.
巷，弄	Lane	Ln.

（续表）

中文	英文名词	英文缩写
弄	Alley	Aly.
大道	Boulevard	Blvd.
号	Number	No.
楼	Floor	Fl./F.
室	Room	RM.
数字	1、2、3……	1st, 2nd, 3rd…
单元	Unit	
酒店/酒楼	Hotel	
东南西北	East, South, West, North	E., S., W., N.
街区	Block	Blk.
大楼	Building	Bldg.
公寓	Department	Dept.
道，街	Drive	Dr.
小区	Residential Quater	
机构	Institution/institute	Inst.
组织，机构	Organization	Orgn.
大学	University	Univ.
公司	Corporation	Corp.
公司	Company	Co.
学校	School	Sch.
宿舍	Dormitory	
部门	Ministry	Min.
村	Village	Vil.
城镇	Town	Tn.
县	County	
市	City	
省份、城市名	Guangdong, Beijing…	GD, BJ…
国家、地区名	China, America…	CHN, USA…

下面列举一些常见的示例。

（1）虹口区同乐村 20 号 ×× 室：

Room ××, No.20, Tongle Residential Quarter, Hongkou District

该处的"村"实际为"小区"的意思，所以使用 Residential Quarter。

（2）江苏省苏州市干将东路 636 号 ×× 室：

Room ××, No.636, East Ganjiang Road, Suzhou (City), Jiangsu (Province)

因为大家对 City 和 Province 比较熟知，不写也不会引起误解，所以英文习惯可以将括号内的省、市省略。

（3）广东省广州市 ×× 大酒店：

×× Hotel. Guangzhou City, Guangzhou Prov.

注意不要遗漏缩写后面的 "."。

（4）浙江省杭州市纪念路 289 弄 × 号楼 × 单元 ××× 室：

Room ×××，Unit ×，Building ×，Lane 289，Jinian Road，Hangzhou，Zhejiang

因为现在已经进入互联网时代，很少有企业会通过信件寄送录取通知书，填写地址更大的作用其实是为了说明你现在的住址是否会影响到你从事这份工作。基于这个原因，在多数情况下 "地址" 可以替换为 "现居城市"，即只需要填写现在居住在哪个城市即可。

3.2.5　求职目标

该信息非必填项，但是建议在简历上填写，以便 HR 能够第一时间识别你的目标岗位并对你的简历进行分类。

为了简洁，求职目标可以直接写目标行业 + 目标岗位。如果已经锁定了目标公司，可以直接填写公司名称 + 岗位。例如，Marketing & Sales, Investment Banks, Alibaba Group 等。

最后，再次强调一下，除非雇主方在招聘要求中明确说明，否则在英文简历中不必放照片，也不要提及性别、年龄、国籍、身高、体重和种族等有关个人隐私的信息。

3.3　教育背景

在英文简历中，教育背景的模块标题一般为 "EDUCATION"，其中应该包含的信息主要有学校名称、学位名称、专业名称、绩点（GPA）或排名、相关课程、学习时间以及学校所在地等（见图 3-10）。

EDUCATION

Shanghai Jiao Tong University　　　　　　　　　　　　　　　　　　Expected 2020.03
M.S. in Finance GPA: 3.8/4　　　　　　　　　　　　　　　　　　　　　*Shanghai, China*
<u>Honor:</u> Merit Scholarship Recipient (2018)

Capital University of Economics and Business　　　　　　　　　　2014.09–2018.07
B.ECON. in Business Management Economics　　　　　　　　　　　　　*Beijing, China*
<u>Honor:</u> Outstanding Student Scholarship (2014-2018)

图 3-10　英文简历中教育背景模块示例

因为中英文的表达方式不同，信息排列方式也有一定的区别，所以接下来我们针对该模块的各项内容进行讲解。

3.3.1　学校

学校是教育背景模块中最重要的信息。校名作为专有名词，首字母要大写，同时校名要加粗。如果学校排名很好，但是国际知名度比较低，可以在校名后备注该校最新的QS 排名（国际知名的世界大学排行榜）。

3.3.2　学历和专业

在中文简历中，一般只会区分学士（本科）、硕士、博士；而在英文简历中会进一步对学位的类别进行区分，比如文学学士、理学学士或管理学学士。下面列出常见的几个学位类别（见表 3-5），更多的学位类别见附录 2：国外学位英文名称及简写一览表。

表 3-5　常见学位类别中英文对照

学历	学位	英文翻译	缩写
本科	文学学士学位	Bachelor of Arts	B.A.
	理学学士学位	Bachelor of Science	B.S.
	工商管理学士学位	Bachelor of Business Administration	B.B.A.
	工学学士学位	Bachelor of Engineering	B.Eng.
硕士	文学硕士学位	Master of Arts	M.A.
	理学硕士学位	Master of Science	M.S.
	工商管理硕士学位	Master of Business Administration	M.B.A.
博士	文学博士学位	Doctor of Arts	D.A.
	工商管理博士学位	Doctor of Business Administration	D.B.A.

在英语简历中，专业和学位一般是写在一起的，常见的学位和专业撰写方式有以下几种。

（1）一些常见的专业与学位可以直接用 of 连接。

例如，Master of Architecture（建筑学硕士）、Master of Law（法学硕士）。

（2）很多专业的学位其实都一样，比如数学、物理学这些都算是理学学位，这种情况下可以用"××（学位）in ××（专业）"的格式来撰写。

例如，Bachelor of Science in Social Work（社会工作学理学士）、Master of Science in Computer Science（计算机科学硕士）。

学位通常用缩写代替，上面的两个学位和专业可以缩写为 B.S. in Social Work 和 M.S. in Computer Science。

（3）另外一种方式，就是将学位撰写到专业的前面，中间用逗号隔开（注意：如果自己用 Word 撰写，要在逗号后面加空格）。

例如，Ph.D., Theoretical Physics（理论物理博士），B.S., Physics（物理学学士）。

（4）双学位、辅修情况可以直接在括号内备注，或者将二者分开撰写。

例如：

B.S., Computer Science

B.S., Physics（dual-degree）

或者：

Master of Science　Majored in Computer Science

Master of Science　Minored in Finance

要注意的是，如果有不同等级的学位，一定要按照倒序排列，即高学位在前、低学位在后。

3.3.3　年月区间

年月一般有两种表达方式：可以用数字形式，如"2014.09–2018.07"；或者用英文缩写形式，如"Sept. 2014–July.2018"。

对于很多学生求职者来说，撰写简历的时候一般还没有毕业，但是毕业时间都是可以预判的，这种情况下一般的表达方式是在预计毕业时间前面加上 Expected，例如，Expected 2020.03。

3.3.4　国家和城市

国内的高校名称中往往会自带城市名，即便学校相对陌生，在网上搜索一下就能查到，所以中文简历写不写学校所在地没有太大的影响。而英文简历更加国际化，尤其对于在国外就读和求职的求职者来说，同一个名称的高校可能在不同的地点，而相同名称的城市也有可能在不同的国家，例如，Amsterdam（阿姆斯特丹）既是荷兰的一个城市名，也是南非的一个城市名。为了更好地让用人单位了解你的情况，建议写上高校所在的国家和城市的名字。

为了保持排版格式的统一，如果教育经历中写了国家和城市名字，建议在英文简历的工作经历、项目经历等模块也都写上该项信息。

3.3.5　GPA 和排名

GPA 是国际通用的评分体系，并且被大多数国内的高校所采用。GPA 并非必填项，如果成绩不太好，就没必要填写了，因为这毕竟不是自己的优势。如果总成绩一般，但是有不错的单科成绩，也可以将单独课程的 GPA 列示。

常见的撰写方式有以下几种。

（1）GPA: 3.6/4.0；

（2）GPA: 3.2/4.0 (2%)；

（3）GPA: 3.5/4.0 Rank: 5/100；

（4）Financial Risk Management GPA: 3.6/4.0, Security Analysis and Valuation GPA: 3.7/4.0。

GPA 和排名信息可以放置在专业和学历之后（属于标题栏），也可以与相关课程、奖项荣誉一起放在求职经历的描述中（属于教育背景正文栏）。

国内不同高校的绩点计算方法也有所不同，比较通用的是将 4.0 作为满绩。如果申请国外高校的研究生，建议根据目标高校的要求将其转换为对方认可的 GPA。

3.3.6　相关课程

是否填写相关课程视情况而定，如果有与应聘岗位相关的课程建议列上，包括第二专业和辅修专业。列举的课程最多不要超过两行，如果相关课程的成绩不错，可以将成绩放置在课程名后面。

相关课程的标题可以用 "Main Courses" "Core Courses" "Coursework" "Key Courses" "Relevant Courses" 打头，比较重要的论文课题也可以列在上面。

如果简历的内容已经比较丰满，该部分内容可以删减，尽可能地把宝贵的空间留给工作经验部分。

3.3.7　荣誉和奖项

有的求职者将荣誉和奖项单独列为一个模块，并罗列了一大堆荣誉奖项。这种撰写方式很难突出重点，容易使 HR 忽略掉重点的奖项和荣誉。

单列这一模块一般是因为相关的奖项和荣誉非常有含金量，需要引起 HR 的重点关注。因此，没有必要将所有的奖项全部罗列，仅列出与应聘岗位相关的或者能够证明你学业成就的最高奖项即可，同类型的奖项可以合并填写，以突出重点奖项，标题可以用"Honors""Awards"等开头。

例如，拿过三次一等奖学金，可以在教育经历中这样写：

Honors：First prize Scholarship（2015, 2016, 2017），Huawei Cup Case Analysis Competition Second Prize（2015）

3.4　工作经历

与中文简历一样，英文简历的工作经历模块也是最核心的部分，毕竟这个模块既可以直接反映你的工作经验，也能反映你的工作能力。在描述工作经历时，同样应该遵循STAR 法则，多使用数字化表达方式和强势动词，让整个经历描述更加精彩。

接下来我们从工作（实习）经历的各个要素入手，详述撰写时的注意事项。

3.4.1　公司名称

公司名称是用人单位重点关注的地方，首字母一定要大写，并且要对名称进行加粗处理。

如果不知道公司的英文名称，最简单的做法是先去该公司官网的"**About Us**"模块去寻找是否有公司名称的标准翻译。例如，腾讯的英文全称为"**Tencent Holdings Limited**"，百度的英文全称为"**Baidu, Inc.**"，德勤的英文名全称为"**Deloitte Touche Tohmatsu Limited**"，阿里巴巴的英文全称为"**Alibaba Group Holding Limited**"。以上公司在简历中也可以直接写为"Tencent""Baidu""**Deloitte**""**Alibaba**"。

如果公司规模较小，没有官方的英文名称，可以用谷歌翻译、有道翻译等工具进行翻译。如果遇到公司名称和品牌名称不一致的情况，一般优先选择在大众群体中知名度更高的品牌名称。但翻译的本质目的是为了让用人单位在不了解这家公司的前提下迅速知道公司的基本情况，所以遇到一些特殊的情况一定要注意翻译技巧。

例如，"饿了么"对应的公司名称是"上海拉扎斯信息科技有限公司"，"饿了么"作为品牌名有着更高的知名度。如果根据中文品牌名直接翻译，则变成了"**Are You Hungry**"，这种翻译写出去肯定会闹笑话。饿了么公司的域名为 **ele.me**，更为大众熟知的英文名称为"**Eleme**"，在搜索引擎搜索该词汇会直接显示该公司的所有信息（见图 3-11）。当然，为了让对方更加详细地了解该公司的具体业务，可以在公司名称后加一个括号进行简约介绍，比如 **Eleme (Leading Online Food Delivery Platform in China)**。

图 3-11 "eleme"的搜索结果

再如，IBM 公司的中文名称为国际商业机器公司，英文全称为 International Business Machines Corporation。作为一家全球 500 强的信息技术和业务解决方案提供商，不管是在国内还是国外，"IBM"这个品牌更为大众所熟知。在百度百科搜索"国际商业机器公司"，会直接给出"IBM"这个词条（见图 3-12）。这也意味着如果在简历上写上其中文名称或英文全拼名称反而会增加用人单位的理解难度，所以不管是中文简历还是英文简历，都建议用"IBM"作为其公司名称。

图 3-12 "国际商业机器公司"的搜索结果

3.4.2 时间区间

该信息的撰写方式与教育背景模块大致相同，唯独不同的是如果当下这份工作仍在进行，且离职日期尚未确定，终止日期可用 Present 来代替，例如，Feb. 2018–Present，或 2018.02–Present。

3.4.3 国家和城市

同教育背景（Education）模块，此处不再赘述。

3.4.4 部门

部门的英文撰写规则与中文简历相同，部门名称的首字母需大写。一些外资企业的部门名称很有特色，并不为大众所熟知，只看名称 HR 很可能不知道它究竟是做什么的，如 Intelligent System Group(ISG)、Business Development Group(BDG) 等。在撰写简历的时候，可以用一句话简单地解释该部门的核心业务或核心产品，便于招聘方理解。

不同类型的行业，其部门设置也会略有所不同，以下列举一些常见部门的英文名称，因金融行业较其他行业特殊一些，单独列出部分部门名称以供参考（见表3-6）。

表 3–6 常见部门名称中英文对照

中文名称	英文名称	中文名称	英文名称
总公司	Head Office	分公司	Branch Office
营业部	Business Office	外销部	Export Section
人事部	Personnel Department	党支部	Communist Party Office
人力资源部	Human Resources Department	质检部	Quality Control Department
总务部	General Affairs Department	内销部	Domestic Sales Department
销售部	Sales Department	行政部	Administration Department
促销部	Sales Promotion Department	生产部	Production Section
国际部	International Department	监事会	Monitor & Support Department
出口部	Export Department	战略研究部	Strategy Research
进口部	Import Department	技术部	Technology Department
公共关系部	Public Relations Department	工程部	Engineering Department
广告部	Advertising Department	市场部	Marketing Department
企划部	Planning Department	客服部	Service Department
产品开发部	Product Development Department	财务部	Financial Department

（续表）

研发部	Research and Development Department	采购部	Purchase & Order Department
金融企业常见部门名称			
贸易融资部	Transactional Banking Department		
零售营销管理部	Retail Sales & Marketing Management Department		
资产托管部	Custody Department		
信用卡中心	Credit Card Center		
零售贷款部	Personal Loan Department		
私人理财部	Retail Deposits & Investments Development		
资金同业部	Treasury & Financial Institutions Department		
金融市场产品部	Financial Markets Product Department		
信贷管理部	Credit Management Department		
信贷审批部	Wholesale Credit Approval Department		
资产保全部	Wholesale Collection Department		
零售信贷风险部	Retail Credit Risk Department		
运营管理部	Operations Management Department		
稽核部（内审部）	Internal Audit Department/Internal Audit Department		
法律事务部	Legal Department/Legal Department		
合规部	Compliance Department		
电子银行部	E-banking Department		
投资银行部	Investment Banking Department		
固定收益部	Fixed Income Division		
证券研究所	Securities Research Institute		
直接投资部	Private Equity Department		
财富管理部	Wealth Management Department		
资产管理部	Asset Management Department		
权益投资部	Equity Investment Department		
股票销售交易部	Equity Sales & Trading Department		
大宗商品业务线	Commodity Business Line		
新三板业务部	OTC Business Department		
风险管理部	Risk Management Department		
清算部	Clearing & Settlement Department		
信息技术中心	IT Centre		
战略规划部	Strategy & Planning Department		
计划财务部	Planning & Finance Department		

（续表）

人力资源部	Human Resources Department
综合管理部	General Administration Department
研究部	Research Department
战略客户部	Strategic Account Department

3.4.5　职位和岗位

目前，很多招聘网站为了更加精准地向求职者推荐合适的岗位，也为了让用人单位更容易寻找到合适的人才，往往会将求职者的历史工作经验进行标签化展示，用人单位发布招聘信息时也需要填写岗位关键词，这种方式可以帮助双方更高效地进行匹配。因此，写明岗位信息很重要。

对于业务类的岗位，要突出业务和行业属性。例如，岗位只填写"分析师"并不能突出自己的业务属性，如果改为"地产行业分析师（Real Estate Analyst）"或"家电行业分析师（Household Appliance Analyst）"，则能更直观地表明业务属性。

对于技能类的岗位，要侧重表明工种属性。例如，"Java 程序员（Java Programmer）"比"程序员（Programmer）"更加明确，"交互设计师（Interaction Designer）"比"设计师（Designer）"更加明确。如果并非正式员工或者只是做一些辅助类的工作，可以在后面加上"assistant"。

下面列举了一些热门行业的常见岗位的英文名称（见表 3-7）。

表 3-7　常见岗位中英文对照

互联网行业	
产品经理	Product Manager
交互设计师	Interaction Designer
视觉设计师	Visual Designer
产品运营	Product Operation
内容运营	Content Operation
活动运营	Activity Operation
新媒体运营	New Media Operation
市场营销经理	Marketing Manager
前端开发	Front-end Developer
后端开发	Back-end Developer

（续表）

金融行业	
分析员	Analyst
经理	Associate
副总裁	Vice President
高级副总裁	Senior Vice President
董事	Director
执行董事	Executive Director
董事总经理	Managing Director
房地产行业	
文案策划	Copy Planning
广告策划	Advertising Planning
建筑师	Architect
景观设计师	Landscape Designer
电气工程师	Electrical Engineer
暖通工程师	HVAC Engineer
给排水工程师	Engineer of Water Supply and Drainage
预算员	Budget Officer
置业顾问	Property Consultant

3.4.6　公司简介

对于那些比较知名的公司，如世界 500 强、上市公司等，公司介绍可以省略；对于那些不太知名的公司，则最好描述一下公司的核心业务和取得的成就，减少 HR 误判的概率。公司简介的长度不要超过两行，挑选核心的关键性内容用一两句话概括就好。

例如：

××　　　　　　　　Product Manager　　　　　　　　2016.06 – 2019.10

×× is a world-class AI company with core competency in deep learning.

（×× 公司是一家世界级的人工智能公司，在深度学习方面拥有核心竞争力。）

3.4.7　工作经历内容

我们在中文简历制作章节提到了撰写工作经历的四项原则，它同样适用于英文简历的制作。

（1）用 STAR 法则搭建整体内容框架；

（2）用数字量化你的成果；

（3）用专业术语加强雇主认同感；

（4）用相关经历突出竞争优势。

由于英文单词较长，如果直接将一份中文简历翻译成英文，其篇幅一般都会比中文简历长，所以在撰写英文简历时，需要更加注意使用段落符和关键词并进行精简，切忌像流水账一样地堆砌文字（见图 3-13）。

EXPERIENCE

CJ Group   Feb. 2018
Marketing Team Investment Analyst Intern   *Shanghai, China*
I'm a intern in the marketing Team. I'm in charged of Preparing the quarterly ROI reports to evaluate marketing, media, sales and promotions spend. I Integrated data from data bases to draw insights on product pricing, sales forecasts and marketing budgets.During the internship, I also assisted the Senior Manager in improving financial policies.

图 3-13　错误示例

上图的描述缺乏重点、层次凌乱，增加了阅读难度，同时大量使用了主语、连接或者转折性词汇，进一步增加了简历的烦琐程度。要记住，工作经历应当是简洁、客观、可量化的描述。

在撰写英文简历中的工作内容的过程中，我们要注意以下几个关键点。

3.4.7.1　使用段落符

我们可以选择常见的符号作为段落符，将主要的工作内容、所取得的最终成绩和结果分行列出。每一个段落符后面跟着的英文短句控制在 3～5 句，不要超过两行。每一段工作经历中使用的段落符不建议超过 5 个，如果内容太多，尽可能突出核心成绩，一些琐碎的工作可以省略不写。段落符建议选择那些常见的符号，因为 ATS（申请人跟踪系统）往往不能兼容复杂的符号，太过花哨或生僻的段落符会影响系统提取关键性内容。

段落符后面所跟随的句子，一般仅最后一段的句子末尾使用句号，前面几段均以分号结尾。因为简历中的每一句话都以行为词开头，并非是完整的句子，所以也可以都不加标点符号，但是务必注意各个模块结构的统一性（见图 3-14）。

China Dragon Securities
Investment Banking Division Investment Analyst Intern

Jan. 2017-Mar. 2019
Beijing, China

- Investigated economic trends in equity markets and identified industry drivers for the TMT sectors
- Provided analysis support in the IPO worth $25M of Tangshan Sunfar Silicon Industry Co.
- Used the DCF, the NPV and the Ratio Valuation method to assess the company's value
- Provided research on investment trends, capital markets and consumer markets for the firms group managers

图 3-14　每个句子的结尾均未加标点的示例

3.4.7.2　以动词（行为词）开头

不需要特别强调，大家也知道简历描述的是其主人的经历，所以我们一般以第三方的客观口吻来描述经历，这样会显得更为简洁和专业。在简历中不应当出现任何人称代词，应当均以动词（行为词）开头，首字母大写。因为工作经历均为过去发生的事情，所以开头的动词均应该为过去式。

我们按以上原则对图 3-13 的经历进行修改，修改后的结果如下（见图 3-15）。

CJ Group
Marketing Team Investment Analyst Intern

July. 2017-Nov. 2017
Shanghai, China

- Analyzed the financial performance of 20+ companies by computing liquidity, solvency and profitability ratios
- Summarized the loan details of 50+ default accounts and provided recommendations on mitigating credit risks by 3%
- Performed due diligence on clients' financial statements and used a risk control framework to assess their market/credit risks
- Drafted a report on the polices and regulations governing financial securities, taxes and foreign investments
- Improved understanding of strategic, compliance risk, audit risk and cyber risk assessments

图 3-15　修改后的工作经历

为了简洁紧凑，应尽可能少使用 a、the、an 等冠词，同一个动词也不宜频繁使用，尤其是一些简单的动词。例如，在一段工作经历里用了多个 "do""take""write""work"，不但显得单调和重复，同时也会让招聘方怀疑你的英文表达能力。如果使用含义接近的行为词如 "conduct""developed""operated" 作为替代，则可以让表达更加形象和流畅。

另外，同样是行为词，有的行为动词语气强，更能够凸显个人的领袖气质；有的行为动词语气弱，相对比较普通和中性。如果你对自己的能力和经验比较有信心，那就优先用强势的行为动词，以突出个人在团队中的地位及做出的贡献。下面，我们举几个例子对比一下。

强动词：contributed, managed, organized, led, increased, enhanced, improved。

弱动词：helped, assisted, supported, participated in, cooperated。

为了方便查找相关单词，我们可以借助一些工具或网站，例如 Thesaurus.com。当你输入一个行为词，如 conduct，这个网站会自动分析这个词的词性和具体含义，然后将每个含义下与之相近的词汇全部列出来，颜色越深的词关联越紧密。我们可以根据具体语境进行筛选，选出你觉得最恰当的词语（见图 3-16）。

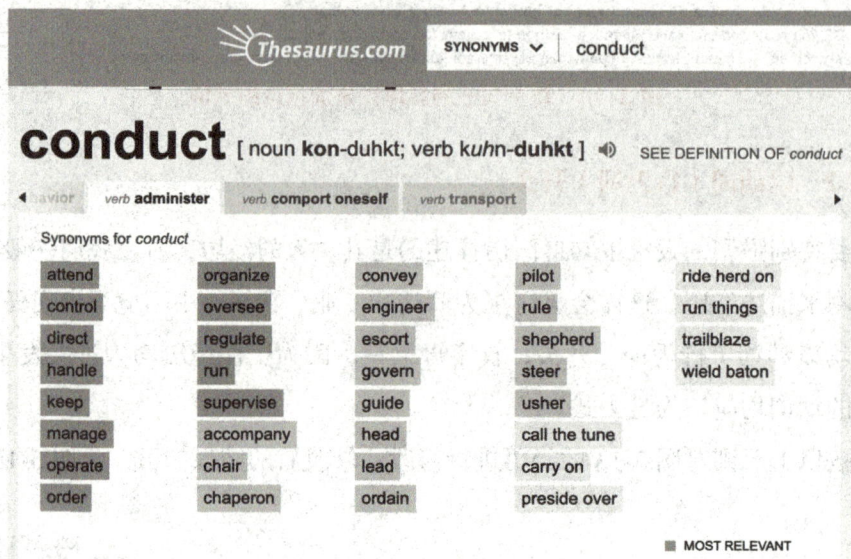

图 3-16　词典类网站示例

3.4.7.3　关键词匹配

一些大型公司每年在招聘季收到的简历数以万计，如果单纯靠人工筛选，需要耗费大量的人力和时间。早在 2014 年，亚马逊就启用人工智能技术进行简历筛选和过滤。在美国，大约 95% 的财富 500 强企业依靠 ATS（申请人跟踪系统）软件来简化招聘流程。

求职服务公司 Preptel 的调查显示，75% 的工作申请在人工受理之前就被拒绝了。为什么呢？因为你的简历在到达 HR 手中之前，必须先得通过 ATS 的筛选。ATS 是很多企业在招聘过程中使用的一种软件，用于收集、分类、扫描和排列他们收到的工作申请。

ATS 的工作基本原理，就是通过扫描和提取求职者简历中的关键词，与对应的工作岗位进行匹配。如果关键词匹配度没有达到预定的要求，这份简历就会被剔除，也就是说 ATS 的主要作用是筛选掉不合格的求职者，而并非找出最优秀的求职者（见图 3-17）。

简历导入系统　　　　关键词扫描提取　　　　关键词关联　　　　候选人推荐

图 3-17　ATS 的工作流程

这也意味着即使你是极为优秀的求职者，但如果简历撰写不符合 ATS 的筛选规则，极有可能会被系统筛选掉。为了避免这种情况的发生，一方面我们要使用标准、简洁的简历格式；另一方面，也是最关键的一点，要学会使用关键词来优化简历。

不同岗位对人才的素质要求不同，因而会有不同的关键词体系。一种比较常用的方法就是在网上寻找 3 ~ 5 个求职目标领域的招聘信息，然后整理其要求的关键词。例如，下面是麦肯锡初级分析师的招聘信息（见图 3-18）。

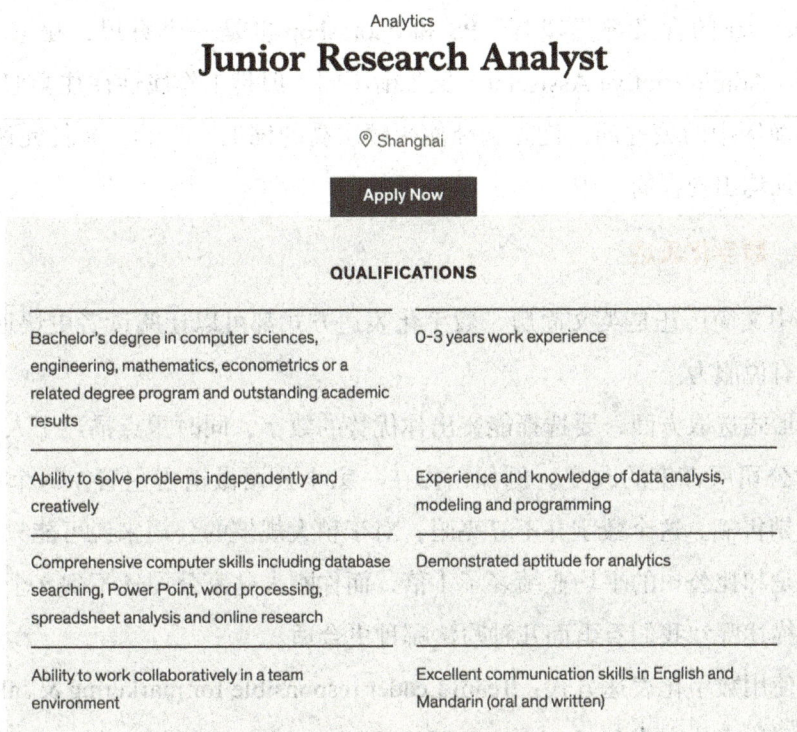

Analytics

Junior Research Analyst

⊚ Shanghai

Apply Now

QUALIFICATIONS

Bachelor's degree in computer sciences, engineering, mathematics, econometrics or a related degree program and outstanding academic results	0-3 years work experience
Ability to solve problems independently and creatively	Experience and knowledge of data analysis, modeling and programming
Comprehensive computer skills including database searching, Power Point, word processing, spreadsheet analysis and online research	Demonstrated aptitude for analytics
Ability to work collaboratively in a team environment	Excellent communication skills in English and Mandarin (oral and written)

图 3-18　麦肯锡初级分析师招聘信息示例

根据以上招聘信息，我们提取了以下关键词。

专业背景相关：computer sciences, engineering, mathematics, econometrics, outstanding academic results；

软技能相关：solve problems independently and creatively，communication skills in English and Mandarin；

硬技能相关：database searching, Power Point, word processing, spreadsheet analysis and online research，data analysis, modeling and programming。

怎么把这些关键词融入以往的工作经验中呢？我们可以简单地套用以下句式：

使用××工具，完成了××工作，达到了××结果。

例如，

Accomplished the Real estate industry online research and published an in-depth research report in English within 60 pages. Used PowerPoint and Think-cell well.

Modified the sales forecast model for the APX. LLC of 2019 - 2023 based on more than 30,000 data from Alibaba, JD and so on.

同时要注意，在英文的名词中，有不少近义词汇、缩写使用等形式，例如，attorney 和 lawyer 的含义都是律师，PS 和 Photoshop 也是一个意思，秘书（Secretary）和行政助理（Administrative Assistant）虽头衔不同，但是工作属性往往类似。如果这类词汇恰好是简历中的关键词，优先选择使用频次高的词汇。当然，条件允许的情况下，也可让两个词均出现在简历中。

3.4.7.4　数字化表达

不管是中文简历还是英文简历，数字化表达方式都可以让阅读者更快地找到重点，同时也更加有说服力。

在数字形式选取方面，要选择能突出你优势的数字，同时重点描述个人在任职期间的成果和为公司所带来的改变。例如，你在一家小公司做销售主管，每个月可以完成 50 000 元的销售额。这个数字并不算亮眼，对于稍大规模的公司来说可能只算初级的业绩指标，但是却比公司的平均业绩多了 1 倍，而你刚来这家公司还不到 4 个月。这样的经历该如何描述呢？我们看下面几种写法哪种更合适。

（1）未使用数字化表达方式：Team Leader responsible for marketing & sales.

（2）数字化表达方式 1：Led team of 3 and achieved the 50,000 sales performance every month.

（3）数字化表达方式 2：Led team of 3 and improved the monthly sales performance of 100% in less than 4 months.

可以看出，第一种表达方式明显不如后两种有说服力。如果采用第二种表达方式，不同规模的企业会有不同的看法和观点，大企业可能觉得这个销售业绩很一般，小企业可能觉得这个销售业绩还不错；但如果采用第三种表达方式，招聘方则会形成较为统一的观点和结论，即在该求职者的带领下，公司的销售业绩在短期内实现了显著增长。

我们可以在自己的简历中找找是否有 many、a lot of、some、several 等模糊词汇，一般而言，这些词汇都可以用具体量化的数字来代替，从而达到优化简历的目的。

3.4.7.5　使用专业性词汇

简历中多使用专业性的词汇可以增加雇主的认同感，这一点我们在中文简历相关章节中已经阐述过。对于一些技术类的岗位来说，可以把个人的技能、相关领域的证书以单独的模块集中列示，如软件开发类人员多列举使用过的语言和框架，设计类、工程类人员多列举常用的软件和辅助工具等；而对于非技能类岗位来说，要善于挖掘工作过程中与岗位直接相关的一些词汇。常见的一些不同岗位的相关词汇如下。

金融类：ROI, ETF, ROE, Sharpe Ratio, Leverage Ratio, Debt-paying Ability, Balance Sheet, Bloomberg, Hedge fund, Wind, Mutual Funds, SEC。

运营类：DAU, MAU, PV,UV, User Retention Rate, KOL, SEO, SEM, GMV, Bounce Rate。

营销类：SKU, 4P, 4C, POD, EDM, CPC, CPM, CPS, CPA, DEMO。

产品类：MVP, PRD, UCD, UE/UX, UED, ARUP, Axure, Visio。

一般技能类的专业性词汇，也是对应的关键词和考察重点；而非技能类的专业性词汇结合数字化表达方式，则能突出个人的成就和结果导向性，更易引起招聘方的重视和关注。例如，以下描述的是求职者在某对冲基金实习的经历，我们用下划线将专业性的词汇标示出来。

Responsible for equity research across sectors such as infrastructure, resources, and services. Built financial models and performed financial statement analysis.

Analyzed stock positions and market data of the firm via Bloomberg. Assisted Trading Desk in developing trading strategies for a $2.5 Billion Hedge Fund and achieved a 12.5% annualized ROI.

需要注意的是，一份简历里面专业性的词汇也不宜过多，尤其是一些与自己项目相关的、非通识性的专业词汇，因为你无法判断拿到你简历的究竟是专业的业务经理还是对细分领域不那么懂的 HR，不要因为内容过于生僻而增加简历筛选的难度。

3.5　语言 / 技能 / 证书 / 兴趣爱好

对于非技术类岗位来说，语言 / 技能 / 证书 / 兴趣爱好这个模块一般放置在简历的最下方，模块标题根据所要列示的内容命名即可；而对于技术类岗位来说，因为自身所掌握的技术一般是岗位胜任能力的重要考核标准，所以一般将技能作为一个单独的模块放置在简历的核心位置。

常见的写法是先写一项具体的技能或者证书，后面加括号注释需要进一步阐明和突出的信息。英文简历中一定要注意标点符号的正确使用，例如，Excel (Proficient in VBA and PivotTable), Python (Basic)，在括号的前面需要添加空格，括号内部不要加，逗号的后面也需要添加空格。

下面我们看一个标准的模块范例，它由技能、证书、兴趣、语言四个部分构成，每一个栏目的标题加粗，对应的内容简洁地写在后面（见图3-19）。

CERTIFICATIONS, SKILLS & INTERESTS

- **Technical Skills:** Advanced Excel (Pivot-Table/Macros/Solver/Modeling/Data Analysis)，R，Python，Bloomberg，Bloomberg (MATLAB)
- **Certification:** ACCA Certified (Association of Chartered Certified Accountants)
- **Interests:** Music (Vocalist for a Rock Band)，Violist，Blogging，Toast Masters
- **Languages:** English (Fluent)，Mandarin (Native)

图 3-19　技能、证书、兴趣爱好模块范例

接下来，我们分别对各个模块分别进行讲解。

3.5.1　技能

对于技术类岗位来说，技术能力和项目经验是重要的考核内容，如果应聘软件开发、电气工程师、设计师等岗位，要把自己掌握的相应技能列在简历的黄金位置，并根据具体的技能内容对整个模块进行命名。如果是非技术类岗位，一般会将技能模块与语言、证书合在一起放在简历的末尾。

例如，以下是针对程序开发岗位将技能模块单独列示的情况（见图3-20）。

Software Skills

- **Programming Language:** Java (5 years) / PHP (3 years) / C / C++ / C# / Python / Perl / Ruby
- **Web Framework:** JavaEE (3 years) / Lavarel / Django / Express / RubyOnRails
- **Front-end Framework:** Bootstrap / AngularJS / Ember / Backbone / Vue / React
- **Mobile development:** Objective-C (proficient) / HTML5 (skilled) / Swift (master) / Java (proficient in IOS and Android)
- **Database related:** MySQL (proficient) / PostgreSQL / Oracle / DB2 / SQL Server / ACCESS / SQLite
- **Version Management:** SVN / Git / VSS
- **Frontend language:** CSS / HTML / Javascript / jQuery / Ajax / Json /mootools / ExtJS
- **Front End Tools:** Bower/ Webpack/ Gulp/ SaSS/ LeSS/ PhoneGap
- **Unit test:** Mock / PHPUnit / Qunit / Rspec
- **Cloud and open platform:** WeChat applet / Alipay applet / WeChat public account development / Weibo open platform / Facebook development platform / SAE / BAE / AWS /

图 3-20　技能模块单独列示示例

有些求职者喜欢用skilled、proficient、familiar等形容词描述技能掌握程度，但是对于这些形容词，不同的人会有不同的理解，如果明明只知道些皮毛，然后却写了

"skilled"，在面试过程中被拆穿就会极为尴尬。所以，一般不建议使用这种含糊不清的形容词，最好直接在技能后面加一些描述来体现自己的掌握程度。例如，在 Excel 应用里，掌握数据透视表（PivotTable）或 VBA 是一项高阶的技能，不妨在括号里备注一下：Excel（Proficient in PivotTable and VBA）。

在技能名词的书写上，要注意字母的大小写问题，明确哪些名词的全部字母都是大写，哪些只有首字母是大写。例如，EXCEL 或 excel 都是不太规范的，规范的写法是 Excel；PowerPoint、JavaScript 等不要写成 Powerpoint、Javascript 等。

3.5.2 证书

证书模块一般列举的是与岗位直接相关的证书，如软件类的证书、行业从业资格证书等。证书在于精而不在于多，一本含金量高且与岗位直接相关的证书要比一大堆不知名的证书更有效。例如，在计算机行业，微软认证（MTA、MCSA、MCSE）和思科认证（CCNA、CCNP、CCIE、CCIP、CCNP Voice、CCSP）等都是极具含金量的证书；在金融行业，注册会计师（CPA）、金融风险分析师（FRM）及注册金融分析师（CFA）等也都是很有含金量的证书。

因为有的证书可以分多年考完，这种情况下，可以写上证书名称，同时在括号里备注已经通过的科目，如果分数还不错，可以顺带把分数也写上。例如，CPA（Accounting 81, Financial Management 82）。

如果你即将拿到某个特定的证书或资质，但是目前成绩还未公布或者还未通过实质性的审核，也可以写上预计可获得时间。例如，CISCO CCNA（expected Certificate March 2021）。附录 5 中列举了常见证书的中英文对照，大家在撰写简历时可以参阅。

3.5.3 兴趣爱好

英文简历的兴趣爱好模块和中文简历类似，主要写与岗位直接相关或者已经取得了一定成绩的那些爱好。例如，Running（4 marathons），Writing（Personal blog has 20,000 fans），Piano（Level 10）等。

3.5.4 语言

应聘外资企业时，语言是重点考察项。一般外资企业多为跨国公司，语言是沟通交流的基础，所以具备优秀的语言能力是应聘这些企业的一大优势。

如果求职者通过了国内的四六级英语考试（CET-4、CET-6），且四级成绩在 600 以上、六级成绩在 550 以上，可以标注出成绩；如果分数不高，就直接用 Excellent、Pass 等标注一下即可。如果求职者通过了国外的一些英语考试（GRE、GMAT、TOEIC、TOEFL、BEC 等），有等级的要标注出等级，如 BEC 中级、BEC 高级等，雅思 6.5 以上、托福 100 以上可以写成绩，如果在及格线以下就没必要写出来了。另外，如果某个单项（听力、口语、阅读、写作等）能力突出，也要单独在括号内标注一下。

如果求职者有第二外语（如日语、德语、法语等）的考试证书和相关学习经历，在应聘对应语言国家的企业时，即使可能对该语言的掌握程度仅仅限于大学时上过这门选修课，也一定要写上。这既是你进入企业的敲门砖，也能代表你对该国的语言和文化有一定的兴趣，从而更容易引起招聘方的关注。不要因为语言不熟练就不好意思写出来，很多人的外语沟通能力都是在工作中锻炼出来的。

对于没有证书的语言，常用的描述掌握程度的词语如下（从强到弱）：

Native speaker（母语级别）；

Advanced（达到高级水平，长年运用在工作和生活中，已经接近母语）；

Fluent（表达流利，沟通无障碍）；

Intermediate（中等水平）；

Conversational（可用于正常的交流和谈话）；

Basic（基础水平）。

英文简历的内容需要与中文简历保持一致，如果对中文简历进行了修改，也需要同步修改英文简历。由于表述方式的不同，一页中文简历直接翻译成英文往往会出现超过一页的情况，建议从以下几个方面进行压缩。

（1）在排版时，调整字体大小、行间距、页边距等。

（2）在不影响经历描述的核心信息的前提下，可对部分内容进行适当删减。例如，"与团队成员合作撰写《2019 年家电行业研究报告》并向评委进行路演展示"，这句话直接翻译成英文是"Cooperated with team members to write *2019 household appliance industry research report* and presented to the judge group"。很显然，在这句话中完成和展示报告内容是核心信息，所以我们可以将其精简为"Completed and presented the *2019 household appliance industry research report*"。

（3）使用精简的句式、行为词和修饰词。例如，将"helped the employee be more productive"替换为"increase team efficiency"，这样并不会造成句子意思的改变，但却精简了语言。

3.6 参考案例

1. 市场销售方向简历模板

Jace Zhang

021-6131-8609 | jace@utrainee.com

EDUCATION

Guangdong University of Foreign Studies   Sept. 2014- June. 2018

Marketing Bachelor GPA: 3.6/4.0

- Major Courses: Marketing, Management, Accounting, Statistics, Financial Management, Advertising, Consumer Behavior
- Honors/Awards: Second-class Scholarships for Excellent Students; Excellent Student Cadres

WORK EXPERIENCE

P&G(China)   June. 2018- Present

Sales Manager Marketing

- Responsible for H&S brand e-commerce operation and management.
- Docked with Tmall flagship store and Tmall supermarket, co-ordinating the listing of new anti-hair loss series, completing pre-sales data disassembly, flow planning, page design, grass planting mode exploration, etc. The new product became a hit in the anti-hair loss market and created millions of single pits in 46 hours, making it the second largest anti-hair loss product in the market.
- Responsible for the 11-11 sales event of H&S Tmall online Supermarket, which featured two IP, Lu Han and ONE PIECE characters.
- Formulated fans operation plan, successfully capturing the "11-11 Emperor Pit".
- Analyzed market data such as traffic conversion, nearly 100,000 sets of "11-11 Super Single Item" in the first two hours.
- Used "tintin and your first Christmas Eve" as a gimmick to leverage fans'economy.
- Led negotiation resources with Alibaba. Successfully won the only 12-12 big-brand resource. The sales of that day was twice as much as last year's.

Vip.com   July. 2017- Dec. 2017

Business Assistant Intern

- Assisted manager to follow up 30 brands of International Cosmetics Group, mainly responsible for docking inventory, placing orders with suppliers, following up the goods on shelves and on-line work and ensuring the normal turnover of inventory.
- Responsible for ABC promotion activities filing, system settings, etc.
- Determined the intensity of activities with the brand, signed confirmation letters, and took charge of docking all materials, samples and so on.
- Analyzed daily sales data and flow. Timely adjusted brand positioning and activity directions.
- Analyzed competitive prices, adjusted prices, and maintained competitive advantage.

PROJECTS

YES-GO Youth Training Camp   Sept. 2016- Dec. 2016

Project Member

YES-GO Youth is the largest public welfare organization of education in South China. It is committed to creating dialogue and practical growth among young people.

- Led group members to put forward improvement plans for the operation of PA club operation during the online interview. The scheme was approved by the recruiting group and stood out from more than 1,000 interviewers nationwide, becoming one of the 40 final candidates.
- Planned YES GO public welfare section course, introducing the "road shop" business model into Zhongshan. Built a "pay with a smile" public fair for more than 300 migrant workers. The activity was reported by Zhongshan TV and other media.

AIESEC Cross Border Welfare Department   July. 2016- Sept. 2016

Campus Leader

- Led a team of 12 people to carry out work, successfully transporting more than 80 college students from different cities to Southeast Asia and African countries to participate in overseas volunteer projects, and won the honorary title of outstanding person in charge.
- Procssed data and analyzed quality of more than 300 projects in more than 10 countries in Europe and America. Designed 10 dimensions of criteria to grade the projects, selecting 20 high-quality projects for long-term promotion.
- Participated in organizing AIESEC Guangdong Regional Welcoming Conference. Responsible for liaison and communication among university members or activities publicity, attracting more than 500 participants.
- Operated the Wechat Official Account of school's interest groups, providing learning materials, project information and service assistance to members of the groups and other students. The average reading volume of the articles is 800+.

SKILLS & CERTIFICATES

- Technical Skills: Advanced Excel (Macros/VBA/Pivot Tables/Vlookup) PowerPoint
- Languages: Mandarin (Native) IELETS (7.5) Cantonese

2. 财会审计方向简历模板

Youwei Li

021-6131-8609 | contact@utrainee.com

EDUCATION

Sun Yat-sen University　　　　　　　　　　　　　　　　　Sept. 2016- June. 2020

Accounting Bachelor GPA: 3.6/4.0

- GPA ranking top 30%, Second-class Scholarship for Excellent Students of Sun Yat-sen University (2016-2017)
- Major Courses: Financial Accounting, Financial Management, Auditing, Financial Statement Analysis, Monetary Banking, Macroeconomics, Microeconomics, Management, etc.
- Honor/Awards: passed 11 ACCA examinations; passed CPA accounting examinations; Ruihua Audit Elite Challenge Competition No. 2 in South China

WORK EXPERIENCE

KPMG　　　　　　　　　　　　　　　　　　　　　　　　Jan. 2019- Mar. 2019

Intern Auditing Department

- Learned and applied the audit procedure of recalculation and analysis to audit the accounts of fixed assets, management expenses, sales expenses and financial expenses in customer's financial statements. Assisted senior managers to adjust about 10 statements of customer's enterprises. Executed corresponding sample checking vouchers and completed audit work draft.
- Assisted in interviewing more than 10 managers and the management layer. Investigated and evaluated the internal control of major business processes. Tested the effectiveness of internal control, and wrote an analysis report totaling more than 2000 words.
- Responsible for the audit of all branches'money funds in the project. Studied and used the letter audit procedure. Responsible for the bank inquiry letter of the whole project, and used the substantive analysis procedure to analyze the rationality of the customer's money fund account.

Pacific Securities　　　　　　　　　　　　　　　　　　June. 2018- Sept. 2018

Intern Credit Evaluation Group of Asset Management Department

- Independently completed two months'daily bond dynamic tracking report and 550 + announcements of listed companies,. Improved the original template.
- Proficient in using the wind plug-in in Excel to produce information automatic update form. Used Excel perspective table and Vlookup function to process a large amount of data, assisting analysts to complete a large number of data collection and document collation work, including acquisition, guarantee, credit, business progress, litigation matters, etc., and wrote 10 minutes of teleconference.

Ruihua Accounting　　　　　　　　　　　　　　　　　　Dec. 2017- Mar. 2018

Assistant Auditing Department

- Followed a team of 6 people to audit the project company, making rational analysis and detailed test on basic subjects such as current accounts, expense and assets.
- Collectied data resources and participated in annual financial audit, mainly including participation in drawing vouchers, sending letters and checking the flow of banks.
- Mastered the skills of screening data, drawing vouchers, counting cash and cost analysis.
- Mastered financial software such as ERP, wind and so on.

LEADERSHIP/EXTRACURRICULARS

Sun Yat-sen University Overall Management Accounting Association　　　Sept. 2017- June. 2018

Vice President

Overall Management Accounting Association has five departments, with a total of more than 30 cadres. Responsible for formulating the annual work plan of the Association, coordinating the communication and cooperation among various departments, and ensuring the implementation of the relevant regulations and systems of the Association.

- Led a special team of seven people to successfully complete the pre-planning, activities promotion, on-site execution and post-competition summary of the 6th Ann Yong Cup Financial Paper Contest, which attracted more than 200 people to sign up for participation and attracted wide attention in the school.
- Successfully cooperated with Ruihua Accounting Firm on the Open Day of the Enterprise, and organized a team of 60 people to visit and interview Ruihua, understanding its corporate culture, learning audit-related knowledge, and participating in the on-site internship post release.

The Global Management Challenge (GMC)　　　　　　　　　　Sept. 2017- Oct. 2017

Team Leader

The Global Management Challenge (GMC) is the world's largest business management simulation competition across five continents with the official certification of the European Management Development Foundation (EFMD).

- Led a team of 5 people to learn business management, marketing, financial analysis and other fields on the basis of carefully studying 60 pages of competition documents. Decision-making on product price, employee cost, investment and financing of the target enterprise and responding to changes of competitors, using Excel to establish decision support system.
- Studied five historical quarterly financial statements of the target company to find out the influencing factors of stock price, such as net profit, market share, cash flow, asset-liability ratio, P/E, EPS, and so on and formulated financial and management plans based on these.
- After about 100 days of competition, the team won the third prize in China.

SKILLS & CERTIFICATES

- Technical Skills: Advanced Excel (Macros/VBA/Pivot Tables/Vlookup) PowerPoint

3. 人事行政方向简历模板

Rick Lin
021-6131-8609 | rick@utrainee.com

EDUCATION

Sun Yat-sen University   Sept. 2017- June. 2019

Public Administration Master GPA: 3.85/4.0

- GPA ranking: top 5% within major
- Major Courses: Statistical Software Analysis and Application, Mathematical Statistics, Financial Statistics and Analysis, Time Series Analysis, Market Investigation and Analysis
- Honors/Awards: Second-class Scholarship at School Level, S Prize in the American Contest of Mathematical Modeling for College Students, First Prize in the National Contest for Mathematical Modeling for College Students

Sun Yat-sen University   Sept. 2013- June. 2017

Administrative Management Bachelor GPA: 3.9/4.0

- GPA Ranking: 5% within major
- Major Courses: Data Mining, Generalized Linear Regression, Multivariate Statistical Analysis, Survival Analysis, Classified Data Analysis

WORK EXPERIENCE

CitiBank(China) Guangzhou Branch   Sept. 2016- June. 2017

Intern Human Resource

- Responsible for recruiting more than 30 interns from 6 departments of the company.
- Recruited management training interns in 2017 under the leadership of the Director of Human Resources.
- Read 200 + resumes per day, organized written examinations for about 500 candidates and six large-scale group meeting.
- Participated in social recruitment of full-time employees in commercial bank department
- Communicated with hunting and recruitment platforms, actively seeking potential candidates.
- Assisted in handling important documents and successfully accomplished tasks on several assignments.
- Recieved honor by the Director of Human Resources as "the best intern".

CAREER International   Apr. 2016- July. 2016

Headhunter assistant Hunting and Hiring Department

- Found department managers for Baidu, Lenovo and Unilever.
- Was promoted to the leader of a team of 6 for outstanding performance within a week.
- Responsible for the daily work arrangement of team members, the improvement of verbal skills, the arrangement of contact forms, and the summary of resumption.
- Completed the compilation of 50 pages of Internship Manual and built up a talent pool of more than 500 professionals, which greatly improved the work efficiency of interns.

LEADERSHIP/EXTRACURRICULARS

Sun Yat-sen University Student Union   Sept. 2015- June. 2016

President

- Managed eight regular departments of the Student Union, with a total of 80 cadres.
- Organized recruitment, selection, training and development of the members of the Student Union.
- Successfully held more than 60 academic and sport activities, involving more than 12,000 participants.
- The Student Union was awarded the title of "Top Ten Student Union of Sun Yat-sen University" during tenure.

Sun Yat-sen University Boya Class   Sept. 2013- Sept. 2014

Monitor

- Planned and organized the 6th Boya Cultural Festival, including the Sport Games, research competitions and other school-level activities, with over 1,000 participants.
- Organized more than 20 inter-grade professional exchanges, Boya University Gala and other activities, and won the honorary title of "Excellent Organization Award of Sun Yat-sen University".

SKILLS & CERTIFICATES

- Certifications: National HR Manager (Level 3) SAC
- Interests: Writing (several articles were published in national magazines like Meiwen) Running (ran 2 marathons)
- Languages: Mandarin (Native) Cantonese (fluent) CET6 (outstanding) IELETS (7)

4. 互联网产品运营方向简历模板

Andy Lee

021-6131-8609 | contact@utrainee.com

EDUCATION

Shanghai Jiao Tong University Sept. 2016- Mar. 2019

Marketing Master of Business Administration Ranking: 1/50

- **Honors:** Siyuan Scholarship (2016-2017), Shanghai Outstanding Graduates. National Scholarships(2017, 2018).
- **Courses:** Marketing Engineering (98), Strategic Management (95), New Media Marketing (96), Marketing Model (92)

Xiamen University Graduation Time

Marketing Bachelor

WORK EXPERIENCE

UTrainee CV Sept. 2018- Present

Product Operator Product Department

- Responsible for Utrainee CV product marketing activities planning and product user growth. Participated in Wechat, Baidu and other related channels of advertising management.
- Planned activities such as "618 Summer Internship Resume Circular" and "Daily Check-in", with a maximum of 1200 new recruits in a single event. DAU reached 2000 during tenure. Saw a 40% increase over the previous year, a cumulative increase of 50,000 users and a compound monthly growth rate of 20%.
- Wrote 10 articles about resume writing, the highest reading volume among which was 30,000 times. The highest praise of a single article was 1,000+, and the collection was 3,000+.
- Awarded excellent intern for 2 consecutive quarters and successfully retained post after summer internship.

Meituan Dianping Oct. 2017- Mar. 2019

Product Assistant Product Department

- Assisted product manager to conduct market and user research
- Drew product prototype and mastered complete user research and interactive design process using Xmind, Axzure, Sketch and other tools.
- Participated in completing the whole process of D product X module on-line.
- Worked for 3 consecutive months with an average of more than 10 hours per day, and improved the interactive function after on-line.

PROJECTS

SJTU B&O Innovation Project Mar. 2018- May. 2018

Group Leader

- The project is sponsored by B&O, Denmark's top luxury goods company. Students selected were from Shanghai Jiaotong University and Denmark's top universities. The enrollment ratio is 1/1000.
- Responsible for project team W product's market demand analysis, user research, questionnaire design, road show PPT design and final display. Collected more than 200 questionnaires. Coordinated and managed the team to complete W product function design, code debugging, mold customization and procurement.
- Participated in the design and publicity of DEMO. Successfully raised 50,000 yuan on product A crowdsourcing platform. Completed the production of primary products within the project schedule with a total of 100,000 yuan, and completed 35 products pre-sale ahead of schedule.

LEADERSHIP/EXTRACURRICULARS

Xiamen University Student Union Oct. 2013- Mar. 2015

Vice President and leader of the PR Department President Board

- Recruited members of the PR Department. Re-established the organizational structure of the PR Department. Established intra-school liaison group, investment promotion group and budget management group. Formulated departmental management system, Departmental members expanded from the initial 10 to 35.
- Successfully won six external sponsorships with a total amount of 260,000 during tenure. Hosted two large-scale competitions commissioned by enterprises (Pepsi Cola Campus Singer Competition, Huawei Cup Case Analysis Competition), covering a total of 5,000 people.
- Awarded the best Department of the student union and the outstanding student cadre of the school for two consecutive years.

AWARDS & CERTIFICATES

- Huawei Cup Case Analysis Competition Second Prize Feb 2015
- P&G Cup Supply Chain Design Competition Second Prize Mar 2018

SKILLS & CERTIFICATES

- Technical Skills: PPT(mastered business PPTs making) excel (mastered pivot table) PS, Sketch, Xmind
- Certifications: NCRE Grade 2 SAC
- Interests: Piano (Level 10) Running (participated in 3 marathons)
- Languages: CET6 (598) Japanese (Grade 2)

5. 软件开发方向简历模板

Jerry Zhang

021-6131-8609 | jerryz@utrainee.com

EDUCATION

Nanjing University   Sept. 2015- July. 2019

Software Engineering Bachelor GPA: 3.7/4.0

- GPA Ranking: top 5%
- Major Courses: Computer Network, Operating System, Data Structure and Algorithms, Object-Oriented Analysis and Design, Database System Application, Software Engineering Mathematics
- Excellent Graduates of Nanjing University; won two National Scholarships

WORK EXPERIENCE

Mi.com   Dec. 2018- Present

Web Front End Development Intern

- Responsible for the SAP application development and operation background development of the company's internal projects.
- Cooperated with other technical employees to complete the development of three functional modules.
- Participated in structure design.
- Used Canvas to complete image coding and watermarking components independently in the absence of key components. The work was put into use in the company's operating background.

Netease   Apr. 2018- Nov. 2018

Web Front End Development Intern

- Participated in the development of Netease Music Mall.
- Collaborated with colleagues to reconstruct the shopping cart module, after reconstructing the QPS of the module from 1000 to 5000.
- Designed and completed form components based on Vue which supported multi-layer form control nested use.
- Enhanced understanding of the server architecture.
- Was able to independently use nodejs to complete server development.

PROJECTS

DreamWardrobe-Clothing mall programme   Mar. 2018- June. 2018

Full stack development

- Provided users with one-stop shopping service from clothing suggestions to commodity selection and order placement.
- Separated and developed the front-end and back-end based on Taro+SptingBoot.
- Reduced the speed of loading pictures by small programs from 2-3s to 0.5-1s using Mysql as data storage and micro-cloud storage.
- Independently completed the package of the rotation chart component and label switching component of the small program.
- Introducing ECharts to provide users with visual analysis of consumption data to help users consume rationally.

Personal Github Blog   Jan. 2018- Feb. 2018

Front-end Development

- Built a personal blog through github. IO, and regularly updated the blog.
- Used CSS3 technology and Canvas tag to draw page switching animation and page background effect based on Vue framework, adopting waterfall flow layout.
- Implemented visualized Web audio player component independently.
- Realized the dynamic display effect of audio sound wave by using Canvas. Project Address: XXXXXXXXXX

Play together-Collaborative filtering recommendation platform based on tagging   Mar. 2017- Sept. 2017

Front-end development, project management

- Provided a platform for users to publish, participate in and manage activities.
- Recommended activities that users are interested in according to their participation in activities.
- Adopted the response layout to realize the multi-terminal adaptation of a set of code to PC stations and m stations.
- Used MD5 encryption algorithm to encrypt user information, which ensures the security of information transmission.

AWARDS & CERTIFICATES

- 4th Internet+ Innovation and Entrepreneurship Contest for College Students(Third Place)   Oct 2018
- Youzu Cup Programme Design Contest for College Students(Second Prize)   May 2018
- Nanjing University Programming Contest(First Prize)   May 2017

Technical Skills

- Solid computering ability, good data structure and algorithm knowledge, good system module design ability;
- Proficienct in Js, CSS and various layout;
- Familiar with W3C standards, ES specifications and Web semantics;
- Skillful use of Canvas and CSS3 animation effect;
- Familiar with MV * Framework (Vue, React);
- Skilled in using Webpack construction tools for packaging and other operations.

第 4 章

求职信应该怎么撰写

1482年，31岁的达·芬奇离开佛罗伦萨，来到米兰。他给当时米兰的最高统治者、米兰大公卢多维科·斯福尔扎写了封求职信，希望谋得一个军事工程师的职位。这封求职信就是著名的《致米兰大公书》。

尊敬的大公阁下：

我仔细研究过所有自称武器发明家的人设计的武器，发现它们的原理和运作与我们日常生活中使用的器皿并没有什么不同。因此请允许我斗胆向阁下自荐，我可以胜任以下所列的任何一项工作，希望能有荣幸为米兰工作。

（1）我规划建造的桥梁轻巧、牢固、搬运便利，可用来追赶或驱逐敌军；同时它也坚不可摧，可以抵御大火和进攻。这种桥梁可轻易装卸。我也有良计能焚毁、破坏敌军的桥梁。

（2）在围城之际，我知道如何从城壕中切断水源，也知道如何制造无数桥梁、掩体、云梯和其他工具攻城。

（3）围城战时，如因据点地势过高，或因其地形和位置过于坚固，而无法用炮火轰击，只要它的地基不是岩石等石材，我便有方法摧毁每一个碉堡或其他障碍。

（4）我还能制造既轻巧又易于搬运的大炮，可用来投掷小石块，犹似下冰雹一般；其中喷出的烟雾能使敌军遭受混乱与重大损失，从而震慑敌军。

（5）我也有办法挖掘通往指定地点的坑道和蜿蜒的秘密地道，不出半点声响，必要时可在城壕或任何河流之下挖掘。

（6）另外，我能制造带掩体的车辆，其坚不可摧，可攻破敌军及其火炮，再坚固的武装也无法抵御。步兵可跟随这些车辆的掩护前行，且将毫发无损，畅通无阻。

……

（10）在和平年代，我的建筑才华也不亚于任何人，能令阁下称心如意。我能建造公共建筑和民用房屋，还能引水疏流。

我还善用大理石、青铜或陶土雕塑。至于绘画才能，我也绝不逊色于当今任何一位画家。

此外，我自荐承担雕塑青铜马之职，此一雕像将为已故令尊和声名显赫的斯福尔扎家族增添不朽的光彩和永恒的荣耀。

如上述之事有人以为不可能或不可行，我愿随时前往阁下庄园或其他任何地点一一展示。

谨此以无限谦恭之忱，向阁下问安。

达·芬奇

米兰大公收到此信后不久，就召见了达·芬奇。在短暂的面试后，大公正式聘用达·芬奇为军事工程师，提供的待遇十分优厚。在米兰的 17 年，达·芬奇的各项成就开始走向巅峰。

可是大家不知道的是，达·芬奇 15 岁开始在佛罗伦萨学习艺术，虽然其涉猎广泛，对天文地理、建筑工程均有涉猎，但在去米兰之前，其小有所成的却是在音乐、绘画和雕塑方面。而在求职信中，他所列出的前六条均为军事制造方面的才能，仅仅在结尾轻描淡写地提了一下自己的雕塑和绘画才能。

毕竟是求职，达芬奇在充分了解雇主方的需求后投其所好撰写了此封求职信。米兰大公当时的处境可谓强敌环伺，他要击败意大利的敌对城邦和消除来自北欧和西亚的威胁，就不能不大力发展军事制造业，因此急需这方面的人才。通过这些看似略显夸大的介绍，达·芬奇生动而含蓄地告诉米兰大公："我清楚您的处境，我可以帮助您打赢战争！"

可是空口无凭，前面说了那么多，真实情况怎样并无人晓得。所以，他在求职信末尾加了一句："如上述之事有人以为不可能或不可行，我愿随时前往阁下庄园或其他任何地点一一展示。"

达·芬奇通过求职信成功地进行了一次专业不对口的求职，这封求职信表达的核心观点是"我有能力解决你所面临的问题，并且可以立刻证明"。试想，任何一个雇主遇到一个能够解决自己燃眉之急的人，定当大喜过望，即便这个人有吹牛的可能，但是对方可以当场展示，给他一个面试机会又何妨？

4.1　求职信的简介和分类

求职信属于自荐信的一种，英文名称为 Cover Letter。在纸媒时代，求职信通常随简历一同投递给雇主方。到了互联网时代，很多外资企业和高校仍旧沿袭该传统，将求职信视为求职的必需文件，要求求职者在邮件的附件中同时附上个人的求职信和简历。但在求职国内的企业如国企和民营企业时，求职信已经演变成邮件的正文部分，无需作为单独的文件放置在求职邮件的附件中。

求职过程就像是商品交易过程，你向雇主方提供你的时间和技能，而雇主方为此提供相应的报酬。求职信在此过程中就相当于"商品"的市场宣传文案，我们要用有限的文字描述自己的"卖点"，确保该"卖点"能初步满足雇主的要求，从而让自己得到面试机会。

求职信与简历既相互关联又大有不同。从关联点上来看，二者都是对一个人过往经历和知识技能的简要描述，通过其中任意一个文件都可以初步了解一个人。但对于求职者而言，求职信的重要程度和简历的竞争力负相关，即简历越缺乏竞争力，就越要在求职信上下功夫去说服雇主。二者的区别主要有以下两点。

（1）简历更加客观，求职信可融入个人情感。在简历中，你要客观地告诉别人"我是谁""我有哪些特点"；而在求职信中，你可表达自己的主观意愿和感情色彩，如为什么希望加入这家公司。

（2）简历较求职信更加全面，求职信则更有针对性。简历一般是对自己的履历进行全面梳理，并把相关内容放在对应模块中；而求职信则直接针对自己与岗位相匹配的核心能力进行详细描述和重点展示，针对的直接是某个公司的某个岗位，不求全而求精。

现在网上能搜索到的求职信多为纸质版的求职信，而我们在日常求职过程中更多采用的是邮件形式的求职信，因为使用场景不同，二者在表达形式上会有很大的区别。我们可将它们分别命名为纸质求职信和邮件式求职信，并简要列出二者的区别（见表 4-1）。

表 4-1 两种求职信的区别

求职信分类	纸质求职信	邮件式求职信
使用场景	（1）信件邮寄 （2）线下投递 （3）官网申请，作为附件提交	（1）求职网站 （2）邮件正文
长度限制	一般不超过一页纸，经历较多或岗位级别较高可不受一页的限制，总字数不建议超过800字	简明扼要，直接提炼核心要点，阅读时间不宜超过20秒，总字数不建议超过400字
语言表达	可使用完整语句铺垫叙事	尽量用短句，简明扼要，可用粗体标注关键词，便于略读和跳读
排版方式	3～4段式结构，风格和简历保持一致	使用段落符突出个人要点

（续表）

求职信分类	纸质求职信	邮件式求职信
其他细节	一般用 80 克白色纸张打印，规范装订。如一起邮寄的文档较多，可制作简单的目录	关注邮件名称、主题等细节性问题

在接下来的章节里，我们会详细介绍不同类型的求职信的具体写法，以及中英文求职信的异同，力求帮助大家写出优秀的求职信。

4.2　中文求职信书写规范

求职信讲究开门见山。雇主方毕竟不是阅卷老师，如果开篇没有任何重点和亮点，后面的长篇大论可能也没有机会被阅读了。网上有大量的求职信模板，很多求职者图省事，随便找个模板换成自己的名字就发出去了。其实，这样的求职信不但不会对求职者有任何帮助，反而是一个减分项。

下面，我们看一个在网上搜索到的求职信模板。

尊敬的领导：

您好！

非常感谢您在百忙之中阅读本人简历，请允许我做自我介绍。

我乃 ×× 大学经贸管理学院汉语言文学专业学生。大学时光，匆匆而逝。刚入校门的我意气风发，激昂文字，指点江山，回想起来宛若昨日。如今要与学生时代作别，每想及就业，心中便生出颇多感慨。自知才疏学浅，想从激烈的竞争中胜出绝非易事，但向以"乐天派"自居的我怎甘就此认输，遂做毛遂自荐。

在校期间自甘寂寞，潜伏浩瀚之学海，追索学业之精湛，上下求索以实现理想抱负。通过不断的学习，我在专业知识及个人能力等方面都获益匪浅。积极投稿，参加自考，在学习中养成了严谨、务实的作风，在思辨中求严密，于理性中求自身之成熟。求知之余积极加入学生社团，多次主持、参加文艺演出，进行社会实践，使自己有了较强的沟通和协调能力。

十年寒窗，已欠父母太多太多，报恩之切，自立之需，我当早日走向社会，闯出一片属于自己的天空。大学四年的学习生活和大量的社会工作，培养了我冷静自信的性格和参与社会竞争的勇气，这将使我对未来的工作充满信心和期望。由此，我有理由相信，除了专业，我还可以做得更多、做得更好！

毕业之后我愿从事秘书文员、新闻采写、报纸编辑、平面设计、教师等工作。虽然我可能并不具备足够的工作经验，但只要给我机会，相信能够很快掌握相关技能，胜任这些工作，在您领导的这个精诚团结、锐意进取的集体中竭尽全力，与大家风雨同舟、共铸辉煌。

再次感谢您的阅读，如需其他材料及进一步了解请与我校或我本人联系。愿意接受您的面试！

最后，祝贵单位事业兴旺发达。

此致

敬礼！

求职人：××

这个求职信模板是一个典型的负面案例。第一段的寒暄语完全没必要；第二段的自我简介除了姓名和学校、专业有用外，其他的有些不知所云；第三段的个人能力描述虚多实少，没有任何亮点；第四段家庭背景多余，求职意向杂乱。你会发现，这种求职信几乎适用于任何求职者和任何岗位，求职信中没有真情实感，没有对应聘公司的关注，没有展现能够匹配相关职位的能力，通篇洋洋洒洒，其实满篇废话。很显然，如果按照这个模板来撰写求职信，HR可能还没看完第一段就直接扔一边了，更别提能够拿到面试机会了。看求职信时，没人会看你的遣词造句的能力，你更应该关注的是如何精练地总结自己的经验、学识、技能。

根据投递对象和信息获取来源的不同，求职信的内容会有一定的区别，具体如下（见表4-2）。

表4-2　不同求职信内容上的区别

发送对象	特点	投递效果
广播式求职信	• 标准式三段式结构 • 可用于群发投递，适用范围广 • 以个人为中心阐述自身需求，未针对具体岗位	成功率低 约3%～5%
发送给猎头等中介机构	• 多为应聘中高级岗位 • 求职信为简历附属，不宜太长 • 需阐明个人期望薪酬和工作地点 • 需告知目前希望寻找的岗位类型	成功率低 约3%～5%
针对雇主方发布的岗位投递	• 针对已经发布的招聘岗位投递 • 可采用文章式或列表式来罗列个人背景与招聘岗位的匹配点 • 需提及信息获取来源	成功率高 约10%～20% 国内常见的方式

（续表）

发送对象	特点	投递效果
朋友（校友）及内部推荐	• 需阐明推荐人及自己与推荐人的关系 • 需阐明如何得到推荐人的信息 • 需阐明如何知晓这个岗位有用人需求	成功率极高 约 60% ~ 70% 国外企业经常采取的 方式

在国内，第三种针对岗位投递的求职信最为常见，其他投递场景仅需要在此基础上稍加改动即可；而第四种推荐式的求职信，我们将会在英文求职信的相关章节举例说明。

4.2.1　求职信的结构

一般来说，求职信的各个段落都有其不同的作用，而并非简单地堆砌文字。

第一段直接阐明我是谁、要干什么，即告诉对方自己的姓名、学校、专业，以及所要应聘的岗位——简单告诉对方来者何人。

第二段详述自己与工作岗位相匹配的能力、经验，以及个人优势——告诉对方我能做什么。

第三段表达个人的职业规划、对公司的了解程度和加入公司的强烈意愿，恳请对方给予面试机会——告诉对方为什么我很想做这个工作。

需要注意的是，求职信和简历一样，也不需要在顶部写上"求职信"或者"Cover Letter"，其属性通过书写格式和开头文字即可判断，再写个大标题无疑是画蛇添足。

4.2.1.1　开头——称谓得当，注重礼节

在求职信的开头要有称谓，一般为"尊敬的 ×××，您好"，××× 代表公司（部门）和职位，例如，"尊敬的腾讯 HR 老师，您好""尊敬的开发部领导，您好"等，如果对方的招聘信息中留有联系人及联系方式，还可以写成"尊敬的陈女士，您好""尊敬的王先生，您好"。不管收件人是谁，礼节都很重要。

4.2.1.2　第一段——开门见山，自报家门

开始这一段，要告诉对方你是谁、你从哪儿来、要干什么，即告诉雇主方你的姓名、毕业学校等个人信息，以及你要应聘哪个职位和通过什么渠道知道这个职位的。个人核心的亮点可以用一句话阐述，例如，应聘投资银行岗位时可以说"通过了 CPA 考试，在 ×× 券商投行部 / 律所 / 会计师事务所实习 × 个月时间，曾参与 ×× 类型的项

目"，力求快速抓住对方眼球。

下面，我们看几个范例及相应的点评。

（1）找金融类实习岗位。

我是上海交通大学研二金融专业的王富贵，已通过3门CPA考试，现在每周可实习3天并可以连续实习3个月以上，非常希望能够获得股票研究岗的实习机会。

点评：金融行业对学校、证书和实习时长会比较看重，所以要在开篇把这些核心的信息传递给对方，同时直接告知对方自己所要应聘的岗位。

（2）找IT类岗位。

我是华东理工大学大四计算机专业的张方方，在我院就业信息网看到贵司（贵单位）招聘信息。我拥有两份独立项目经历和扎实的理论基础，这让我非常有信心胜任Java后端开发的岗位。

点评：大四找实习（工作）大概率有留任需求，突出招聘信息的来源可以告诉对方"我是你们重点目标院校的学生"。同时，突出技术类岗位看重的项目经历和基础知识，最后在段尾点题告诉对方目标岗位。

（3）跳槽找新媒体运营岗位。

我是刘小砖，曾在板砖传媒担任新媒体主管的职位，拥有3年以上新媒体工作经验，对微信公众号、抖音、知乎等平台有成熟的运营和管理经验。我通过朋友了解到贵司（贵单位）正在招募首席内容官，非常希望能够加入你们。

点评：社会招聘应突出个人经验，当然这些经验不是随便列出，而是要与对方的招聘岗位相契合。在第二段可以详细描述个人在各细分领域所取得的成就。

（4）熟人推荐。

我是王大伟，2016年毕业于重庆大学经济管理学院，现在在一家500强能源集团从事产业研究的工作。在重庆大学校友聚会上，曾和师兄有一面之缘，并在校友通讯录上得到师兄的联系方式。现阶段，我非常希望转型从事PE类工作，在此介绍一下我的基本情况，在职业转型上希望得到师兄的建议和引荐。

点评：这是典型的熟人推荐式的求职信开头。一开始就要介绍如何获得对方的联系方式以及和对方的关系，并简要介绍与对方相关的个人的基本背景，提出个人写信的诉求。因为有"校友"和"见过面"这层关系，在第二段可阐述自己转型的想法，以及以往积累的经验与目标岗位的契合点。

4.2.1.3 第二段——我的经验和技能能够帮你解决什么问题

这个部分是整个求职信的重中之重，我们可以从教育、证书、院校、实习和工作经历、核心技能、所取得的成就和奖项等多个方面展开描述，以证明自己与这个岗位有很好的匹配性。这个部分可以不限于简历的条条框框，而是将与招聘岗位相关的经历单独凸显出来，尤其是那些在简历中无法直观看出的与岗位相关的技能和能力。在写完之后，我们不妨通过以下几个检查要素进行核对，看看自己的求职信是否已经覆盖到所有要点。

（1）是否曾经从事过与招聘岗位类似的工作；

（2）是否学习和了解过招聘岗位要求具备的知识和技能；

（3）如何证明自己可以通过学习等方式快速弥补自己的短板，并且胜任新岗位；

（4）是否对经历进行了归类，以便阅读者能够清晰阅读。

个人履历部分常见的写法可分为列表式和文章式。列表式即先提炼岗位信息，然后根据岗位要求，以列表的形式一一写出自己的经验和能力，证明自己具备胜任岗位的实力。列表式的撰写方式非常有针对性，在个人履历与岗位要求相符的情况下，强烈推荐用这种写法。

如果个人履历和岗位要求的匹配度中等或者偏低，则可以选用文章式，即将个人的相关经历和背景组织语言串成一段，尽可能突出个人的亮点，用间接的方式阐明自己具备岗位所要求的能力。

下面，我们以应聘化工类股票研究员岗位为例，看下这两种写法有何不同（见表4-3）。

表 4-3　列表式和文章式的个人履历比较

列表式	文章式
以下是我个人的基本情况介绍，相信我一定可以胜任这个岗位： 教育背景：上海交通大学硕士毕业，在校期间两次获得国家奖学金 实习经验：曾在中信证券、天弘基金、中国银行实习，撰写行业和个股研究报告30余篇，累计达20万字 专业知识：通过3门CPA考试，熟练使用Wind和Excel	我本科毕业后保送至上海交通大学读研，在校期间荣获国家奖学金两次。读研期间，我参与了《基于×××高分子材料》课题研究，发表SCI一篇，在×××领域进行了300余次实验，期间还与导师对3家上市公司进行了实地调研，在新材料和化工领域有扎实的行业知识和实操能力。在大学时期，我选修了《证券投资分析》《宏观经济学》等课程，并通过了证券从业资格考试，参与2次模拟股票交易大赛，成绩均排名前五

左边的列表式通过一点点单列自身优势，来说明自己与招聘岗位的相符度，简洁明

了，逻辑清晰；右边的文章式回避了自己没有实习经验的缺憾，通过突出个人的一些背景来间接证明自己有对应岗位的胜任能力。

4.2.1.4　第三段——我为什么渴望得到这个职位

这部分描述的是入职动机，可以用一句话表达对公司的成就、历史、地位、产品或领导的敬意，同时表达加入公司的强烈意愿。很多求职者到了面试环节，当面试官询问"你了解过我们公司的产品和业务吗"时，会很诚实地回答说"还没有"，或者说"我干什么都行"，根据统计，这些求职者通过面试的概率极低。表面上看，这类求职者只是没有了解公司的概况，但本质上这类求职者要么缺乏清晰的职业规划，只想靠打工混日子，要么这个岗位和公司对他们而言并不那么重要，或者这个岗位只是备选项之一。如果是前一个原因，公司可能会招聘到一个不靠谱的员工；如果是后一个原因，即便这个人招聘进来也会很不稳定，而企业需要的是愿意与其共同成长、共同进步，全心全意为企业发展做贡献的员工。

寻找和一家公司的情感交集可以从很多角度入手，例如，一直使用这家公司的产品、曾经在这家公司实习过、得过这家公司赞助的奖学金、参与过这家公司举办的比赛、曾在学校听过该公司总经理的讲座分享等，越有细节越好，不要用那些大而空的理由。基本的句式就是：因为 A 原因，贵司的产品 / 服务 / 管理文化让我非常向往，相信凭借我的能力和进取精神，能够为团队的成长贡献自己的力量等。为了达到这种效果，需要在撰写求职信前做好调研工作，调研内容包括求职公司的主要业务、竞争对手、市场地位等，同时包括所要申请的职位的具体工作内容，而这些也是招聘方在面试中很大概率要考察的问题。

下面，我们看一个求职者应聘百度公司时的求职信范例。

百度一直保持着中文搜索引擎的霸主地位，也是人工智能领域的先行者和实践者。除搜索引擎外，我也是网盘、翻译、地图、浏览器、文库等百度产品的高频用户，我还担任"职徒简历"百度贴吧管理员，总计管理 2 万余用户。我积极参加百度举办的各项活动，并有幸获得"2017 年百度程序设计之星"大赛优胜奖。百度是我最为向往的职业舞台，我也承诺会以高度的热情为公司创造价值。

在我读书时，如果打算应聘那些我特别憧憬的公司，在面试前我都会准备一份关于这家公司的业务和产品的研究报告。事实证明，这种方式非常有效，它既证明了我的研究能力，也证明了我的工作态度和入职意愿。如果求职者应聘的是市场研究、咨询、产品类的岗位，可以将研究作品、报告和求职信一起通过邮件发送，这也不失为一种很好的求职方式。

如果是非应届生，需要在此段说明从上一家公司离职的理由，如原来公司离家远、想要换个城市、岗位没有成长空间、想去小公司挑战自我、想到大公司寻求更广阔的舞台、想进行职业转型等，而新应聘的公司可以完美地规避或者解决这些问题，从而使自己获得更好的职业成长。与此同时，可以总结一下自己能够为该企业所带来的改变和贡献，这在应聘小公司或者是大公司的中高层管理岗位时尤为重要。

第三段的加入理由和第二段的个人技能经验可根据实际情况互换位置，但是把加入理由放置在前面时需尽可能简短些，不至于让对方看了很久都找不到重点。

4.2.1.5　结尾——致谢和写清楚联系方式

最后的结尾以简洁为主，不要写类似"风雨同舟，共创辉煌""你是伯乐，我是千里马"这类大而空的话，仅需要简单地致谢，并表明希望得到面试机会即可，如"真诚期待能有机会和您面谈""感谢您的阅读，衷心期待您的回复""非常期望能有一次面试的机会。祝您身体健康、工作顺利"等。如果招聘启事中有具体的入职时间要求，也可以写上个人最早入职时间，以及可以接受面试的时间等。

最后，留下自己的联系方式，包括姓名、电话、邮箱等，方便对方与你联系。

4.2.2　求职信排版注意事项

在整体的内容布局上，纸质版的求职信需要遵守以下规则。

（1）一般不超过一页 A4 纸，与岗位技能对应的部分需占到整体内容的 50%～60%；

（2）字体可选用黑体、宋体、楷体，并与简历的字体保持一致；

（3）正文中可以用加粗的方式突出要强调的内容，尽量不要用标红、加下划线等作为强调方式，那样会显得很混乱；

（4）正文字号可选用四号、小四、五号，行距设置为 20 磅，段前段后各 6 磅（这个没有固定要求，在页面美观、阅读舒适的前提下可自行调整，尽可能与简历保持一致）；

（5）一般使用白色的 80 克 A4 纸打印，与简历保持一致。如线下投递，黑白打印即可，用曲别针装好，简历在上，求职信在下；如在线提交，在校生的求职信命名为"求职信—姓名—学校—应聘岗位"，有工作经验的求职者的求职信命名为"求职信—姓名—应聘岗位—工作经验年限"。

4.2.3　纸质版求职信撰写范例

在国内，纸质版的求职信并非应聘时的必需文件，在大多数场景下，仅需投递简历即可。求职信常见应用场景是在一些大型企业校招的时候，会要求除简历外同时上传求职信。建议求职者针对不同类型的岗位制作几款不同的求职信，在投递的时候，针对拟应聘的具体岗位在基础版本上进行修改即可。

还有一些特殊的场景，例如某公司在某高校举办了讲座，可现场接受简历申请；某个公司设置了企业开放日，同学们可以去现场交流等。在这些场景下，有一定时间用来面对面交流，同时投递人数又远没有大型招聘现场多，个人的求职信会有更多的曝光机会，也更容易引起对方的重视。

撰写求职信前，需认真研究一下对方的招聘岗位。我们先看一则某证券公司投资银行部的校园招聘启事。

岗位名称：投资银行业务总部—项目承做

职位描述：

1.参与项目市场拓展、项目承揽等前期项目调查、项目甄别和内部评议等工作；

2.参加项目组，协助完成项目尽职调查、公司改制、上市辅导、工作底稿建立，以及申报材料制作、内核、报批、过会等工作；

3.协助建立项目工作档案，保留各类工作记录并存档，做好持续督导的配合工作；

4.协助建立和维护客户群，协助开展投资银行总部与客户之间的日常沟通和分类管理。

任职要求：

1.2020届国内外院校硕士及以上学历应届生，财务、会计、金融、金融工程、法律等相关专业，具有复合教育背景者优先考虑；

2.熟悉投行业务模式，具有投行相关实习经历者优先考虑；

3.具备扎实的财务和法律知识基础，通过 CPA 或司法考试者优先考虑；

4.具有较强的抗压能力，适应经常性出差要求，具有较好的团队协作意识；

5.思维敏锐清晰，具有良好的文字表达能力和人际沟通协调能力。

在结合岗位要求和个人经历的前提下，某求职者撰写的求职信范例如下。

尊敬的投资银行部领导：

您好！

我是上海财经大学2020届金融学院金融专业的应届硕士毕业生赵蕾蕾，在我院的就业信息平台看到贵司"投资银行业务总部—项目承做"岗位正在招聘新人，过往的学习和实习经验让我非常有信心可以胜任此岗位，以下是我的个人基本情况介绍。

● 优秀的学习能力，复合的专业背景

本科法律专业，跨考金融专业并以全系第二名的成绩入学，拥有法律和金融复合学历背景，累计获得甲等奖学金2次，国家奖学金1次，现综合排名全系第三，已通过司法考试和CPA中的财务管理和会计两门。

● 相关的实习经历，扎实的业务基本功

曾在广发证券投资银行部实习6个月、招商证券研究所实习4个月。在广发证券实习过程中跟随导师参与南京某科技集团科创板上市发行项目，参与从立项、尽职调查、公司改制到上市辅导的多个环节；协助完成工作底稿整理和招股说明书撰写；实习期间先后参与3个项目的实地调查、访谈，熟悉项目承揽的整个流程。

● 优秀的沟通能力，良好的抗压能力

曾担任校广播台台长，具有优秀的中英文沟通能力，先后采访过十几家国内外知名企业的高管；曾任院学生会文艺部部长，带领团队组织过500人以上迎新文艺晚会；2019年暑期期间，同时协调司法考备考、暑期实习和研究生毕业课题多项工作，实习期间多次加班至凌晨以后，责任心强，能够按时、保质完成上级交付的任务。

在研一期间，非常有幸在校聆听了贵司投资银行部总经理赵总在我院的职业发展讲座，形成了我对投资银行业务的启蒙认知。贵司在投行业务领域一直以先进的管理理念和组织文化而闻名，优秀的人才培养和激励机制更是一直深深吸引着我，非常渴望能够与这样优秀的团队共事，因而呈上个人自荐信。

期望能够有一次面试的机会。

祝您身体健康，工作顺利！

赵蕾蕾

上海财经大学金融学院（2020年应届毕业生）

电话：188-1234-1234（全天）

邮箱：leilei.zhao@sufe.edu.cn

对于在校生来说，实习经历是非常重要的，这些经历可以从侧面证明你具备胜任所应聘岗位的能力。但是，不少在校生对口实习经历过少，甚至缺乏实习经历，这就要结合在校期间的所有经历，提取所有和对应岗位的匹配点，尽可能向用人单位的需求靠拢。下面，我们再来看一则新媒体运营岗位的招聘信息。

岗位名称：新媒体运营

岗位职责：

1. 协助负责搜狗翻译产品的新媒体运营，包括但不限于微信公众号、微博、知乎等平台。

2. 分析研究同行业的内容运营与新媒体运营状况及趋势，收集内容运营相关的全球性新闻热点与事件。

3. 维护日常运营，结合产品定位进行选题策划和文章撰写，提升内容质量、内容口碑、用户活跃度与黏性。

岗位要求：

1. 文笔流畅，具有良好的文案编辑与内容策划能力。中文、英语、日语以及其他语种相关专业者优先。

2. 了解新媒体的传播方式与内容玩法，有新媒体运营、内容传播、用户运营经验者加分。

3. 至少具备其中一项技能：系统、专业的外语知识；基础 PS 技能，具备一定审美能力；熟悉欧美文化。

4. 每周可上班至少四天，实习时间至少半年；英语听说读写至少擅长一项；投递时请务必附带作品。

5. 如果你认为自己有其他特质足够胜任这项工作，请带上你的作品加以证明。

我们看一下某求职者的求职信范例。

尊敬的搜狗翻译老师：

您好！

我是北京工商大学商学院 2018 级市场营销专业本科生王萌萌，在职徒简历看到了贵司正在招聘新媒体运营实习生，仔细阅读招聘要求后，我认为我可以胜任这个岗位，特来自荐。

我是深度的互联网社区用户，每天都在使用微博和知乎，并且有个人运营的微信号"王萌萌读书志"，已运营半年时间，现有 2000 多的关注用户，累计创作 42 篇原创文章，平均阅读量都在 200 以上，平均打开率为 10%，远高于 3% 的行业平均打开率；在豆瓣我写过十多篇影评，其中一篇的点赞数量超过了 5000；我已经通过大学英语六级考试和 BEC 商务英语中级考试，并担任 2019 年北京国际人工智能展览会志愿者，为来访外商提供 E1 展区讲解服务；2018 年参与美国纽约州立大学暑期实践项目，担任小组长，英语口语表达能力和协作能力良好；在读书期间，我自学了 Photoshop，并可以熟练使用 PowerPoint、Excel 以及秀米等微信排版工具。现阶段我仅剩两门考试，即日起每周可实习 3 天，两周后可一周 5 天到岗实习。

我对新媒体运营领域有非常浓厚的兴趣，很喜欢通过文字和视频的形式传达自己的思想和观点。搜狗翻译支持网页、小程序、App，有双语对话、智能拍译、文档翻译等多个非常独特而实用的功能，在个人看来是一款体验非常出众的产品，非常期待能够加入贵团队学习。

期待您的回复！

王萌萌

北京工商大学商学院（开学大三）

电话：188-6666-8888（全天）

邮箱：mengmeng.wang@126.com

该求职者虽没有新媒体领域相关的实习经验，但是个人有运营公众号的爱好，还用几段校园经历体现了优秀的英语能力，同时在求职信中描述了招聘方的产品特色，说明其对此进行了细致的研究，在无形中增加了对方的认同感。

4.2.4　邮件正文的求职信

现阶段，大多数简历都是通过邮件进行投递的，邮件正文中的自我介绍部分即构成了传统意义上的求职信。邮件正文的求职信和纸质求职信的主体内容是一致的，基本的格式段落也相似，但是，因为屏幕尺寸和电子屏浏览习惯的限制，其内容需要比纸质版更加精简。

（1）正文内容不宜过多，只列核心要点即可，最理想的状态是不拖动滚动条就可以将全文看完。

（2）核心技能和经验部分统一使用段落符提炼，尽可能保证语言精简。

（3）以职位为中心，设置不同的求职信邮件正文模板，针对不同的岗位进行适当的修改。

根据以上原则，我们对前文的纸质求职信进行精简，结果如下。

尊敬的投资银行部领导：

您好！

我是上海财经大学 2020 届金融专业应届硕士毕业生赵蕾蕾，希望应聘"**投资银行业务总部—项目承做**"岗位，我的基本情况如下。

- **学业背景**：法学本科，金融硕士（保送），1 次国家奖学金，2 次甲等奖学金，系排名第 3 名，已经通过**司法考试**、**CPA**（财管、会计）；

- **实习经历**：广发证券投行部（6个月），招商证券研究所（4个月），拥有科创板项目立项、尽职调查、公司改制、上市辅导流程参与经验，并先后3次参与项目实地调查和访谈；
- **沟通和抗压能力**：采访过十多家名企的高管，组织过500人以上的活动，能够与团队共同加班，暑期曾高效高质协同实习、考证、写论文等多项任务；
- **其他技能**：熟练使用 Excel、PowerPoint，会使用 Python 进行基础数据整理工作。

　　研一时曾聆听贵司投行部赵总讲座，非常认同贵司的企业文化和管理模式，期待能够得到面试机会。

赵蕾蕾

上海财经大学金融学院（2020年应届毕业生）

电话：188-1234-1234（全天）

邮箱：leilei.zhao@sufe.edu.cn

　　经过精简后，正文部分的文字数量减少一半，同时个人胜任能力更加突出。

　　需要注意的是，邮件正文不要为空，否则是缺乏职业素养的一种表现。邮件正文（求职信）既是围绕应聘岗位对个人经历的集中化描述，也是对雇主方的尊敬。同时，一些反垃圾邮件系统会将正文空白的邮件当作垃圾邮件，直接分类到垃圾邮箱中。

4.3　英文求职信书写规范

　　英文求职信主要适用于外资企业的求职，部分企业官网网申系统中也会强制要求提交求职信。英文求职信和中文求职信一样，都需要围绕着岗位撰写，但是英文的求职信也有其标准的书写格式，下面我们具体来看一下。

4.3.1　求职信的书写格式

　　传统的英文信件包括收件人和发件人的地址及称呼、正文、收尾、署名几个部分（见图 4-1）。

　　（1）信头（Heading）：主要包含发信人和收信人的地址等信息。

　　发信人的姓名（单位名称）、地址和日期一般写在信纸的右上角。一般公函或商业信函的信纸上都印有单位或公司的名称、地址、电话号码等，因此只需在信头下面的右边写上写信日期就可以了。

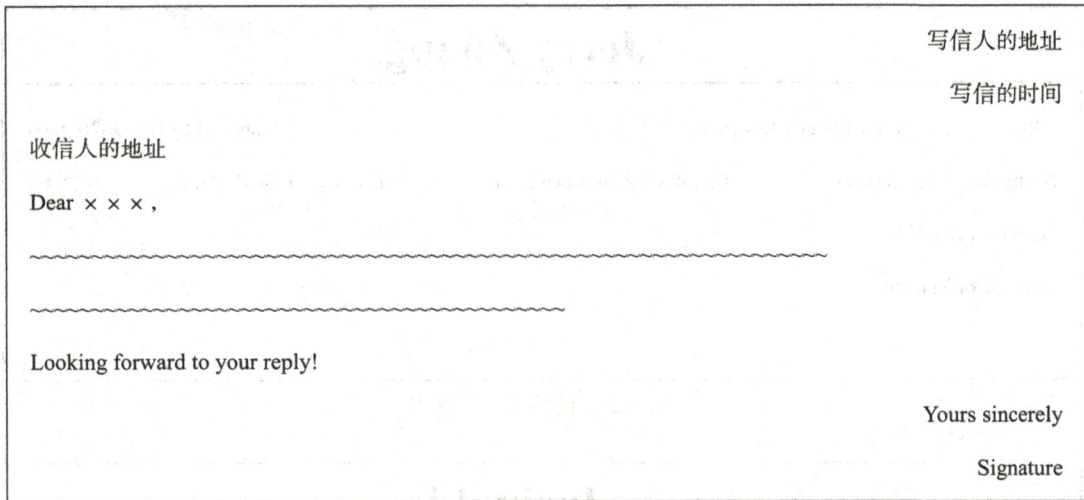

写信人的地址

写信的时间

收信人的地址

Dear ×××,

〜〜〜〜〜〜〜〜〜〜〜〜〜〜〜〜〜〜〜〜〜〜〜〜〜〜

〜〜〜〜〜〜〜〜〜〜〜〜〜〜〜〜〜〜

Looking forward to your reply!

Yours sincerely

Signature

图 4-1 传统英文信件的格式

收件人地址在正式的公函中必不可少。收信人的姓名、地址等写在信头日期下方的左角，可不必再写日期。而在日常的社交信、求职信中，收件人的地址可直接省略不写。

电子邮件和电话是当下主要的通信方式，发件人的地址和联系方式既可以按照标准写在右上角，也可以居中写在顶端，字体需与简历匹配，以简洁美观为前提（见图 4-2 和图 4-3）。

（2）**日期（Date）**：例如，2019 年 5 月 30 日，最为普遍的英文书写格式为：May 30，2019；也可以写成 May 30th，2019，或 30th May，2019 等。

（3）**公司和岗位（Company Name）**：在日期下方可撰写公司岗位和公司名称，此为非必写项。

（4）**称谓（Salutation）**：写信人对收信人的称呼用语，可以用 Dear Sir or Madam、Dear Hiring Manager。如果知道对方的姓名，也可以直接用 Dear Mr.×× 等。在称呼后面一般用逗号（英国式），也可以用冒号（美国式）。

（5）**正文（Body of the Letter）**：称呼语结束后，一般空一行再写正文。正文有缩进式和齐头式两种：缩进式是指每段第一行的第一个字母向右缩进，通常以五个字母为宜，第二行起左面顶格；齐头式是指每一行都左面顶格。商务信件大都采用齐头式的写法，在写求职信时也推荐使用这种格式。

（6）**结束语（Complimentary Close）**：在正文下面的一两行处，从信纸的中间偏右处开始写，第一个词开头要大写，句末用逗号。发送的对象不同，结束语的写法也不同。求职信中常用的有 Very truly yours、Sincerely、Yours sincerely 等。

Jerry Zhang

800 Dongchuan RD. Minhang District,　　　　　　　　　　　　　　Home: (86) 132-9626-4609

Shanghai, China 200241　　　　　Email: cv @utrainee.com　　　Office: (021) -8027-0126

October 10th, 2016

Dear Sir or Madam:

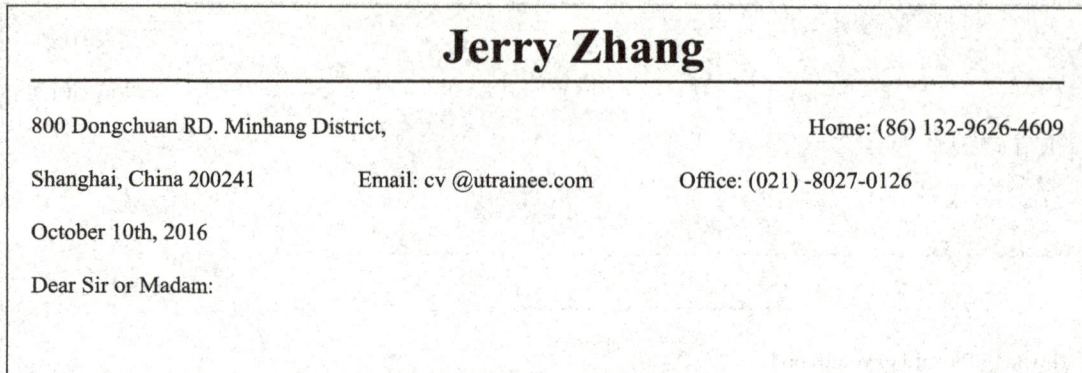

图 4-2　信头写法范例 1

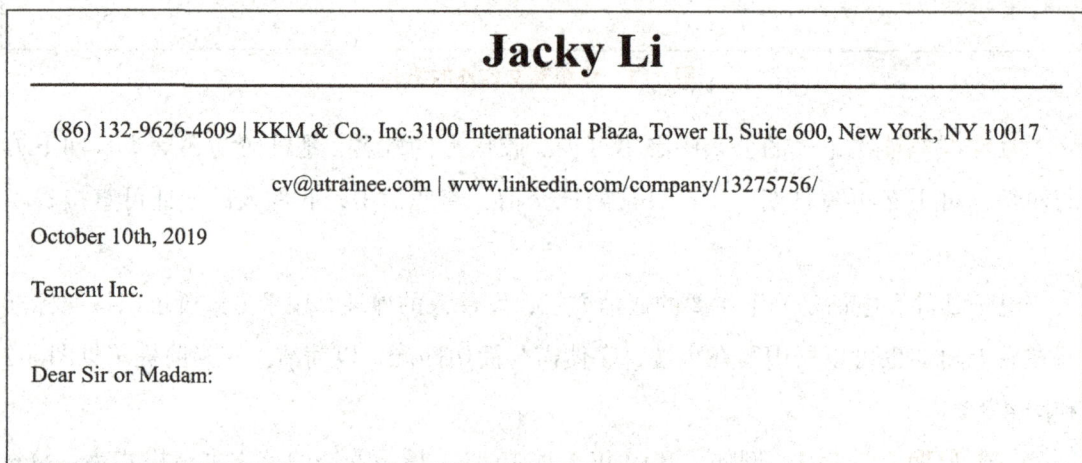

Jacky Li

(86) 132-9626-4609 | KKM & Co., Inc.3100 International Plaza, Tower II, Suite 600, New York, NY 10017

cv@utrainee.com | www.linkedin.com/company/13275756/

October 10th, 2019

Tencent Inc.

Dear Sir or Madam:

图 4-3　信头写法范例 2

（7）签名（Signature）：低于结束语一至二行，签名可以放置在左边，也可以放置在右边，与结束语保持一致。如果是手写的正式商务信函，在印刷体的上面需要留有手写签名（见图 4-4）。

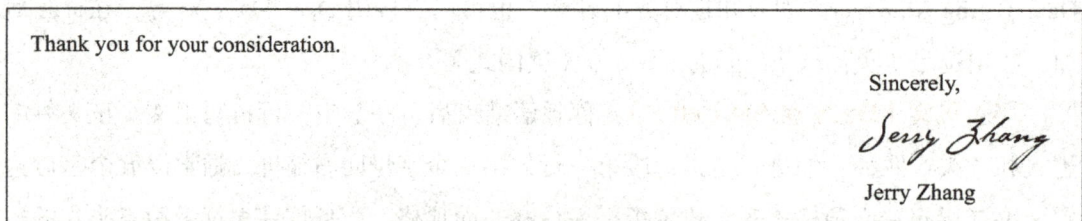

Thank you for your consideration.

Sincerely,

Jerry Zhang

Jerry Zhang

图 4-4　结束语和签名示例

（8）附件（Enclosure）：信件如果有附件，可在信纸的左下角注上 Enclosure 或 Encl.；如附件不止一份，则记得要用复数。若同时附有简历，可以在开头或者结尾部分加上一句 "My resume is enclosed for your reference"。

4.3.2　句式模板

除正文描述部分，求职信的第一段和第三段表达的内容大多相似，下面我们选出一些模板供大家参考。

1. 开头句式

（1）I am writing to present my credentials for the position of［Position Name］, a position for which I am well qualified. I am confident that you will quickly recognize my ability to make major contributions to your company's［Business Area］.

（2）My interest in the position of［Position Name］has prompted me to forward my resume for your review and consideration.

（3）I am very interested in talking with you about employment as a［Position Name］, and hope you will give my candidacy strong consideration. I feel I have the necessary skills and interest to be an excellent contributor to your organization.

（4）I am interested in a position as［Position Name］with［Company Name］. My resume highlights strong project experience with this kind of position.

（5）I am writing to apply for the position of［Position Name］. I have solid qualifications to support this application and would appreciate your consideration of the enclosed resume.

（6）I am seeking an employment opportunity in［Position Name］that capitalizes on my capital goods and/or environmental background.

（7）I wish to explore career opportunities in［Position Name］with［Industry Area］and am enclosing my resume for your consideration.

（8）Enclosed please find my resume for your review and consideration against either current or future search assignments in the［Position Name］field.

（9）I am a graduate of the［University Name］with an MBA in［Major Name］and years of experience as a［Position Name］with the［Company Name］.

（10）I will be receiving an［Degree Name］in［Major Name］from［University Name］in June of this year, and I am seeking a position as a［Position Name］with a high-technology manufacturing or research company in New York.

（11）I would appear to be an excellent candidate for the position of［Position Name］, as advertised by［Website or Journal Name］. Please accept the enclosed resume as an indication of my interest in this position.

（12）The position of ［Position Name］, as posted on the website of ［Website Name］ is a surprisingly good match for my qualifications.

（13）I have just completed my master degree in Finance at Peking University. Your name was given to me by Jacky Wang, Vice President of Operations, who suggested I contact you. Mr. Wang and my father, Bill Williams, are close personal friends and graduated from ［University Name］ together.（有推荐人的求职信写法）

（14）At the suggestion of ［Introducer Name］, I am enclosing my resume for your consideration on Data Analysis or related assignments with Any Corporation.（有推荐人的求职信写法）

2. 结尾句式

（1）Thank you for your consideration, and I look forward to hearing from you.

（2）I would appreciate the opportunity to further discuss my credentials with you during a face-to-face interview. I look forward to hearing from you shortly.

（3）My enclosed resume further illustrates my professional competency in the ［Field of work］.Thank you for reviewing my credentials, and I look forward to hearing from you.

（4）Thank you for reviewing my credentials, and I look forward to hearing from you shortly.

（5）I hope that we will have the opportunity to discuss my qualifications further during a personal meeting. Thank you for your consideration.

（6）If my qualifications are of interest to you, I would welcome the chance to meet with you personally and further explore career opportunities at ［Position Name］. Thank you for considering my qualifications.

（7）Thank you for your review of my qualifications, and I look forward to your reply.

（8）Thank you in advance for your consideration. I look forward to speaking with you in the near future.

（9）If my background should match any of your current or near future search assignments, I would be pleased to meet with you at your convenience. Thank you for your consideration.

（10）I believe that I am well qualified for the position advertised, and I could make a meaningful contribution to your company. I hope we have the opportunity to meet to further discuss the specifics of your requirements.

（11）Through review of my enclosed resume, I hope that you will conclude that I have the talent and motivation to make a strong contribution to［Company Name］, and we will have the opportunity to personally meet in the near future.

（12）I believe that these qualifications, along with my drive and enthusiasm, make me an excellent candidate for your opening. I hope to have the opportunity to meet with you.

（13）I should appreciate the privilege of an interview. I may be reached by letter at the address given above, or by telephone at (phone number).

（14）I feel my qualifications are an excellent match for your requirements, and I would appreciate the opportunity to meet with you and the members of your law staff to further discuss your requirements.

（15）I have enclosed a resume as well as a brief sample of my writing for your review. I look forward to meeting with you to discuss further how I could contribute to your organization.

（16）I hope that you agree I am well-qualified for your opening and that I will have the chance to further explore this position during a face-to-face interview at your facility. I would welcome this opportunity to discuss your requirements in greater detail.

（17）I would welcome the opportunity or a personal interview with you at your convenience.

（18）May I suggest we meet to further discuss your requirements? I believe that I am uniquely suited to your needs and have the knowledge and leadership skills necessary to successfully lead your business.

3. 表达个人能力和经验的句式

（1）I have established an outstanding reputation as a strong profit contributor.

（2）My work has led to the successful introduction of 12 new products, now accounting for over $250 million in annual sales revenues.

（3）In all cases I have been consistently recognized for my strong contributions and professional leadership.

（4）I utilized persistence, technical expertise and interpersonal skills to establish and build long-term relationships with a diverse customer base. I analyzed, evaluated and led entry into new market niches enabling the company to generate significant profits, and am recognized as a creative manager with strong strategic planning, communications, listening, and operational skills.

（5）I also have solid experience in quality assurance and led the application of control charting methodology in the real-time process control of a large insulation product line. This effort resulted in a 19% reduction in scrap and a 60% reduction in customer complaints.

（6）I have played a key role in helping to land over $50 million in site remediation engineering projects in the past two years alone.

（7）I have directed installation of order-tracking computer system that led to 20% reduction in order delivery time in 12 months.

（8）In the three years that I have been in this position, I have reduced agency fees by 60% (annual savings of $150,000) and reduced the interview-to-hire ratio from 6:1 to 3:1.

（9）During my 3 years with the company, I have managed rapid-growth business units expanding at annual growth rate of 45%+.

（10）In only one year, I improved production efficiency by 12% and decreased product damage by 65% through reconfiguration of high-volume product storage pattern.

4.3.3　求职信范例

下面，我们来看几个完整的英文求职信模板。

案例一：文章式求职信模板

Jxxx Yxxx

(xxx) xxx-xxxx | xxxxxx xxxxx, Apt xx, New York, NY xxxxx
xxxxxxxxx@xxxxxx.edu | www.linkedin.com/in/xxxxxx

April 16, 2020

Company Name

Dear Hiring Manager，

I am writing this letter to express my sincere interest in the <u>Junior Quantitative Trading Analyst</u> position posted on <u>LinkedIn</u>. After thoroughly reading through the requirements of this role, I believe my 5-year academic background in Quantitative Data Analytics/Statistical Modeling and professional experience have well prepared me for it, and I would like to become a valuable asset for <u>Company Name</u>.

My passion for <u>Quantitative Trading</u> has motivated me to select the Advanced Data Analysis with R/ MATLAB, Mathematical Modeling, and Database Management with SQL/C++ courses during my M.S. in Operations Research at Columbia University. In the classes, I led multiple teams to perform quantitative trading research, build portfolio optimization models, identify investment opportunities and pitch actionable trading strategies. We gathered, cleaned and verified data from several sources (e.g. Bloomberg, Thompson Reuters and Yahoo Finance), analyzed them primarily using Excel (e.g. VBA, Pivot-Table and Data Analytical Tools), R, MATLAB and Python; we worked in a team to develop, test and monitor pricing/risk management models (e.g. DCF, Monte Carlo Simulation and Regression Analysis) on equities, fixed income and derivatives, and presented the finished models in an understandable way.

To further acquire an insight about the real-world quantitative trading, I interned as a Quantitative Research Analyst in multiple companies from 2015 to 2017. During my internship at the KC Capital Management and the China Investment Securities, I conducted quantitative research on equities, futures and options using MATLAB, MySQL, VBA and R. I worked in a team to build single/ index equity return forecasting models and achieved 80%+ accuracy. We also performed daily P&L analysis to monitor and control trading risks; I initiated an Excel VBA program to automate the P&L process, boosting the operations efficiency by 40%. We also planned and implemented many arbitrage strategies, boosting our monthly returns by an average of 8%. I'm currently working as a part-time analyst at the Levelhead Capital Management where we primarily create and back-test quantitative value investing algorithms/strategeis.

Seeking to strengthen my leadership and sharpen my communication skills, I have exposed myself to diverse extracurricular activities. For example, I led RUC Statistical Intelligent Agency to conduct a campus satisfaction survey, receiving a record high 2,000+ feedback. In addition, I organized three on-campus TED speeches as an Executive Vice President in the TEDxRUC club. I am also a sports lover and have completed the 2016 Hong Kong Half Marathon, which further enhanced my persistence and patience.

I am excited to join and contribute to <u>Company Name</u> with all my skills. If you need any additional information, please feel free to contact me at (xxx) xxx-xxxx or xxxx.xxxx@xxxxxxx.edu. I look forward to discussing my qualifications with you in greater details. Thank you for your time and consideration.

Sincerely,

Jxxx Yxxx

案例二：列表式求职信模板

Lily，Liu

800 Dongchuan RD. Minhang District,

Shanghai，China 200241

+86（21）8027-0126

134-6666-6666

Oct, 17th, 2019

To XX

Dear Campus Recruiters,

I will be receiving my master degree in【Major Name】from【University Name】in March of next year. The position of【Position Name】, as posted on the website of【Website Name】is a surprisingly good match for my qualifications. With a sound educational background demonstrated and a keen desire to be part of a professional firm, I am submitting my resume and wish to apply for the position referred above.

My strong academic achievement and interest in【Position Field】would appear to be an excellent match for your needs. In addition, my extracurricular activities and internship experience have enabled me to develop the poise and maturity needed to effectively relate to customers. Your candidate description appears to be an excellent match with my personal profile.

Please consider the following:

You require	I offer
- Fresh graduate with degree in in Marketing or Business Administration	- Marketing in Business Administration with a GPA of 3.6/4, National Scholarship winner
- Related experience in both online and offline marketing - Outstanding leadership skills with good track record of extra-curriculum activities	- Marketing internship experience in Unilever and Meituan Dianping, participated in 2 marketing activities planning, - Vice president of Student Union, Excellent student cadres
- Creative and innovative thinker and planner with extensive knowledge	- During the internship, successfully improved the activity workflow to increase sales by 20%

- Quick learner, energetic, capable of working under pressure and working independently

- Familiarize marketing data analytical tool in one week and complete analysis report within tight agenda as a newcomer

- Strong oral and written communication skills in English

- CET-6 passed, BEC Vantage, IELTS (7.5)

I believe that these qualifications, along with my drive and enthusiasm, make me an excellent candidate for your opening. I hope to have the opportunity to meet with you.

Sincerely

刘莉莉

Lily Liu

Enclosure

4.3.4　邮件正文的求职信

　　作为邮件正文的英文求职信，在信头处不需要撰写地址和日期，个人签名和联系方式采用邮件签名的方式，无需再手写签名。正文内容尽可能简洁，力求在一屏内将核心能力阐述清楚。在附件中仅需附上个人简历即可，无需再附长篇的求职信，除非应聘公司有特殊要求。

第 5 章

简历的检查及劣势规避

在多次投递简历却没有得到回复时，我们应该对自己的简历进行检查和评估，对比那些优秀的简历，找到自己的不足之处并进行修改。优秀的简历是反复修改出来的，对于每一个需要靠简历找工作的求职者而言，没有完美的简历，只有更适合应聘岗位的简历。

5.1　简历细节问题检查

在招聘过程中，我们多次遇到过以下情况：求职者的简历中的电话号码少一位，邮箱地址不存在，错别字连篇……犯下如此低级的错误，注定会与心仪企业擦肩而过。所以，在制作好简历后，我们一定要对简历进行检查。

在简历撰写过程中，比较容易出错的地方主要有以下几个方面。

（1）基本信息栏：确保电话号码的位数和号码数字正确；充足话费，避免手机停机；在手机号码变更后，及时对简历中的联系方式进行更新；邮箱账号逐个字母校验；使用 126、163 等大品牌的邮箱，投递的时候不妨抄送一封给自己。

（2）日期：检查工作经历和教育经历的起止年月是否正确。

（3）格式：可以将简历用 A4 纸打印出来，直观地查看潜在的格式和书写规范性问题，其中主要包括以下几项：

①段落符一定要统一，一份简历仅用一种段落符号，且段落符之间要在垂直方向上对齐；

②模块与模块、段落与段落之间不要留有多余的回车空行；

③日期的格式要一致，比如用了"2017.07"这种写法，别的地方就不要写成"2017.7"或"2017 年 7 月"；

④保证整个页面左右两端对齐，同级段落缩进一致；

⑤上下页边距可以不一致，要注意适当留白，但是左右的页边距一定要一致；

（4）错别字和语法表达：英文简历可在 Word 中对单词的拼写问题进行检验；关于

语句通顺与否可以用 Grammarly（一款基于 AI 的在线语法纠正和校对工具）进行校验；中文简历中要小心输入法的自动联想功能导致的闹笑话情况。

（5）标点符号：中文简历中除了千分位符这样约定俗成的符号，其余一律用中文标点；英文简历用英文标点，两者切忌混用。

①使用段落符书写时，如果前面的每一段句末用分号，最下面的一段要用句号；如果句末不用标点，就统一都不使用。两种书写方式都可以，但是不可以混用；

②英文简历的标点符号后加空格。

（6）语句通顺：去掉累赘的、无意义的和有主观色彩的词汇；句中尽量不要写"你，我，他"等主语，尽可能用短句表达。

（7）作品链接：在项目经历等模块可以附上个人的作品，但是一定要确保链接（网站／网盘）能够正常打开，分享的作品没有失效。作品不在多而在于精，比如你发个 1G 以上的文件基本上不会有人打开和下载。

（8）简历格式和命名：在发送给雇主方时，简历务必保存成 PDF 格式，并按相应格式给该 PDF 文件命名。社会招聘可按照"姓名—应聘岗位—×年经验"命名，校园招聘可按照"姓名—毕业学校—应聘岗位"命名。

5.2　简历匹配性和表现力自查

相比信息错误，简历的匹配性和表现力是用人单位最为关注的点，也是简历优化的重点。在完成简历初稿的撰写后，不妨依次回答以下问题，并依次审阅每一段经历，看是否存在进一步优化的空间。

（1）匹配度检查：当前简历中的经历和相关描述是否已经尽可能贴合所应聘岗位的要求，是否用到了对应岗位常见的关键词。

（2）优劣势检查：是否在简历核心区域突出展示了个人的主要成就和核心优势，是否对自己的劣势进行了规避。

（3）数字化表达：经历部分是否运用数字进行了量化描述，以突出个人的成绩和贡献。

（4）结果导向性：是否在经历中突出了工作所取得的结果，而不是仅仅描述了工作的内容。

（5）语言简洁性：语言尽可能简洁明了，多用短句表达，避免出现语句不流畅和有语病等情况。

5.3　请他人帮助优化

简历要勤于修改，尤其是多拜托有经验的人士帮忙审阅。很多自己发现不了的问题，可能周围的人都可以帮你看出来。对于资深 HR 来说，一眼即可洞察简历中存在的细节问题，因此一定要对简历进行优化，不要因为低级错误而错失求职机会。

在检查简历之前，我们不妨列一个问题清单，以便向自己提问，也可以向周围的朋友提问。

（1）你觉得这份简历最适合的岗位是什么？

如果简历与目标求职岗位的要求相比仍存在较大的差距，就再努力寻找一下，看看有没有其他相对比较契合岗位需求的优势。

（2）你的优势和亮点有没有体现出来？

分析一下，为什么简历没有凸显出你的优势。

（3）有哪些需要量化的成绩没有使用数字化表达方式？

比如说只陈述做了哪些事情，没有体现具体的工作成果。如果是与岗位密切相关的数字，即使你不写，面试官也会在面试环节对关键数据进行提问。

（4）根据简历让周围人设置一些面试问题，看看是否可以流利回答。

一般面试环节有一半以上的问题都是围绕着简历发问，提前尝试围绕着简历上的经历在有限的时间里展示自己的相关优势，看是否遗漏了重要信息。

5.4　如何弥补个人劣势

对于在校学生或应届生来说，缺少实习经历是非常普遍的现象，很多同学还存在一些"硬伤"，例如学校不太知名、学习成绩不太好、所应聘岗位与自己所学专业不相关等。跨行求职者也是如此，即使在原来的岗位取得了不错的成绩，但是在跨行求职的时候这些并不能证明你一定能胜任新行业的新岗位。

这些劣势，有的可以通过自身的努力来改善，有的则无法在短期内弥补。这就要求我们在保证客观真实的前提下扬长避短，尽可能回避自己的劣势、突出自己的优势。世界上不存在完美的人，如果你的优势足够耀眼，用人单位也将更包容你的一些劣势。

5.4.1　缺少相关实习或工作经历

根据相关性的原则，如果工作或实习经历与应聘岗位不相关，一般没必要写在简历中。但这个原则一般是针对有多段实习或工作经历的情况，如果求职者实习或工作经历本来就比较匮乏，就没有必要删减这些经历，而是应客观地把这段经历中与应聘岗位相关的部分重点突出一下。例如，自己是学设计的，但是想应聘产品岗位，那么就重点突出自己在设计过程中如何与产品经理进行沟通，以及自己的一些想法或创意、所参与的产品工作流程等。再如，之前有过产品助理的实习经历，但是现在想应聘咨询行业，咨询行业对 PPT 制作、市场调研是非常重视的，而之前产品的 DEMO 展示 PPT 刚好又是自己设计的，自己还参与了用户研究和访谈工作，就不妨将这段经历重点突出一下，并将其放在最显眼的位置。虽然是同一段经历，但是因为我们描述和突出的重点不同，传递给 HR 的信息也是不同的，这将会直接影响简历筛选的结果。

5.4.1.1　用项目经历、培训经历突出自己的硬实力

与实习经历相比，项目经历、培训经历、比赛经历会有更强的灵活性和主动性。实习一般会要求一个比较长的时间，而项目和培训的时间一般较短，即便时间较长，也能够自主安排和协调。实习通常会有比较高的门槛，需要经过多次面试筛选，而项目和培训的门槛较低。随着网络课程的普及，很大一部分知识类的技能可以直接在线学习，学习进度可以由自己灵活掌控。一些大型的企业为了宣传自身品牌及为后续校招做人才储备，会赞助和发起一些比赛，如德勤税务大赛、毕马威商业案例大赛等，这些比赛都可以为自己的经历加分。此外，所参加的导师的研究课题、自己专业领域的课程设计和毕业设计、在校园里兼职或者在某个创业项目中承担什么角色等，都可以写在简历中，只需针对招聘信息修改一下重点突出的部分即可。

其实很多经验和学习机会是不需要别人赐予的。例如，想做新媒体运营，可以自己建个公众号，练习编辑、排版、策划活动等；想学编程开发，网上有很多课程，图书馆有大量的书籍，甚至一个复杂的练习都可以看成一个项目；想做商业和公司分析，学校有各种经济数据库，有合作的商业分析软件，完全可以支撑你去撰写一份感兴趣的商业报告……这些事情都可以利用自己闲散的时间去完成，其成果也都可以写在简历上。HR 非常反感的一点就是，应聘者天花乱坠地说一大堆，表示自己多喜欢这份工作、多想学习某项技能，但是却一直没有行动。这带给他们的印象只有两种：要不就是你惰性十足，执行力不够；要不就是你事实上并不喜欢这项工作。

5.4.1.2　学会从不相关的工作经历或校园经历中提取软实力

在简历中，企业最看重的是求职者以往经历中的数字化成果。但是在校生因为缺乏对应的实习及工作经验，加上学校所学课程与工作实操存在脱节，想要完全与岗位匹配

是非常困难的事情。用人单位对此也很清楚，所以在招聘应届生时，会更加注重"软实力"的筛选。

"软实力"也叫"可迁移性技能"（Transferable Skill），其实就是"情商"的社会学术语，其反映的是求职者自身固有的品质，比如我们通常所说的沟通能力、创新能力、组织管理和计划能力、领导力、学习和总结能力等都属于软实力的范畴。不同于外语能力、数据搜集能力、编程能力等硬技能，软实力因其天然的可迁移性，往往决定了一个人在职场的最终高度即"发展潜力"，因此在招聘过程中受到企业的高度重视。但由于软实力具有隐蔽性，所以无论是招聘方还是求职者，都需要利用一定的方式或技巧去挖掘这些隐藏的实力。

常见的软实力包括沟通能力（Communication Skills）、应变能力（Strain Capacity）、时间管理（Time Management）、能动性（Motivation）、团队协作（Teamwork）、解决问题的能力（Problem Solving Skills）、领导能力（Leadership）、抗压能力（Work under Pressure）、学习能力（Learning Ability）、规划能力（Planning Ability）、分析能力（Analytical Ability）等。绝大多数知名企业在选择人才时都对软实力有一定的标准或要求，如下面几家企业。

宝洁公司：

强烈的进取心，卓越的领导才能，较强的表达和交流能力，较强的分析能力、创造性，优秀的合作精神，正直的人格。

壳牌公司 CAR（T）人才标准：

C 是 Capacity，强调分析问题和解决问题的能力；

A 是 Achievement，强调实现目标的成就力；

R 是 Relationship，强调的是关系力；

T 是 Technical Skills，针对申请技术类岗位的人才。

GE（通用电气）的人才标准：

自信（Self Confidence）、主动（Initiative）、沟通（Communication）、灵活（Change Facilitation）、建立关系（Relationship Building）、团队领导力（Team Leadership）、果断（Decisiveness）、关注效率（Concern for Effectiveness）、技术能力（Technical Ability）（包括商业分析、财务能力、数据集成、创造性、控制力等）。

不同岗位对软技能的要求也大不相同。例如，营销类岗位比较看重沟通能力、抗压性、创意；产品类岗位，创造性、分析能力、规划能力更重要一些；项目管理类岗位则强调规划能力、领导力和团队协作能力。

对于学生而言，校园活动经历也能直接反映出这些软实力和相关品质。例如，在学校担任过社团、学生会等组织的干部，就会涉及开会演讲、团队招募建设、活动策划和组织落地、经费筹集、新闻稿撰写等。从一个人所担任的职位和所做的事情，可以直接看到其领导力、沟通能力和团队合作能力。

以下是一位应聘市场营销岗位的同学的组织活动经历范例（见图5-1）。

组织活动经历

XXX大学商学院学生会	外联部	副部长	2017.09–2018.09

- 负责学生会活动筹资，任职期间为学院筹接近3万元，成功洽谈了中博诚通、高顿财经等赞助商，并建立了长期合作关系，所带领的小组学院排名第一
- 策划主办了2017年首届学校商务实训营比赛，覆盖人群近1000人，撰写整个项目策划，并统筹25人团队完成整个项目落地
- 策划2017年市场营销系新生文化节，参与赞助商联络、广告形式落地等整个流程

XXX大学记者团		副团长	2017.09–2018.07

- 代表记者团进行嘉宾访谈，先后参与访谈了阿里巴巴CEO张勇、混沌研习社创始人李善友等10位企业成功人士，撰写的专题人物访谈文章平均阅读量3万+
- 策划并成功举办第一届"XX大学校园之光"征文比赛，辐射人群5000+，比赛参与人数253人，成功将其打造成为记者团品牌活动
- 日常事务中，负责记者团人员招募管理、团队建设，定期组织写作、摄影培训，结合热点与团队成员策划节日活动，2018年获得校优秀学生干部称号

图5-1 组织活动经历示例

可以看出，在外联部的经历，体现了该同学的沟通能力、销售能力、活动策划能力；在记者团的经历，体现了该同学的沟通能力、文章写作能力、首创精神及组织和管理能力。

往往一段不错的经历可以突出不止一项软实力，在撰写时，一般是先把自己有成就、印象深刻的一些经历都罗列出来，然后比对要应聘的具体岗位和公司，将经历中的事项对应到具体的软实力上。如果是经历不匹配、跨行跨专业求职，除了要在各个模块刻意突出这些软实力外，建议单列"个人总结"或"自我评价"模块，把硬实力和软实力一并按照项目列表的方式提炼出来，好让招聘方产生更为直观的印象。为了便于大家理解，下面我们看一个案例。

某运动品牌市场类岗位招聘应届生，该岗位要求应聘者有创新能力、策划能力、沟通能力、领导能力。某应聘者从来没有相关的实习经历，但是在大学期间举办过一场讲座，该场讲座的参与人数非常多，可以说是座无虚席，嘉宾对此也很满意。那么该求职者就可以通过深度挖掘此次活动的组织策划和宣传推广的方式，来凸显个人的软实力。

（1）领导力：带领学术部4人，在10天的时间内成功吸引了500人参与×××讲座，负责宣传方案制定、人员分工、预算投放、第三方合作、执行落地全流程工作。

（2）策划能力：利用××平台抽奖工具，配合巨幅海报，在课间走进每个班级发

放抽奖券；抽奖结果在讲座现场公布，最高奖可去××企业总部参观；设计 H5 传播页，讲座前期该页面的阅读量高达 5000 次。

（3）沟通能力（资源整合能力）：说服校方微博和本校拥有 10 万粉丝的大号发布此次讲座的信息，累计曝光达 20000 次。

对于已经工作的跨行求职者来说，同样可以从以往的工作经历中提炼自己的软实力。我们再看一个案例。

某求职者是一家证券公司的业务人员，主要负责业务承揽、产品销售工作，希望转型应聘风控类岗位。目标岗位主要负责客户金融风险防范、风控模型搭建，除要求对金融产品有所了解和拥有相关的经验外，还要求具有较强的逻辑分析能力、沟通协调能力和团队合作能力。在简历修改过程中，该求职者突出的软实力和硬实力如下。

（1）产品知识：熟悉股票、期货、分级基金、融资融券、场内场外期权等各个产品的交易规则，对监管规则也进行过系统化的学习和了解。

（2）岗位业务知识：通过了 FRM（金融风险管理师）一级考试，熟练掌握 Var 模型、灵敏度分析、信息熵、一致性风险度量模型（CVar 模型、ES 模型、DRM 模型）等。

（3）沟通和团队协作能力：参与组织投资者教育培训，协调各部门搭建培训内容框架，个人负责投资者风险教育，包括产品风险程度普及、仓位风险控制、穿仓风险防范等内容。

（4）分析能力：熟练使用 Wind 和东方财富 Choice 等数据提取及分析工具，基于 ARMA 模型（自回归滑动平均模型）对原油产品的历史数据进行分析，并结合国际形势的变化对原油开盘价范围进行预测，累计撰写日报和周报 30 余篇，预测准确率高达 80%。

一定要善于从以往的经历中挖掘与应聘岗位相对应的技能点，这些经历可能只是生活、学习、工作中的小事，但是因为你的参与促成了这件事情或者让这个事情发展得更好，那么都值得写出来。

5.4.1.3　通过技能证书突出自己的学习能力

如果求职者的学习能力比较强，可以将考取的与岗位相关的证书列在简历的醒目位置（如果没有考完或者考完一部分，可以用括号注明）。如果阅读过与岗位相关的书籍，也可以重点写出来，这既代表了你的知识储备，也代表了你的兴趣所在；但是如果没有认真看过就别写了，因为如果恰好面试官也读过这些书，可能面试的考题就来自其中。

5.4.2　专业不对口

专业不对口一般是由以下几个原因造成的。

（1）很多学生从小学到高中"两耳不闻窗外事，一心只读圣贤书"，几乎从来没有关注过职业规划的事，所以高考后填报大学专业的时候，没有明确的目标专业，只能追求热门或听专家推荐，导致自己选择了并不那么喜欢的专业。

（2）近年来国内高校开展了教育体制改革，所设立专业的应用性逐步增强，但是其更新速度依然无法赶上企业发展的速度，诸如短视频运营、人工智能、VR 这些新行业和新岗位不断涌现，而一些旧行业和旧技术又在不断消亡。

（3）有一些文理科专业，比如太空物理、环境科学、哲学、历史学、考古学等，就业面比较狭窄，如果毕业后不想从事本专业的工作，就只能跨专业求职了，这也就产生了专业不对口的问题。

新东方《2018 年高校应届毕业生就业报告》的数据显示，54.9% 的毕业生表示自己的就业岗位与大学所学专业毫无关系。

这个数据传达了两个信息：第一，专业不对口是一个相对普遍的现象；第二，企业对专业的要求并没有那么严格。当然，这并不是说专业是否对口无所谓，而是在拥有企业需要的能力这一前提下，你的原生专业相对而言并没有那么重要。

所以，在大学期间，如果你对什么知识或什么行业、什么岗位感兴趣，就大胆地去了解、去尝试，即便错过了转专业的最佳时期，也可以去其他院系旁听一些课程，辅修一个专业，到图书馆借一些书，考一些与目标行业相关的证书等。很多某领域的达人都不是科班出身，比如，阿里巴巴首席技术官王坚是心理学博士，大学期间旁听了计算机课程；刘强东大学学的是社会学，为了创业才学习了编程，经常在机房睡到早晨再去上课。不要让专业成为你求职的障碍，只要你肯吃苦、能持之以恒，你的能力不会逊色于科班出身的那些求职者。

在撰写简历时，我们可通过以下几个方法来提升自己跨专业求职的竞争力。

（1）重点突出相关专业的学位和课程信息。如果选择跨专业求职，应尽早进行职业规划，弥补相应专业的基础知识，申请第二专业、辅修或选修一些课程都是很好的途径。

（2）突出与应聘岗位相关的实习和项目信息。如果已经有了一份相关岗位的实习或工作经历，专业背景相对而言就显得不那么重要了。因为在企业看来，实习和工作才是实战场景，而大学的课程多数还停留在理论阶段。所以，如果专业不对口，就要尽可能早地通过一切可能有效的手段参加与目标岗位相关的实习和项目。

（3）突出考取的证书及阅读的书籍。跨专业求职时，应该多阅读与目标求职方向相关的书籍，抽时间考取与目标岗位相关的职业证书。每年有很多人通过司法考试进入法律行业，也有很多人通过 CPA 考试进入金融行业，证书虽然不能等同于胜任能力，但却是你拥有相关行业知识的证明，也是一些行业的刚性门槛。

随着工作经验的增多，专业背景的重要性会逐步下降，企业会越来越关注求职者在过往工作经历中所取得的成就。

5.4.3　学习成绩不好

大学所学的课程虽然不是每个人都能适应，但达到合格线保持在一定的分数区间并没有那么困难，如果挂科一大堆，用人单位潜意识里就会觉得这个学生可能沉迷于玩乐，缺乏自控力。如果不是，那就必须给用人单位一个非常合理的解释。现在国内很多高校都在执行绩点政策，文科／文理学院的 GPA 在 3.6 以上属于比较高，理科／工程学院的 GPA 在 3.2 以上属于比较高，如果个人的绩点在 2.5 以下，那就属于比较差的了。

不同行业、不同岗位对绩点的期望值是不一样的。例如，麦肯锡、BCG 等顶级的外企咨询公司倡导精英文化，不光要求名校背景，还要求绩点在 3.5 甚至 3.8 以上，一些投资银行、风险投资机构也是如此；而一些营销类、运营类的岗位，则对此没有那么苛刻的要求。不少企业在面试前，都会用图形推理、计算、阅读理解等相关的测试题目来对应聘者进行评估，在面试过程中甚至不会问及大学成绩，而是注重对工作实习经验和综合素质的考查。所以，如果成绩一般且无法改变，也不用太紧张，很多成绩一般的同学也都找到了心仪的好工作。但是，好的成绩会让自己处于更加主动的地位，不至于因此而错失好机会。

成绩一般写在简历的教育背景模块，如果成绩不好，就没必要写出绩点和排名；企业对此很在意的话自然会问，提前准备一个足够充分的理由即可。可以将自己与岗位相关的分数比较高的课程成绩列在"主修课程"或"相关课程"中，突出自己在部分学科领域扎实的功底。同时突出自己的实习经历、项目经历、校园组织经历，与学习成绩比起来，这些更有可能成为你获得工作机会的决定性因素。

5.4.4 "双非"或二本院校

首先讲一个很残酷的事实，有一些行业如金融、咨询等确实对毕业院校有着严格的限制，这是由行业的热度和岗位的属性决定的。如果你的学校不是名校，要正视而不是回避这一点，但也绝不该自怨自艾，而应当奋起追赶。2018 年全国本硕博毕业生达 820 多万，985 高校的毕业生占比仅为 4%，可见名校的学生数量只占很少一部分，更何况对于绝大多数用人单位而言，名校只是一个标签，更重要的还是个人能力。

如果非名校背景又想在毕业时有一个较高的起点，一种方式是通过读研或读博的方式刷新自己的最高学历背景，另一种方式就是增加自己的实习和项目经验，让该方面的优势取代教育背景方面的劣势，这两种方式相辅相成。不用太在意自己的起点，因为起点无法改变，你能努力争取的是未来，每天缩短一些差距，可能有一天一回头，那些原本看起来高不可攀的目标已经被你甩到了身后。

在简历的布局上，应届生一般将教育经历放置在最上面，但是有工作经验的求职者可以将学校教育经历放在最下面，因为工作经历和在工作中所取得的成就是企业更为看重的部分。那些学校普通但是实习经验丰富的同学不妨也采用这种布局。有的同学因为学校差，索性不填写学校信息，这种做法在学生求职阶段不太恰当，因为对于即将毕业的同学来说，母校是他们当下最重要的标签之一，懂得感恩和正视自己的过去是一种良好的品质，这种逃避就好比你因为父母贫穷而嫌弃他们，或者因为你任职的企业规模不大就避而不谈它带给你的成长，一个正直的面试官是不会喜欢这种做法的。

5.5　如何解决职业迷茫的问题

对于不少求职者而言，写不好简历并不是因为不会写，而是因为缺少经历或者在一些方面存在明显的缺陷，抑或对职业感到迷茫，找不到自己的兴趣点。以上情况往往是由于职业认知不足导致的，也是大学生群体中普遍存在的现象（见图 5-2）。

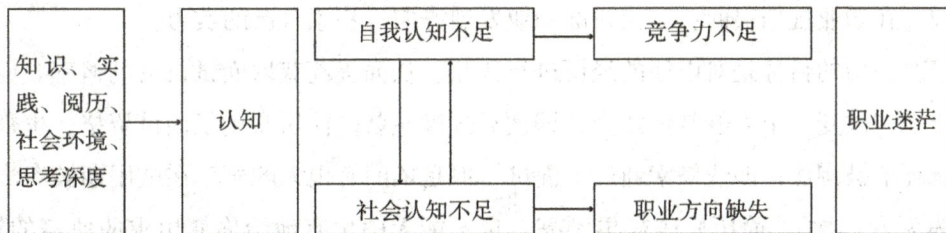

图 5-2　职业迷茫的原因

　　如果你刚好处于这个阶段，建议放平心态，从以下几个方面来解决该问题。

　　（1）在个人定位层面：降低早期求职预期。

　　个人求职竞争力的提升是一个漫长的过程，不管是在大学还是已经工作，保持勤奋学习和深度思考的习惯是让自己在职场取得竞争优势的唯一途径。但是，我们第一步要做的就是必须对个人的职业竞争力有清晰的认知，不要好高骛远去追求那些远超自己实际竞争力的岗位。如果当前阶段无论怎么争取都无法如愿以偿，一遍遍地受挫只会让你越来越悲观，同时也可能错过其他更合适的岗位，耽误最好的求职时机。

　　在这种情况下，不如找一份与自己当前实力相适应的岗位，这个岗位最好与你的梦想岗位有一定的相关性，比如说去不了大公司先去小公司，去不了四大会计师事务所先去八大会计师事务所，进不去甲方快消公司就先进乙方的数据公司或广告公司，在服务甲方的过程中积累经验和寻找跳槽机会。这些做法虽然不能让你"一步到位"，但是在此过程中能够积累相似的硬技能、软技能、行业资源和客户资源等，在工作中不断学习，丰富相关领域的经验，工作之余考取相关的证书，参加相关领域的培训、论坛等，等过了几年你会发现，原来遥不可及的目标突然变得近在咫尺。

　　竞争不激烈的公司往往是一些规模中等或者较小的公司，但这并不意味着这样的公司不好或者没有发展潜力，创始人靠谱、产品优秀、业内口碑好、不断涌入的风险投资等，都可能促使一家小公司在短短几年内发展成一家独角兽企业。这类公司因为规模小，没有形成雇主品牌形象，招人远比大企业困难，只要你足够勤奋好学，这些企业是非常愿意给你机会的。

　　此外，应届生求职还存在这样一个误区：很多同学觉得自己是名牌大学毕业，理所应当去大公司，理所应当享有与学校地位相匹配的高薪资；进公司应该有专门的培训，有人手把手不厌其烦地指导……这其实是一厢情愿的想法，大多数企业的招聘标准是该求职者是否具备足够的胜任能力并能够为企业贡献应有的价值，而不是看他的毕业学校是哪所。大学生作为经验欠缺的职场新丁，要对自己的能力和竞争力有清晰的认知，合理制定职业目标，切忌眼高手低。

　　（2）在职业规划层面：尽快找准职业发展方向，积累自己的实力。

　　修改简历的目标是对以往的经历进行优化，从而提高获取面试机会的概率。但是修改简历无法改变一个人的胜任能力，即便靠过度包装的简历拿到了面试资格，也很容易在面试环节被淘汰；即使侥幸通过了面试，但是依旧有很大的概率在试用期被淘汰。"巧妇难为无米之炊"，简历修改得再漂亮，也不能无中生有地给你变出求职所需的知识、技能、证书等。例如，很多金融行业的岗位都明确要求名校硕士学位，而你只是普通高校的本科生，那么更理性的规划路径应当是先努力考取一个该岗位目标院校的硕士；有些技术类岗位如开发、设计等，不仅需要掌握简单的 PS 或 Eclipse 技能，还需要阅读大量的书籍来充实个人的知识体系，并通过具体的项目实操不断总结经验和教训，以提升自己的综合实力。也就是说，要想在职业道路上取得成功，既需要明确职业方向，又需要在相关领域刻苦钻研。

有的同学在大学时期是老师眼中的优等生，成绩优异，校园活动也活跃，手持各种证书，但是到了求职时却手足无措了，完全搞不清求职方向，最后随意去了一家公司；工作几个月后发现不合适，就开始了频繁跳槽的职业道路，结果几年后还在基层打转。而有的同学在校期间表现一般，但职业规划合理，选好目标方向就全心全意投入其中，经过几年的积累，已成为某个行业的佼佼者了。这就很好地体现了职业规划的重要性，我们不要用战术上的勤奋来掩盖战略上的懒惰，大学期间除了学习和参加社团活动，尽早进行职业规划、积累相关的经验和知识同等重要。

除了上述两点，我们还可以通过以下方式寻求帮助。

第一，多与自己的学长学姐进行沟通，了解他们的求职历程、工作情况；如果对相关岗位感兴趣，可请他们帮忙推荐到企业去实习。

第二，通过查看各招聘网站上目标岗位的要求，了解对方要求掌握的知识和技能，明确自己需要努力的方向。

第三，通过知乎、应届生网等平台搜索相关问题及其解答；如果没有对应的问题，可以自己提出，并邀请相关领域的专业人士回答。

第四，在大学期间如果有时间，要尽可能多参加几份实习，这样不仅能提升个人的职业素养，而且可以丰富自己的职业认知，明确自己喜欢什么职业、不喜欢什么职业。

第五，诸如在行、职徒简历这样的平台有各行业的导师可提供一对一的咨询服务，不妨找对应领域的导师帮助自己梳理职业发展路线，并给予简历制作及面试过程的辅导。

第 6 章

简历的投递

目前，企业发布招聘信息的平台主要有招聘网站、企业官网及官方微信公众号等；对应的投递方式包括求职网站投递、企业官网投递、邮件投递、招聘会及宣讲会投递等。对于刚开始寻找实习机会、经验欠缺的同学来说，一来对各行业和真实的职场了解甚少，二来除了校园经历外没有太多的竞争力，此时不妨"饥不择食"一些，遇到自己感兴趣的岗位就投递一下简历，尽快积攒早期职业经历，同时辅助职业规划定位。但是越往后期，职业方向应当越明确，简历投递也应当聚焦到某个行业、某个岗位甚至是某个公司。"弱水三千，只取一瓢饮"，拿到一个让自己心满意足的 offer，比拿了一堆杂七杂八的 offer 更有实际意义。

通常来说，不同简历投递方式的通过率从高到低排列为：内部人士推荐（内推），招聘会现场投递，邮件投递，企业官网申请，第三方招聘网站投递。曝光量越大的岗位吸引的申请者越多，竞争也就会越激烈。

接下来，我们根据简历投递的不同场景进行细分，介绍在投递过程中需要注意的要点，以提升简历通过审核的概率。

1. 内推

很多大企业都有内部推荐机制。一方面，自己的员工是因为在背景和能力方面符合公司的要求才会被录用的，人以类聚，员工身边的朋友一般背景和能力与其接近，很大概率也符合公司的录用要求；另一方面，员工在公司工作，更清楚相关岗位的工作内容和用人标准，在推荐时也会着重推荐他认为合适的人。内推方式大大降低了公司的招聘成本，节约了招聘时间和宣传经费，以及因选错人而浪费的工资成本等，所以越来越受到企业的推崇。

如今，不少企业针对内部推荐制定了激励措施，员工推荐他人成功入职，可以领取推荐奖金。《第一财经周刊》上有一篇报道称："以网易为例，其内推人才的 offer 占比为 40% 左右，而在阿里巴巴，这个比例是 49%，百度和腾讯的内推比例则超过了 50%。顶级互联网公司的很多岗位都通过内部推荐解决，甚至不公开发招聘信息。"推荐机制在欧美职场更为常见，很多人通过领英等平台求职，本质上就是内推；在国内，可以通过校友、朋友、前同事等关系实现内推。

2. 招聘会投递

招聘会现场投递是一个简历投递与面试相结合的过程，因为往往求职者在投递简历的同时也会参加一个简短的面试，即便简历存在瑕疵，也能通过与 HR 面对面的沟通，更充分地展示自己的真实水平。招聘会的主要形式有企业的校园宣讲会、大型的人才双选会等。在招聘会上，多数企业会现场安排进行简短的面试；在宣讲会上，多数企业也会现场收简历并有私下答疑时间。虽然这是一种不错的提升简历通过率的方式，但是整个过程相对低效。

3. 邮件投递

企业会将招聘信息公布在多个平台，如企业官网、官方微信号、目标院校的 BBS、相关专业领域的论坛社区、报纸、求职类微信群甚至 HR 个人的朋友圈等，发布的信息包括岗位名称、工作内容、岗位要求、投递邮箱、公司介绍等。在有招聘方邮箱的前提下，建议大家尽量直接投递到招聘方邮箱，而不通过第三方平台，这样会更直接更高效，招聘方也方便通过直接回复邮件的方式联系你。现在有不少第三方平台为了方便求职者而设置了快捷投递功能，很多求职者为了增加面试机会，连岗位信息都没看就盲目投递简历，久而久之招聘方会觉得很多通过第三方平台投递的都是无效候选人，从而失去与其联系的兴趣。

4. 企业官网申请

一些大型企业往往搭建了自己的网申系统，一般而言企业对自身的招聘渠道会投入更多的精力去维护，同时因为招聘系统可以对简历进行筛选和分类，所以提升了 HR 筛选的效率。但是有些企业官网的招聘信息往往存在一定的滞后性，有的岗位可能已经招满了，但是相应的招聘信息仍然没有撤下来。

5. 第三方招聘网站

几乎所有的企业都会使用第三方招聘平台进行招聘，因为这类招聘平台上本身就聚集了大量的求职者，招聘信息在发布后会得到大量的曝光，同时招聘平台往往自带招聘管理系统，这是中小企业无法自行搭建的。例如，很多大型招聘平台自带 ATS 系统，可以利用系统关键词对简历进行初步筛选，把不符合预设关键词的简历过滤掉。这也意味着如果你不注意在简历描述中加入应聘岗位的关键词，简历就很可能被系统过滤掉而无法到达 HR 的手中。

以上方式总体可划分为邮箱投递、通过招聘系统投递（官网、第三方招聘平台）以及招聘会和宣讲会现场投递。下面我们依次讲解这几种投递方式的注意事项。

6.1　邮件投递的注意事项

通过邮箱投递简历是一种比较高效的简历投递方式，下面我们看下该方式需要注意哪些事项。

6.1.1　邮箱的设置

（1）邮箱选择。

优先选择 126、163 等大品牌的邮箱；如果选择用 QQ 邮箱，可在设置界面将其与 Foxmail 邮箱绑定；不建议使用高校教育网邮箱或其他小众品牌邮箱，因为所发邮件容易被部分企业邮箱系统当作垃圾邮件过滤掉。

（2）邮箱名称。

在求职期间务必将邮箱名称设为与自己的真实姓名一致，或与个人中文名称相对应的英文名。使用 QQ 邮箱的一定要记着更改昵称。

建议使用自己的中文名或英文名的全拼或缩写；如果已经被注册，还可以采用英文名 + 中文姓氏、中文拼音 + 数字（注册日期、生日数字、幸运数字等）等形式，整体字符不建议超过 10 个。好的用户名可以让对方一看到就能与你本人对应起来。

6.1.2　邮件标题

邮件标题直接决定了简历被打开的概率，这就跟你在微信里看到一篇文章，只有标题吸引你了你才会打开是一个道理。标题应突出自己的姓名、应聘岗位及其他有助于你申请到这个职位的要点，而且这些点是必须满足的刚性要求。例如，企业要求有相关工作经验，你就要在标题中突出自己在某个领域有多少年的相关经验；企业对学校或者专业有明确的要求，就要在标题里写上学校名称。

为了便于理解，我们看下面几个例子：

王小华—上海财经大学—数据分析岗（突出学校）；

牛萌萌—上海交通大学—咨询师助理—每周可实习 3 天（突出学校、实习天数）；

张大力—Java 开发岗—2 年工作经验，曾就职于华为（突出工作经验）；

李明—同济大学—车辆工程—产品开发岗（突出学校和专业）。

很多招聘信息会明确说明邮件主题的命名格式，如果有格式要求，就按照招聘方要求的格式书写。此外，如果在邮箱中添加附件简历，简历名称要和邮件主题保持一致。

6.1.3　邮件正文

邮件正文也就是前面章节中所提到的求职信。在使用邮箱投递简历时务必要撰写邮件正文，如果正文空白不仅会显得很不专业，也很容易被邮箱自带的反垃圾系统屏蔽。一般而言，如果招聘岗位是全英文描述，则邮件正文建议也用英语撰写，投递国内的内资企业一般用中文即可（见图 6-1）。

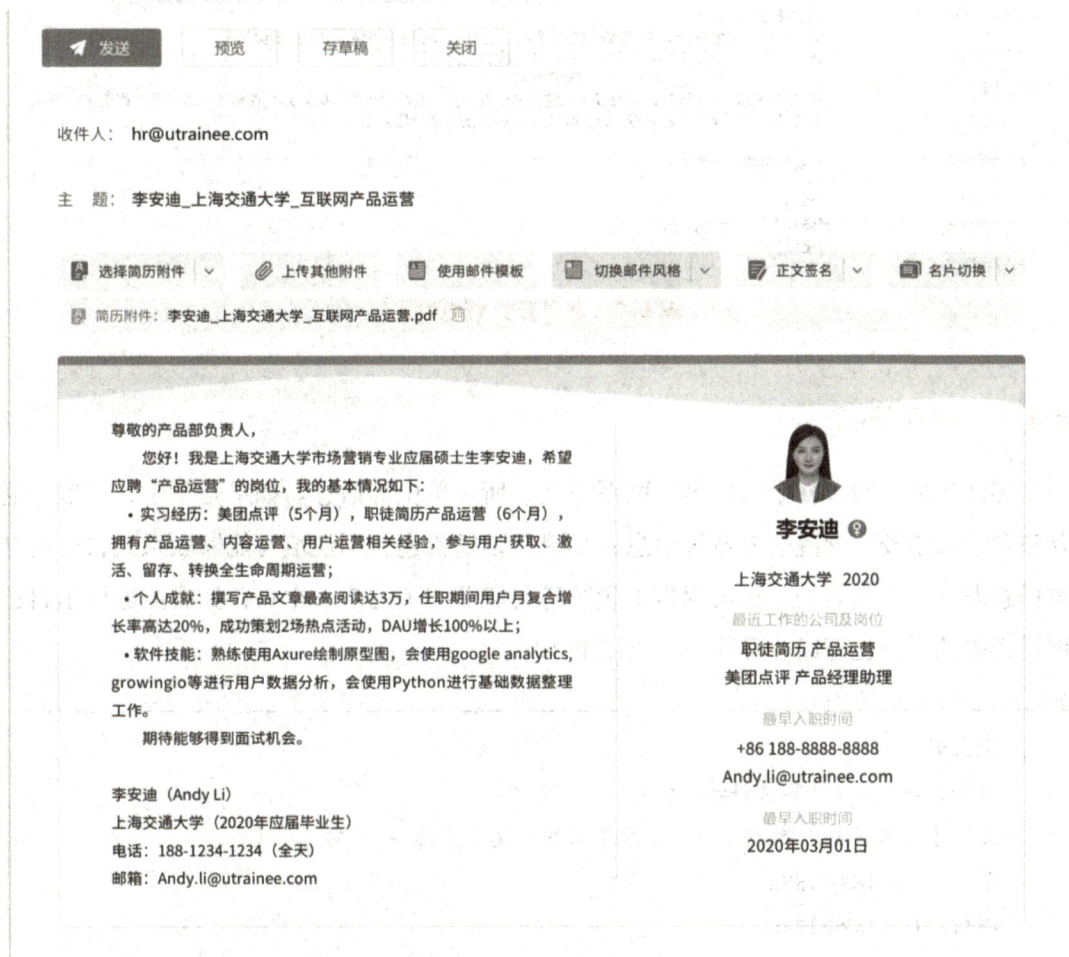

图 6-1　邮件正文示例

因为所投递岗位的类型不同，求职信应当针对不同的岗位有针对性地书写，但是由于主体内容大多相似，也没必要每次都重复撰写。很多邮箱如职徒简历的邮箱系统都提供了正文模板设置功能，可以在此保存个人专属的简历模板，在下次投递时选择相似岗位的模板，对称谓和应聘岗位的具体名称进行简单修改即可（见图 6-2）。

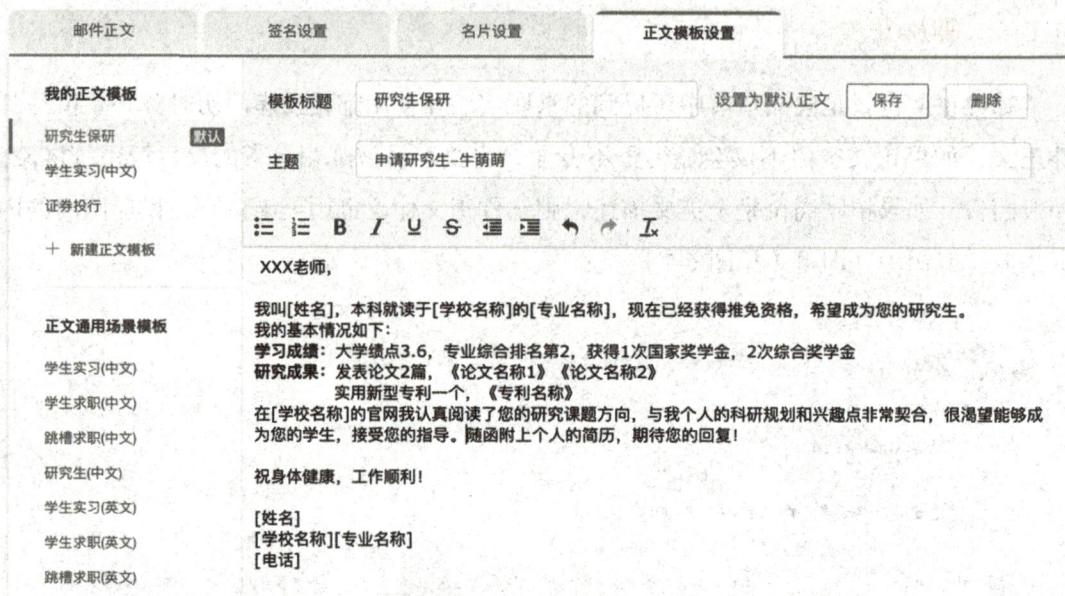

图 6-2　邮件正文模板设置

6.1.4　邮件签名

邮件签名一般包括个人姓名、联系方式、所在单位等信息。如果是学生，一般还需要包含个人学校、学院、专业等信息；如果是跳槽投递，则仅填写能够联系到自己的基本信息即可。在签名处，还可附带上领英等与职业相关的个人主页，如有能够展示自己项目经验的主页也可以一并附上（见图 6-3）。

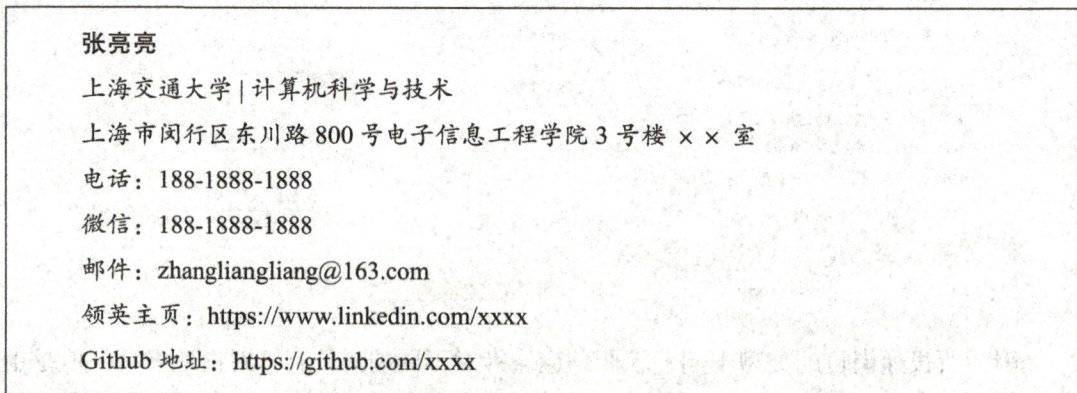

张亮亮

上海交通大学 | 计算机科学与技术

上海市闵行区东川路 800 号电子信息工程学院 3 号楼 ×× 室

电话：188-1888-1888

微信：188-1888-1888

邮件：zhangliangliang@163.com

领英主页：https://www.linkedin.com/xxxx

Github 地址：https://github.com/xxxx

图 6-3　邮件签名示例

有些邮箱提供了设置签名的功能，可以将签名设置为名片的样式。例如，职徒简历设置了求职名片功能，可以将求职者的关键信息以名片的形式醒目地显示出来，便于用人方快速掌握求职者的重点信息（见图 6-4）。

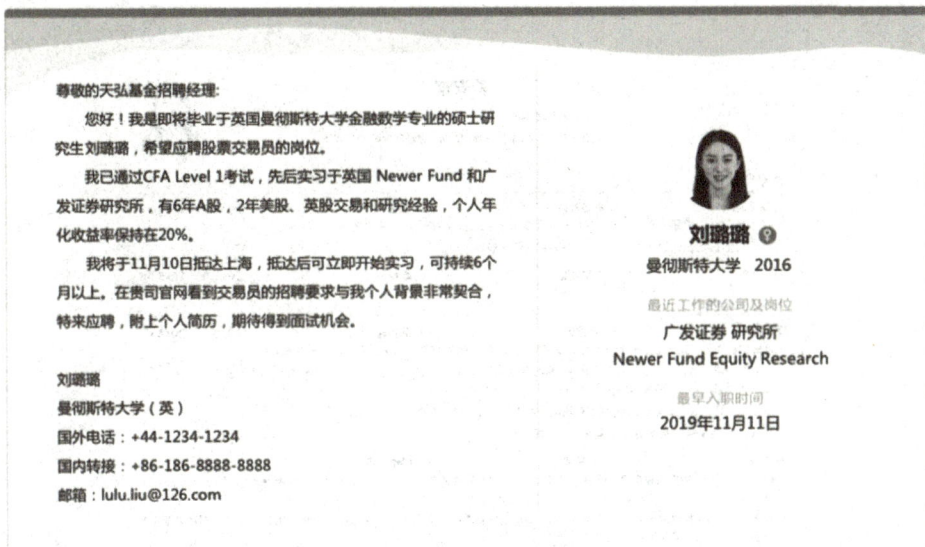

邮件正文：

尊敬的天弘基金招聘经理：

　　您好！我是即将毕业于英国曼彻斯特大学金融数学专业的硕士研究生刘璐璐，希望应聘股票交易员的岗位。

　　我已通过CFA Level 1考试，先后实习于英国 Newer Fund 和广发证券研究所，有6年A股，2年美股、英股交易和研究经验，个人年化收益率保持在20%。

　　我将于11月10日抵达上海，抵达后可立即开始实习，可持续6个月以上。在贵司官网看到交易员的招聘要求与我个人背景非常契合，特来应聘，附上个人简历，期待得到面试机会。

刘璐璐
曼彻斯特大学（英）
国外电话：+44-1234-1234
国内转接：+86-186-8888-8888
邮箱：lulu.liu@126.com

刘璐璐
曼彻斯特大学　2016

最近工作的公司及岗位
广发证券 研究所
Newer Fund Equity Research

最早入职时间
2019年11月11日

图 6-4　求职名片示例

6.1.5　邮件正文粘贴个人简历

部分企业邮箱对附件的大小会有限制，如果超过规定的附件最大值，则邮件会被退回。同时，由于正版软件相对比较昂贵，有些企业往往会存在使用旧版软件的情况。例如，2012 年我在一家企业工作的时候，员工统一配置的办公软件是 Office 1997，如果你发送过来的是用最新版本的 Word 制作的简历，那么该公司的 HR 是打不开这份简历的。为了避免上述意外情况的发生，建议除了将简历作为附件上传外，还应同时粘贴到邮件正文，这样也方便 HR 不用下载附件即可直接查看简历，更加高效快捷。

但是在确保格式不变的前提下将简历粘贴到邮件正文并非易事。如果是在 Word 里创建的个人简历，常见的方法是将视图切换为"Web 版式"，在该视图模式下将简历复制粘贴到邮件中。不过该方法仅适用于格式极为简单、只有文字而没有任何图片的简历，否则容易出现乱码。如果是在职徒简历里创建的简历，插入邮件正文就极其简单了，仅需选择对应简历点击一下"插入简历"，即可一键将简历插入邮件正文，且保持所插入简历的格式完全不变（见图 6-5）。

图 6-5　在邮件正文插入简历

6.1.6　邮件附件

常见的求职邮件的附件有个人简历、作品集、求职信、学历资质证明文件等。

（1）简历：这是必须要有的文件，命名格式可参考邮件主题，如"姓名—毕业学校—应聘岗位"。如果发送多个附件，可在文件开头标注"简历"，如"简历—张芳芳—

复旦大学—证券分析师"。

简历优先使用 PDF 格式，以保证阅读者打开后其排版格式不会错乱。

如果求职国内企业，一般仅需投递中文简历即可，除非招聘方明确要求同时提供英文简历；如果求职国外的企业，则附件仅需投递英文简历即可；如果雇主方是外资企业，或者所求职的公司为大型跨国公司，岗位所在地为中国，且在招聘信息中没有明确说明，则建议将中文简历和英文简历合并在一个 PDF 文件里，第一页是中文简历，第二页是英文简历，不要分成两个附件发送。

（2）**作品集**：求职设计、策划、咨询等相关岗位时，作品集、相关的研究报告是必需文件，也可以以网盘链接的形式放置在邮件正文或者简历中。作品应尽可能合并在一个文档中，不要进行打包压缩，仅挑选有代表性的即可，质优于量。作品集需要命名，如"作品名称—姓名"。

（3）**求职信**：除非招聘方有特别要求，一般无需添加。如果要发，可以命名为"求职信—姓名"。

（4）**学历资质等其他文件**：除非招聘方有特别要求，一般无需添加。如果要发，可以命名为"文件名称—姓名"。对于涉及身份信息的文件，为了个人信息安全，最好在文件中加上"此文件仅用于申请 ×× 公司 ×× 岗位使用"等类似的水印。

在文件不是很多的情况下，不建议将其打包压缩成 ZIP 或 RAR 等格式，因为不是所有 HR 的电脑里都有解压缩软件。

附件的整体大小不建议超过 20M，若附件过大，在发送后要留意是否会被退回，因为不少公司的邮件系统会有最大附件的限制。同时，下载大文件也需要占用对方的电脑空间和工作时间，所以尽量不要传与应聘不直接相关或对方没有要求发送的文件。如果作品比较大，最好是将其放置在网盘里，或者做成能够在线观看无需下载的形式。

6.1.7　邮件管理工具

很多人都有多个电子邮箱账户，但是并不是每个人都能做到每天登录所有邮箱进行邮件的收发。为了便于邮件管理，最好的方式是下载一个邮件管理工具，如网易邮箱大师、Outlook、Foxmail、苹果 OS 系统自带的邮件管理工具等。其中，网易邮箱大师对中文的兼容性和用户体验性都相对较优。

因为涉及在第三方的客户端登录邮件，因此使用邮箱管理工具时需要开通对应邮箱的 POP/SMTP 协议。下面我们以 QQ 邮箱为例进行示范。

第一步，在邮箱设置—账户—账户安全界面，找到协议开通地址（见图 6-6）。

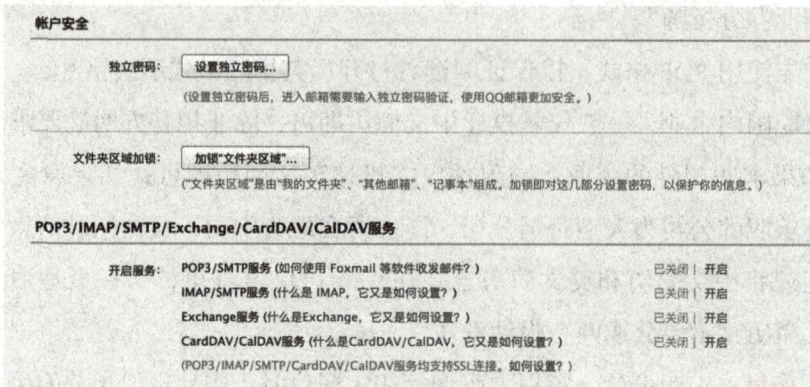

图 6-6　找到协议开通地址

第二步，点击"开启"，按照对应要求发送验证码，先后开启 POP3/SMTP 服务，以及 IMAP/SMTP 服务（见图 6-7）。

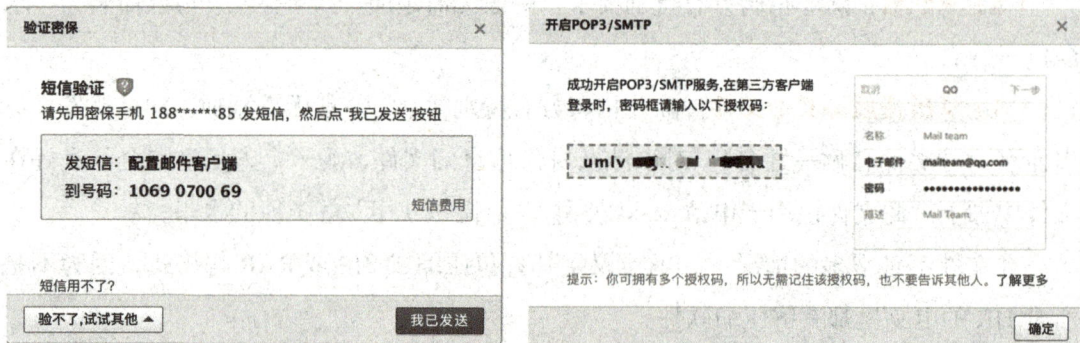

图 6-7　短信验证并开启服务

第三步，登录网易邮箱大师，输入账号和对应的授权码，即可进行登录（见图 6-8）。

图 6-8　登录网易邮箱大师

第四步，登录后，测试一下收件和发件，确保其功能正常。

6.1.8　邮件发送时间的选择

选择合适的邮件发送时间，可以让自己的简历优先曝光。《2016 网易个人电子邮箱用户行为研究报告》显示，网易邮箱的登录高峰区间为上午 9:00—11:00 和下午 15:00—17:00，而 11:00 和 17:00 则是一天中的发件高峰期（见图 6-9）。

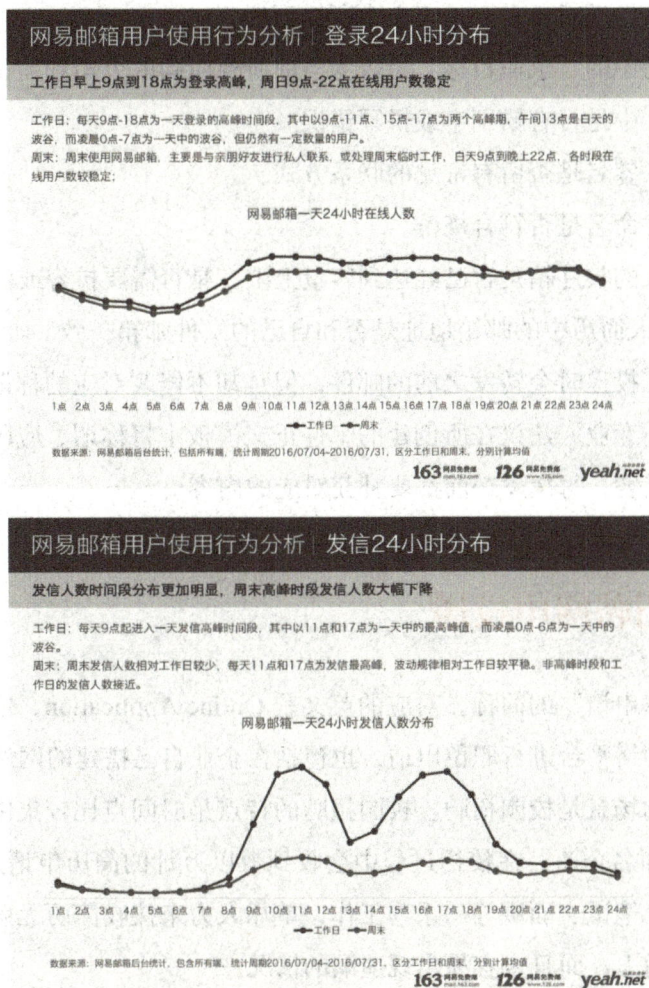

图 6-9　网易邮箱的登录时间和发件人数分布

我们既需要避开每日的发件高峰期，又要让 HR 最先看到你的邮件，所以发件时间推荐为每日上午的 8:30—9:00，这样可以保证每天早晨 HR 打开邮箱时，你的简历可以出现在最前列。现在不少邮件服务商都提供定时发送功能，不妨将一些邮件设置为定时发送，以争取最好的简历曝光时机。

6.1.9　邮件发送前的检查

在通过邮件发送简历前，我们应当进行常规的检查，检查内容主要包括以下几点。

（1）检查邮箱的地址是否正确，招聘方是否有抄送需求。建议将邮件抄送给自己一份，便于在发送之后查看有无问题并及时补救。

（2）检查邮件标题是否符合招聘方的要求。

（3）检查招聘方的称谓是否正确。

（4）检查邮件发送对象是否是正文中所提到的公司。

（5）检查简历中的"求职目标"是否为当前所要应聘的公司和岗位。

（6）检查正文中是否有错别字或拼写错误。

（7）检查个人签名是否留有常见的联系方式。

（8）检查附件命名是否符合规范。

（9）检查个人的收件箱是否已经达到容量上限，是否需要扩容或清空。

（10）检查个人简历中的邮箱地址是否和自己的发件邮箱一致。

很多求职者在投递时会转发之前的邮件，但是却不修改对应的称谓，这样发送过去的邮件会显得很不专业。建议在所创建的邮件正文模板中将称谓、应聘公司、应聘岗位等用"×××"代替，每次发送前都要补充对应的内容。

6.2　校园招聘网申投递

网申即"网络申请"的简称，对应的英文是 Online Application，主要是指在前程无忧、智联招聘等网络平台进行职位申请，也包括在企业自己搭建的网站申请。

网申最常见的场景是校园招聘。校园招聘的特点是时间点比较集中、应聘人数比较多，尤其是那些知名企业，在校招过程中会收到数以万计的简历申请，HR 要在短时间内完成简历筛选、笔试、面试等一系列工作，单靠人力来接收简历无疑会将大量的时间耗费在筛选和沟通上，而且也容易出现遗漏的情况。

针对这种情况，很多企业采用了个性化的网申系统。利用该系统，企业不仅可以通过设置诸如工作地点、毕业院校、专业之类的关键词对简历进行初步筛选，而且还能对申请的邮件进行统一存储和分类管理，从而有助于搭建企业的人才库系统；某些优秀的人才即便现在无法录取，后续有合适岗位时也可对其进行进一步的跟进。

对于应届毕业生而言，网申是耗时最长、淘汰率最高，但是又不得不使用的一个求职通道，因为这是很多人在校招期间进入知名企业的唯一路径。而由于应届生的职业发展方向往往没有完全定型，企业也会放低对其工作经验的要求，所以他们可申请的行业和岗位的范围会相对宽泛，这也意味着大多数应届生会同时申请多家企业的多个岗位。最初的网申一般只需要填写一份在线简历即可；随着招聘系统的完善，现在很多企业都在原来的基础上增加了开放式问题、网络测试等环节。对于学生而言，一天能做完 3~5 个企业的网申已经十分不易。而企业通过这种方式提高了申请的门槛，也可以让一些盲目投递者知难而退。

在这一章，我们将对校园招聘的网申做重点讲解，也会就使用第三方招聘平台求职的一些小技巧进行说明。

6.2.1　校园招聘网申前的准备

完成一次网申大概需要 2 小时，且每家公司的招聘系统都有差异；在网申前提前做好准备，不仅可以提高网申效率，也有助于提高网申通过率。网申前的准备工作通常有以下几点。

6.2.1.1　选择主流的浏览器

企业招聘所使用的招聘系统主要有自行搭建和第三方外包两种。

例如，中信证券、广发证券、麦肯锡、通用电气、一汽大众等企业均有自己搭建的招聘系统，也有企业在北森、大易等第三方软件提供商的基础上进行招聘系统的二次开发。这些企业普遍规模比较大，有完整的人力资源团队和招聘渠道，企业品牌在行业内有一定的影响力。

校园招聘不同于社会招聘，企业需要在 2~3 个月时间内完成在多个高校的宣讲会、简历收集和筛选、笔试、面试、录取等多项工作，整个过程伴随着招聘信息的全网曝光、线下部署协作及各个高校关系资源的搭建，所以不少企业会将招聘流程中的网申系统部署、宣讲会落地、简历筛选等环节外包给一些老牌的招聘网站，比如美世咨询、博时基金、百事、上海证券交易所等采用的都是前程无忧的招聘系统，OPPO、国金证券、北汽集团、浦发银行等采用的是智联招聘的系统。

因为企业网站服务商不同，不少外资企业的服务器都搭建在国外，访问速度会比国内网站慢一些。为了保证网申整个流程的流畅性，求职者在电脑、网络、浏览器方面均需提前准备一下。

（1）电脑：操作系统方面，Windows 和 Mac 均可，在网申时不要打开太多页面和运行太多程序，防止不必要的应用占用内存，导致申请过程中网页崩溃。

（2）浏览器：安装至少两个不同内核的主流浏览器，避免出现网申的平台与某些浏览器不兼容的情况。推荐使用谷歌 Chrome 和 360 浏览器，谷歌是全球使用范围最广的浏览器，而 360 浏览器采用 IE 内核，兼容模式等同于 IE，各类功能相对完善。这两款浏览器组合使用，基本上能够应对绝大多数网申场景。

（3）网络：国外网站的打开速度普遍要慢于国内网站，尤其是笔试环节，往往要求在限定的时间内完成，为了避免出现网页卡顿，尽可能选择速度快的网络，同时避免在网申高峰期去申请。

6.2.1.2　制订申请计划和制作简历

在校园招聘季，如果缺乏职业规划，想把所有感兴趣的企业都申请一遍是不现实的。盲目申请既浪费了大量的时间和精力，也降低了网申通过率。

如果到了网申阶段才发现自己的职业规划存在问题，建议分析自己的经历，找出自己在特定行业和岗位的竞争优势，同时聚焦一些自己感兴趣的岗位，围绕着个人竞争优势和兴趣限定网申范围，切忌见一个申请一个。

基本的步骤如下：

（1）找出自己的兴趣和优势，确定想要从事的行业；

（2）将该行业内的重点公司罗列出来，顺便查看一下这些公司以往的网申开放时间；

（3）确定求职的目标岗位；

（4）整理目标岗位的招聘要求，提取关键词信息，针对具体岗位进行简历优化；

（5）如存在多个类型的目标岗位，应当提前创建不同的与岗位相匹配的简历。

提取关键词是为了让简历尽可能地匹配企业的 ATS 系统（申请人跟踪系统），也便于找到自己应聘这个岗位可能存在的不足。关键词除了可以人工提炼总结外，也可以借助第三方的词频分析软件，如图悦（www.picdata.cn）等。将几个同类岗位的招聘要求粘贴到该软件，即可分析得出其中出现频率较高的词汇。例如，下面是某公司新媒体运营岗位的招聘要求。

工作内容：

1. 负责微博、公众号等平台的选题策划、内容撰写和日常运营；

2. 可以独立策划选题、生产内容，协助完成多种渠道（包括短视频）的内容策划和运营推广；

3. 结合日常话题、综合性活动和热点事件，策划线上线下活动，并协助执行；

4.负责新媒体平台数据的监控和跟踪，通过数据有效分析运营效果，提出改进方案；通过内容及活动运营，加强与用户的互动；

5.熟悉各类平台资源，跟踪各平台运营数据及推广效果，分析数据并及时反馈；

6.协助内部项目沟通及日常事务性管理。

我们需要你：

1.熟悉微博、微信、抖音等社交平台，兴趣广泛，了解用户需求；

2.对影视、娱乐、新媒体产业有热情、有兴趣；思维活跃，了解新媒体的各种形式；

3.拥有基本文案能力和视觉审美，能编会写有创意，善于捕捉热点；沟通、执行力强；

4.善于挖掘内容热点，有新闻敏感度，能独立成稿；

5.具备良好的沟通能力和合作意识，抗压能力强；具有强大的自驱力和学习能力；

6.有平面设计能力，会PS，懂得剪辑者优先。

注：在邮件中，以附件形式提交以往推送的作品链接或个人剪辑的视频作品。

我们将这则招聘信息粘贴到图悦并分析后，导出Excel，得到如下表格（见图6-10）。可以看到，"运营""策划""数据"均为高频出现的词汇。

关键词	词频	权重
运营	5	1
策划	4	0.9642
数据	4	0.9436
新媒体	3	0.9422
热点	3	0.9141
沟通	3	0.8952
选题	2	0.8828
微博	2	0.8697
独立	2	0.8586
跟踪	2	0.8571
推广	2	0.856
兴趣	2	0.8335
短视频	1	0.8024
撰写	1	0.7908
剪辑	2	0.7901
上线	1	0.7863
事务性	1	0.785
综合性	1	0.783
渠道	1	0.7828
生产	1	0.7789
监控	1	0.7777
改进	1	0.7736
互动	1	0.7726
反馈	1	0.7684
社交	1	0.7677

图6-10 关键词分析结果

另外一种方法就是直接查看招聘信息下面所列举的关键词（见图6-11）。

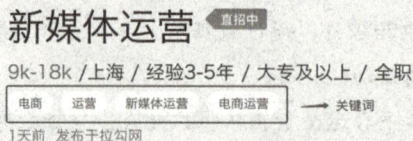

图 6-11　某企业招聘信息中的关键词

不同企业的网申时间会有所不同，有的公司 8 月份就启动校招，有的要等到 11 月中旬才启动。为了避免措手不及或错过招聘时间，我们就要化被动为主动，提前制订申请计划。

一般每年的秋招旺季是 9 月到 11 月，建议在 8 月前就制订好申请计划，同时选择 30 ~ 50 家企业作为重点目标，计划表中需要包含公司名称、预计网申启动时间、网申地址等信息。

6.2.1.3　简历投递记录跟进表

在网申进程中，因为要登录到不同的系统进行申请，必然会注册多个申请账号，同时每个企业的招聘进度都不相同，为了有效地对申请进度进行管理，并总结自己的网申经验，制作一份"简历投递记录跟进表"是非常有必要的。

"网申计划表"和"简历投递记录跟进表"可以组合使用，放在一个 Excel 工作簿中。前者就像是一个任务清单，作为网申期间重点完成的任务，尽可能一个不漏；后者针对所有网申过的企业进行较为详细的记录，记录内容要包含公司名称、岗位名称、申请链接、网申截止日期、对应网站的用户名和密码、现在所处状态、企业来电等信息，每进行一次网申即记录一条。如果某企业已经开放了网申，但是还来不及申请，也一并记入进行统一的网申管理；接到 HR 的面试通知时也要将其电话号码记录到表上，以便在面试之后及时跟进并进行适当补救。

下面是一张跟进表的示例，随着网申日期的临近，会变换不同的颜色，也可以直接下拉对当年的网申状态进行选择和切换（见图 6-12）。如果有需要，可以关注"职徒简历"微信公众号，回复"网申"即可获取此表格。针对邮件投递、招聘会投递等也可以采用本表，只需要增加一列备注"投递渠道"即可。

图 6-12　跟进表示例

需要注意的是，一般网申的时间是一两个月，申请的时间段建议安排在开放日期的 5 天后和截止日期的 5 天前。刚开放申请时，往往申请人数众多，会存在服务器拥堵、网页打开慢的现象，同时晚几天申请也可以通过分享前面申请的同学的一些经验了解该企业网申和在线测试的基本情况。

千万不要压着截止日期去申请，因为招聘方并非到截止日期才开始筛选收到的简历，大多数企业采用的都是滚动录取的方式，开放时间进行到一半就开始批量通知面试了，而每个岗位的招聘名额都是有明确规定的，如果前面满足条件的人足够多，或者已经招聘到了合适的人，即便没有到截止日期，后面的申请他们也都不会再看了（HR 部门的绩效已经完成了）。所以，压着截止日期去申请会极大地降低网申的通过率。

6.2.2　网申信息填写

校园招聘的标准化流程一般为：网申—笔试—部门面试—HR 面试—录取（见图 6-13）。不同企业的招聘流程不同，有的企业网申和笔试同时进行，有的只有通过了网申才会有笔试；有的部门面试仅由部门经理面试一次，有的可能要四五次，一直面试到事业部总裁；面试形式包括群面（群体面试）、Case 面（案例分析面试）等诸多形式……那些名企在招聘时，真的是百里挑一甚至千里挑一。

校园招聘流程

网申	笔试	部门经理面试	HR面试	录取
基本信息 开放问题	性格测试 智力测试 技能测试	胜任能力考查	背景调查	

图 6-13　校园招聘的标准化流程

网申是校园招聘的第一个环节，也是淘汰率最高的一个环节。根据对各个行业的初步统计，网申平均通过率不足 30%，一些极其热门的岗位甚至低于 5%。毫不夸张地说，如果通过了网申环节，整个求职就成功了一半。一般最简单的网申只包含个人工作履历等基本信息，随着 IT 系统的完善，现在越来越多的企业将传统的线下笔试转移到线上，同时根据企业自身的特点设置了各种测试问题，这些构成了完整的网申流程。

网申需要填写的基本信息和个人简历非常类似，一般包括个人基本信息、教育经历、项目经历、工作和实习经历、技能证书等（见图 6-14）。

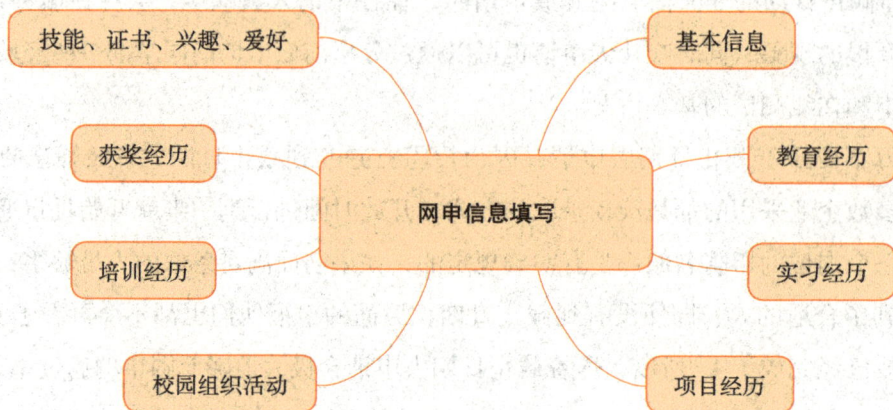

图 6-14　网申信息填写

　　虽然不是每一个模块的内容都强制要求填写，但是如果你有对应的经历最好还是写上去。网申所填写的信息和标准化的简历不同，网申有很大的概率会进入 ATS 系统，简历的完整度会直接影响到简历的得分，内容尽可能地靠近关键词也能够让你的人岗匹配度得到提升。网申系统的左边一般有各个模块的切换栏，务必将每个模块都填写完整（见图 6-15）。

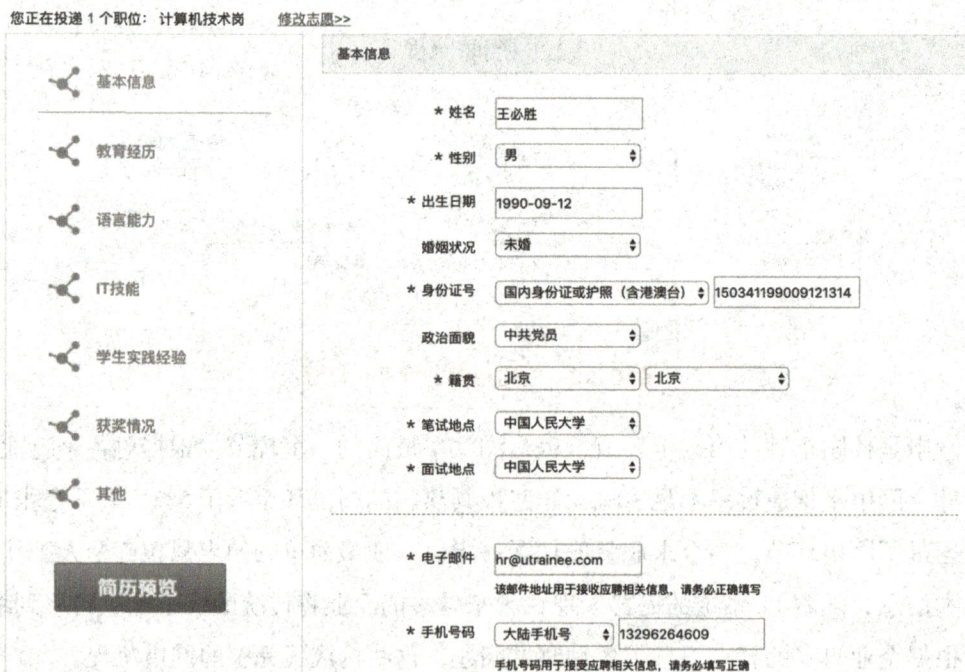

图 6-15　网申系统界面示例

下面，我们看下网申过程中应当关注的几个事项。

6.2.2.1 关键词匹配

关键词贯穿了从网申基本信息撰写、开放式问题（Open Question）回答再到面试的整个过程。在招聘前，HR 会根据目标岗位的完美人选分析出候选人需要具备的各个条件，并赋予各个条件相应的权重，然后基于这些条件设计招聘文案，并将招聘信息发布到各个招聘平台上。收到简历后，他们再根据这些条件进行筛选，每个岗位都有不同的筛选条件也就是关键词信息，选择相应岗位后，候选人的简历就会按照分数高低依次排列。HR 再对系统筛选出的简历进行二次审核，对符合条件的候选人发出下一步的笔试或者面试通知。

像前程无忧、智联招聘这类招聘网站都会有关键词筛选功能，大中规模的企业多数都对接了 ATS 系统，其中国外比较知名的有 Taleo、Bullhorn，国内比较知名的有北森、大易、Moka 等（见图 6-16）。ATS 可以对接智联、前程无忧等招聘平台以及邮箱、电脑本地等多个入口，将简历导入到企业人才库。也就是说，从网申提交那一刻起，你的简历可能就在 ATS 系统里流转了，HR 所有的招聘管理工作也通过 ATS 系统完成。

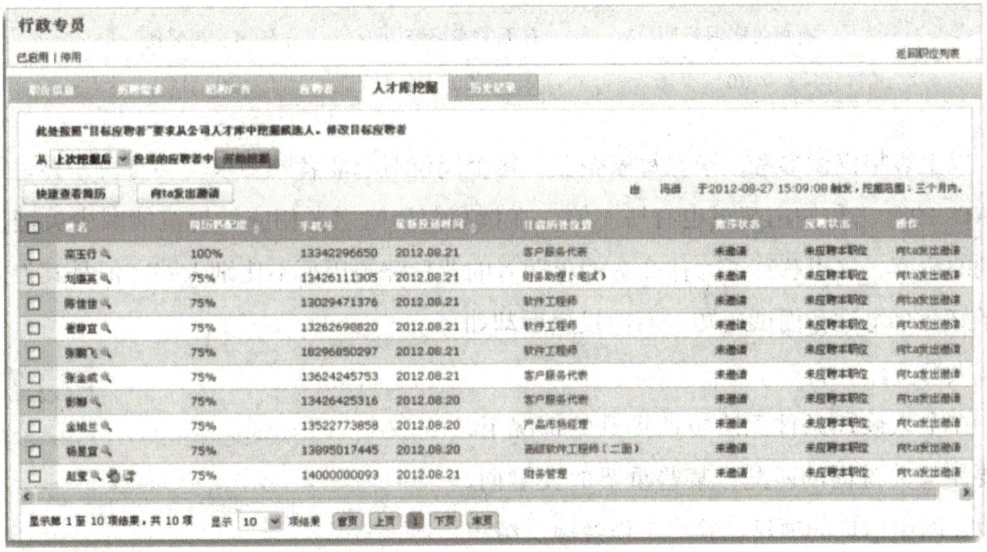

图 6-16 某招聘系统人才库挖掘截图

使用关键词时有很多小技巧，在之前的章节已经讲过一些，下面我们再说几个。

（1）岗位要写具体名称，如产品助理、销售助理、分析师助理等，不要写实习生、intern 等笼统的职位。

（2）工作或实习的公司名称写品牌名或知名度高的名称，如 IBM 显然比国际商用机器公司更容易理解。如工作或实习的公司知名度不高，可在公司名称后加括号简单描述一下或者在正文中进行简要说明。

（3）英语四六级成绩比较优秀，如六级550分以上，就直接写上个人的成绩。

（4）软件技能等尽可能写全，比如写"Microsoft Office"就没有写成"Excel""Power Point"好，更没有写成"Excel（VBA，数据透视表）"好。

对于校招而言，因为求职者往往实际工作经验较少，企业方会选择对一些关键性的信息进行打分，将各个分数加权求和后再计算最终的排名。下面，我们举例说明（见表6-1）。

表 6-1　筛选维度及打分标准示例

筛选维度	优秀	良好	普通	最高分数
专业匹配度	完全匹配	相关专业	不匹配	20
	20	10	5	
绩点	3.5 以上	3.0 ~ 3.5	3.0 以下	20
	20	10	5	
英语成绩	六级 550 分以上	六级通过 / 四级通过	未通过	20
	20	10	0	
实习经历	有相关实习经历	有无关实习经历	无任何实习经历	30
	30	20	0	

以上表格仅供参考，毕竟每家企业、每个岗位对求职者的要求均会有所差异，而不同 ATS 的算法和使用逻辑也有所不同。在撰写简历时遵循相应的规范能减少关键词被误判的概率，这也解释了为什么有的求职者的背景和履历都不比别人差，但是其他人收到了好几个笔试和面试通知，而他投递后却如石沉大海。

在个人硬性条件无法短期提升的情况下，更要注重关键词的匹配，某些重要的关键词，可以在网申信息的项目经验、工作经验、组织经历、技能证书等多个模块以不同的表达形式重复出现。有些简历工具可根据简历内容对其进行打分评测，以辅助求职者更好地进行简历的修改和撰写（见图6-17）。

简历完整度: 97%

检查

您的简历综合测评得分为77分,可根据智能优化建议进一步修改, 将简历变得更有竞争力!

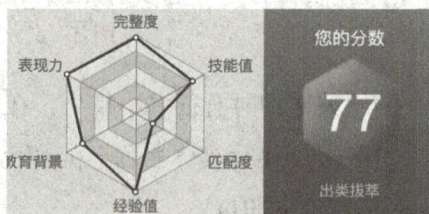

图 6-17　简历工具打分系统

6.2.2.2 准备网申信息管理文档

网申同类型岗位时所填写的信息往往有很多重复项，或者仅需在原有基础上稍加修改即可。我们没有必要将工作经历、项目经历等重复的文字反复填写，更多的时候是决定需要突出哪段经历、舍弃哪段经历，或者针对岗位修改一下经历的表达方式和关键词，因此建立一个"网申信息管理文档"就非常有必要，每次网申时打开该文档，可将对应的部分直接复制粘贴，省时省力。如果遇到新的选项或者问题，在填写后记得将答案更新到文档里。

至此，我们的网申 Excel 工作簿已经包含了"网申计划表""简历投递记录跟进表""网申信息管理文档"，这三张表格将伴随你度过整个招聘季（见图 6-18）。

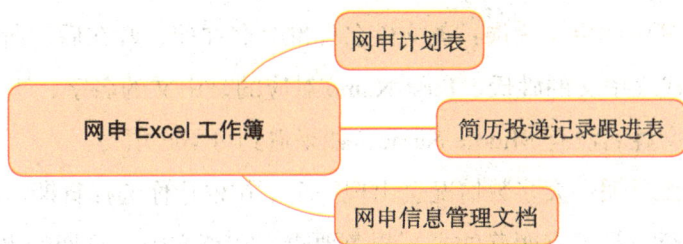

图 6-18 网申 Excel 工作簿

6.2.2.3 慎重选择申请岗位

企业在校园招聘时往往同时开放多个岗位，但是一般要求求职者只能申请一个岗位，有的会有第一志愿、第二志愿等设置。求职者在申请时既要考虑个人的兴趣喜好，也要考虑个人在求职对应岗位时的竞争力。毕竟我们的目的是为了通过网申，如果自己特别喜欢某个岗位，但明显竞争力不足，建议退而求其次，寻找那些与之相关但是竞争不那么激烈的岗位投递。例如，有的岗位明确要求硕士、博士学历，而你只是本科；或是明确要求金融相关背景，而你是学机械的且没有相关的实习经历……这种情况下，建议直接绕开这些岗位。网申要耗费大量的时间和精力，一定要学会合理规划，把时间和精力用在自己有一定把握的职位上。

6.2.2.4 上传或者导入的个人简历尽可能简洁

现在不少网申系统支持简历导入功能，可以对导入的个人简历进行自动识别并填入相应的模块，从而为求职者节省了不少时间。为了便于系统准确识别，不要使用特别花哨和复杂的模板，简历统一使用上下结构；也不建议添加类似校徽之类的图片，或在简历中设置难以被系统识别的艺术字体；文件推荐使用 Word 或 PDF 格式。

6.2.2.5　家庭情况调查

不少网申系统会要求填写是否有亲属受雇于本公司，并要求提供亲属的姓名和职位。如果应聘岗位和亲属所任职的岗位没有汇报关系或利益关联往往没有什么影响，如确实有一定的利益关联或合规约束，建议放弃申请这家公司，因为即使前面的笔试、综合面试都通过了，最后的合规性审查也会让你功亏一篑。一般这种情况常见于外资企业、金融类机构或者上市公司。类似的调查还有亲属有没有受雇于政府部门、有没有受雇于应聘单位的审计机构、有没有银行负债、有没有犯罪记录等，这类问题往往在应聘外资企业时比较常见。

6.2.2.6　其他需要注意的点

（1）**英文姓名不要填写错误**：英文姓名标准为名在前、姓在后，所以 Last Name 或 Family Name 均代表中文的姓氏，First Name 对应的是中文的名字，千万别按照汉语的习惯写反了。中文姓名没有 Middle Name，如果遇到可不必填写。

（2）**英文出生日期**：大多数情况会出现一个下拉框让你选择日期。如果需要自己手动输入，则需要留意是否有明确的书写规范要求。在英文中，日期的书写习惯是月／日／年，比如 2020 年 5 月 1 日，在网申中一般会写成"05/01/2020"。有些公司会在出生年月栏目标注格式，如"Date of Birth mm/dd/yyyy"或"Date of Birth dd/mm/yyyy"，则上面的日期需要对应地写为"05/01/2020"或"01/05/2020"。

（3）**技能和证书填写**：在不少网申系统中，技能、证书等相关栏目并非直接输入，而是以下拉菜单的形式进行选择，建议把每个选项都打开看一下，尽可能把自己具备的技能都选上。如果下拉菜单中没有自己掌握的技能，则留意是否有"其他"选项供自己自定义填写。

（4）**不要犯低级错误**：比如说联系电话和邮箱不要书写错误，如果是英文申请注意语法和单词拼写错误。之前看到有的同学把自己的学校写为了"财金大学"，这种低级错误不仅会让招聘方觉得你很不专业，也可能导致 ATS 无法识别，从而拉低你的分数。

（5）**填写紧急联系人前请告知对方**：如果面试官联系不到你，而紧急联系人又对此事完全不知情，很容易就此错过重要面试。

（6）**期望薪资**：对于有工作经验的求职者来说，可根据往期薪资、对应岗位的市场行情、自身工作经验等进行相对准确的评估，按照预期填写即可；对于在校生来说，因为校招的薪资结构较为统一，且自身缺乏议价能力，建议填写"遵从公司规定"，如果有下拉菜单则勾选"面议"。

（7）**照片要传正装照**：提前到照相馆拍好正装相片，修好图，并索要电子版。

（8）**经历要倒叙**：学历先填写最高的学历，工作或实习经历先填写最新的经历，写完后检查一下是否为倒序排列。

（9）**是否愿意服从分配**：一律填写"愿意"，即便其他岗位不符合自身期望，这样也能够争取到当面沟通的机会。

6.2.3　开放式问题

网申中的问题一般分为开放式问题（Open Question）和封闭式问题（Closed Question）。封闭式问题有固定答案，仅需回答 Yes 或 No 即可，这类问题在性格测试环节较为常见；开放式问题一般是要求求职者依据给出的场景进行作答，没有标准答案，这类问题一般安排在网申简历基本信息的最后，完成后与简历一起提交。不少公司的开放式题目每年不会有太大的变化，所以在答题前可先去相关求职论坛看看这些公司往年的问题，分析和思考自己应当怎么回答。

6.2.3.1　开放式问题回答技巧

开放式问题主要考察的是求职者的求职动机、解决问题的能力、创造力等软实力，类似于面试中的行为面试（Behavioral Interview），即根据求职者过去的行为及解决问题的思维方式，判断其对未来岗位的胜任能力。

比较典型的开放式问题，就是"宝洁八大问"。"宝洁八大问"是宝洁公司在高校招聘时采用的评价测试方法，主要是根据一些既定问题来考核应聘者的综合素质和能力。

宝洁的面试由以下 8 个核心问题组成。

（1）Describe an instance where you set your sights on a high/demanding goal and saw it through completion.

举例说明你如何制定了一个很高的目标，并且最终实现了它。

（2）Summarize a situation where you took the initiative to get others going on an important task or issue and played a leading role to achieve the results you wanted.

请举例说明你在一项团队活动中如何取得主动权，并且起到领导者的作用，最终获得你所希望的结果。

（3）Describe a situation where you had to seek out relevant information, define key issues and decide on which steps to take to get the desired results.

请详细描述一个情景，在这个情景中你必须搜集相关信息，划定关键点，并且决定依照哪些步骤能够达到所期望的结果。

（4）Describe an instance where you made effective use of facts to secure the agreement of others.

举例说明你是怎样用事实促使他人与你达成一致意见的。

（5）Give an example of how you worked effectively with people to accomplish an important result.

举例证明你可以和他人合作，共同实现一个重要目标。

（6）Describe a creative/innovative idea that you produced which led to a significant contribution to the success of an activity or project.

举例证明你的一个创意曾经对一个项目的成功起到至关重要的作用。

（7）Provide an example of how you assessed a situation and achieved good results by focusing on the most important priorities.

请举例说明你是怎样评估一种情况并将注意力集中在关键问题的解决上。

（8）Provide an example of how you acquired technical skills and converted them to practical application.

举例说明你怎样获得一种技能，并将其应用于实践中。

可以发现，以上 8 个问题都是基于真实发生的历史场景，考察求职者在过去的履历中的应对方案，进而判断求职者的综合能力。宝洁公司的这些招聘题由高级人力资源专家设计，无论求职者如实回答或编造经历，都能反映其某一方面的能力：问题 1 考察候选人的目标设定能力、执行力；问题 2 考察主观能动性、领导力和结果导向性思维；问题 3 考察信息收集、整理、规划和决策能力；问题 4 考察说服力和沟通能力；问题 5 考察团队合作能力；问题 6 考察独立思考和创造力；问题 7 考察大局观和多事务协调能力；问题 8 考察学习能力和应用能力。

所以，回答开放式问题时第一步要做的就是分析问题，明确招聘方要考察的是什么，然后对自己的经历进行提炼和总结，把自己与问题相关的经历和活动都罗列出来。往往一个活动、一个任务的完成会涉及多种能力，同一个能力往往也有多段经历可以证明，这时候从中挑选最具说服力、最让自己自豪的经历予以描述即可。切忌编造经历，即便侥幸通过网申，面试阶段也很容易被拆穿。

如何让问题回答得逻辑严谨、通俗易懂呢？我们可以应用 W+STAR 法则。STAR 法则在之前已经提到，即 Situation（情景）、Task（任务）、Action（行动）和 Result（结果）；而 W 代表 What，即在开始的时候用一句话描述整件事情。

我们以宝洁面试的第一个问题为例："举例说明你如何制定了一个很高的目标，并且最终实现了它。"

能力点提取：目标设定能力、执行能力。

问题拆解：设定目标，实现目标。

What：参加 ×× 移动产品设计，赢得区域赛四强。

Situation（情景）：×× 互联网巨头举办的比赛，比赛进入前十名可获得面试直通卡，且可以参加该集团的实习培训营，全面学习互联网产品设计知识。

Task（任务）：需要在 3 周的时间内完成跨平台组建团队、产品市场调研、产品原型设计和制作、产品 PPT 展示。

Action（行动）：通过同学介绍和论坛发帖等形式，找到了 UI 设计和开发的队友，统筹人员分工、日程规划、市场调研、原型设计等全过程，2 周时间内自学 HTML 并制作出产品展示交互原型，代表小组进行最终展示。

Result（结果）：不仅取得了不错的比赛成绩，还学习到了互联网产品设计相关知识，并获得了 ×× 公司暑期实习机会。

在使用 STAR 法则时，A 和 R 部分是最关键的，两者加起来的比例应该占到全部回答的 70% 以上，其他部分要尽可能简洁明了。

如果应聘的是非技术领域，宝洁八大问就是非常好的练习题。虽然网申的开放性问题千变万化，但是将八大问中对应的经历稍加变换就可以应对。

经过对常见开放式问题的综合分析，我们可以将其归纳为以下几类。

（1）考察求职动机类。通过考察求职者的职业规划和加入意愿的强烈程度，判别其职业发展的内在驱动力和稳定性，例如：

Why Consulting, Why BCG, Why You?

Why do you apply for this position?

你近三年的职业发展规划是怎样的？

为了胜任这个岗位，你付出过哪些努力？

求职动机类问题主要考察的是一个人的忠诚度和稳定性，毕竟任何一家企业都不想招一个入职没几天就离职的员工。回答此类问题时，逻辑性和说服力会显得比较重要。求职者可通过公司的官网、公众号等了解其产品业务、发展历程、企业使命等信息。如果应聘的企业是上市公司，可以查看其近期的财务报表等信息。用数据和事实去说服别人，比干巴巴地煽情要靠谱得多。

（2）考察经历背景类。通过考察求职者以往经历过的事例及其应对方式来判断其在某一方面的能力和发展潜力，例如：

Please describe an occasion where you met with real difficulties. How did you solve the problem?

Give an example of how you worked effectively with people to accomplish an important result.

大学期间你做过的最有成就感的事情是什么？

描述一下你为实现某个目标所付出的努力。

回答此类问题时可套用 W+STAR 法则，同时明确对应工作岗位所要具备的性格特点和能力，判断企业想通过此问题深层次了解你的哪些素质，比如是沟通能力、团队合作精神、领导力、时间管理能力、抗压能力、解决问题的能力还是学习能力，然后选择与目标岗位最契合的经历去作答，并且通过一次次的网申不断优化自己的回答。

（3）考察性格爱好类。通过对求职者性格、爱好的考察来判断其是否适合当前岗位，例如：

请描述一下你最大的缺点是什么、你最大的优点是什么。

平时双休日的时候你在做什么？

回答此类问题时，先思考一下企业提出此问题的动机是什么，然后重点挖掘自己相对应的优势去回答。例如，说优点的时候尽可能描述对于所应聘岗位来说至关重要的优点和优势，说缺点时则优先选择那些对岗位胜任能力影响不大的缺点。你如果在应聘会计或者数据分析类的岗位时说自己的缺点是粗心大意，那大概率无法通过面试。

网申中的开放式问题一般都会有字数限制，在回答时建议采用段落符 + 短句 + 关键词的形式。如果是背景经历类的问题，尽可能在结果中多用数字化表达方式；如果是英文形式，记得使用第三方工具检查一下有无语法错误。

另外，建议先在个人的网申信息管理文档进行作答，写好之后再复制到网页的文本框内。因为有些网页停留时间过长会默认退出登录，直接在网页上填写，很容易出现花费了半个小时回答却没有被系统保存所导致的数据丢失现象。同时，Word 自带拼写检查的功能，可以纠正简单的拼写错误。

每一次网申的开放式问题和对应的答案都要整理到个人的网申信息管理文档中，并对其进行分类，之后申请其他岗位遇到相似的问题时，可以在此基础上稍作修改再提交。需要特别注意的是，如果回答中涉及了公司名称和岗位名称等信息，务必要记得进行替换，或者将这些专有信息用红色进行标记。例如，人家问你为什么申请 BCG（波士顿咨询公司），你一开头就说 Bain（贝恩）咨询怎么样怎么样，对于以严谨闻名的咨询行业来说，这一个细节性的错误已经足够成为淘汰你的理由了。在面试前记得翻看一下当时网申填写的开放性问题，避免在面试时出现回答不一致的情况。

6.2.3.2　开放型问题示例

以下是一些知名公司的开放性问题，求职者可以提前进行演练，并在网上搜集一下示范答案。这些问题不仅仅常见于网申，面试过程中也随时可能遇到。

一、四大会计师事务所

1. KPMG（毕马威）

（1）Please give a brief summary of your current recreational and leisure activities, including sports and holidays.

（2）What clubs and societies are you a member of and in what capacity?

（3）What factors have influenced your career choice?

（4）Outline your career ambitions and objectives.

（5）Describe your greatest success or a situation where you exceeded your own expectation?

2. E&Y（安永）

（1）Please describe your objective and what you have done to date to achieve it.

（2）Please include any other information which you may consider relevant to your application.

3. PWC（普华永道）

（1）Why are you applying for this position?

（2）Please explain how your personal qualities, skills, knowledge and working experience will help you to be successful in the position for which you are applying.

（3）What community or students' clubs do you belong to and to what extent are you involved?

（4）Any additional information?

4. DTT（德勤）

（1）If you have completed a work term in a co-op, summer or intern program, please tell us about your experience and how you benefited from it. (Your answer is limited to 1000 characters)

（2）If you have been involved in any society, please tell us your role and achievement respectively. (Your answer is limited to 1000 characters)

（3）Please let us know your academic and personal accomplishment(s). (Your answer is limited to 1000 characters)

（4）Please copy and paste the text from your cover letter here. After pasting your cover letter, please ensure the text is readable.

（5）Please copy and paste the text from your CV/resume here. After pasting your CV/resume, please ensure the text is readable.

（6）Describe a recent project you have worked on which demonstrates your determination to complete challenging tasks and your ability to work with others.

（7）Why have you applied for this position?

（8）Why do you think you are suitable for this position, and what differentiates you from other candidates?

（9）Please give details of any previous work experience detailing the relevant dates. (temporary or permanent employment or previous internship)

二、快消行业

1. Johnson & Johnson（强生）

（1）在以上校内／外工作中，请列举一件您个人感到最自豪的、由您负责策划实施的成功事例，并加以具体说明。（限200字内）

（2）请描述一下您为何希望应聘该岗位。

（3）请列举您的优势和不足之处并加以详细说明。

2. MARS（玛氏）

（1）Please give an example of a time when you developed a new or different solution to a problem. Why did you think the problem needed a new solution? How did you develop the new solution? What feedback did you receive on how it is working? Please give your answer in English.

（2）Please give an example of a career goal that you set yourself. How did you choose the goal that you were aiming towards? What did you do to help you achieve the goal? Please give your answer in English.

（3）Sometimes it is difficult to keep the commitments we make to others. Tell me about a situation where this happened to you. Why was it difficult? How did you decide what to do? What was the impact of this decision? Please give your answer in English.

3. 箭牌

（1）Describe the most difficult situation (both physical or psychological) that you have experienced, and what you have done to overcome the difficulties?

（2）Describe a typical experience when you need to work closely with a group of people to achieve a goal. What's the goal, your role and the outcome? Or describe a time you need to resolve conflicts with others. What's the conflict and how the conflict was resolved?

（3）Describe a time that you had successfully finished a work/plan ahead of schedule.

（4）Describe a situation where you have adopted/initiated new approaches?

（5）Describe the most complex plan you have developed involving many resources, and what you have done to achieve your goal.

（6）Tell me about a time when you had to make a tough or critical or difficult decision. What was the situation? How the decision was made?

（7）Tell me about a time when your input motivated others to reach a team goal?

4. L' ORÉAL（欧莱雅）

（1）Please describe a situation that your idea was not immediately accepted by others? How did you try to convince them? What was the outcome?

（2）Please describe an occasion where you met with real difficulties. How did you solve the problem?

5. Unilever（联合利华）

（1）Describe a time when you had to come up with a new solution to overcome the considerable resistance and solve the complex problem finally? (No more than 1000 letters)

（2）Describe the situation where you had to convince someone who was not easily to be convinced? What did you do? (No more than 1000 letters)

（3）Please describe a time when you saw an opportunity to really make a difference on yourself? (No more than 1000 letters)

（4）Have you ever been part of a workgroup and attained the group goal through the joint efforts? What role did you play in the whole process? (No more than 1000 letters)

（5）Tell us your strength which make yourself different from other applicants? (No more than 200 letters)

（6）What are your short-term plans? (No more than 200 letters)

（7）Why are you interested in applying Unilever? (No more than 300 letters)

（8）What are your expectations to Unilever Management Trainee Program? (No more than 500 letters)

6. ABInbev（百威英博）

（1）Please describe an experience where you led a team or took a lead in a project. Indicate what you feel were your top 3 areas of success and learning points from this experience

（2）Please indicate your motivation/s for applying to the InBev Own Your FutureProgram and how do you see it aligned to your personal/career objectives.

（3）Please indicate what you feel are the top 3 most important factors to work well in a team with people from different backgrounds and culture.

（4）Please describe what you think are the top 3 key challenges for a multinational company to succeed in China and why?

7. Nestle（雀巢）

（1）What are the four key elements that "THE RIGHT PEOPLE" possess to meet Nestle's requirements?

（2）What are your key criteria in selecting a job? Are you interested in other industries?

（3）Ask most older people to identify the key to success, and they are likely to reply "hard work". What are your comments? What do you think are the essential "qualities" that the young job seeker lacks in being successful in his/her career development?

三、信息科技类行业

HP（惠普）

（1）Give me an example of an important and challenging goal or objective you have set yourself in your study / research or the project you have involved. Why did you set this goal? What planning did you do beforehand? What challenges did you face? How did you overcome these challenges?

（2）Give me a specific example of when you had to deal with a sudden change in circumstances at your study / research or the project you have involved. How did you react to the change? What impact did it have on you? What did you do to cope in the most effective way?

四、金融行业

1. HSBC（汇丰银行）

（1）Please state why you chose to follow these activities and how they have contributed to your personal development. You may wish to give details of your role, whether anyone else was involved and any difficulties you encountered.

（2）Please state how you have benefited from your work experience.

Other than academic success, what has been your greatest achievement to date? What do you see as your personal strength, and why?

（3）Why the position you have applied for is appropriate for you; why you have selected HSBC; and what your career objectives are?

2. 招商银行

（1）请描述您在成长过程中所经历的最大的成就和挫折，并说明原因。

（2）请描述您如何设计未来的职业道路，并说明原因。

（3）请描述自身的最大优势和不足。

（4）请简述您在社会实践中，主动承担更多工作的一件印象比较深刻的事。

3. CICC（中金公司）

（1）Why are you interested in investment banking? What other industries do you also have interest?

（2）Why do you think you can be a qualified investment banker? How can you contribute in this industry?

4. UBS（瑞银）

（1）Given the large amount of information available to you, please describe in detail how you decided upon your first choice of business/functional area (Career Choice section).

（2）When have you taken a new or innovative approach in order to achieve a desired outcome? Describe the situation, your approach and whether it was effective.

（3）In your view what makes UBS successful? Give evidence of how your personal qualities (rather than qualifications) would contribute to our success.

5. Deutsche Bank（德意志银行）

（1）Why do you want to work for Deutsche Bank? (Max 100 words)

（2）Please indicate:

why you have selected this division and why you feel you are suited to this division? (Max 100 words)

（3）What extra curricular activities have you been involved in that you think we would be interested in hearing about? (Max 100 words)

6.2.4　在线测试

在线测试主要包括性格测试、综合能力测试、技能测试三类。其中，性格测试一般伴随着网申进行，例如在网申提交后，系统自动回复一封邮件，告知求职者网申信息已经提交，同时附上一个性格测试的答题链接。一般在求职者通过网申的初步筛选后，企业会向其发送智力测试邀请，也有的企业会将性格测试和智力测试合并在一起发送。技能测试一般针对研发、工程、设计、产品等岗位，有的企业会通知求职者到指定地点参加机考，如华为（见图6-19）、交通银行；有的会直接发送笔试链接，求职者可在任意地点完成，如四大会计师事务所；有的仍采用线下统一组织答题的形式完成，如腾讯、网易、360 等。

研发类

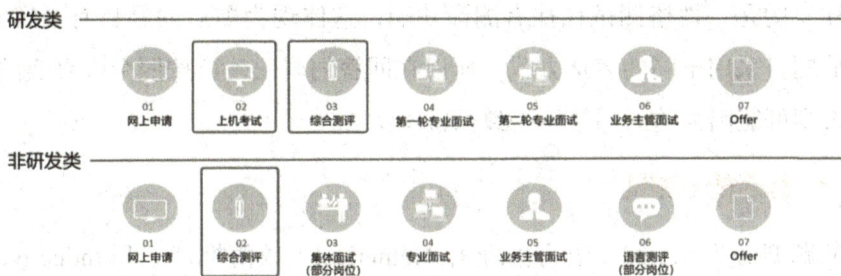

| 01 | 02 | 03 | 04 | 05 | 06 | 07 |
| 网上申请 | 上机考试 | 综合测评 | 第一轮专业面试 | 第二轮专业面试 | 业务主管面试 | Offer |

非研发类

| 01 | 02 | 03 | 04 | 05 | 06 | 07 |
| 网上申请 | 综合测评 | 集体面试
(部分岗位) | 专业面试 | 业务主管面试 | 语言测评
(部分岗位) | Offer |

图 6-19　华为招聘流程

很多性格测试和智力测试的题目都是在线测试商家的产品，国外比较著名的测评商有 SHL（微软、喜力啤酒、普华永道）、DDI（飞利浦、大众）、cut-e（毕马威、安永、DELL）等，国内的测评商包括北森（阿里巴巴、京东、滴滴）、中智（中粮、华润、南航）、倍智（王老吉、顺丰、电信）、诺姆四达（新东方、中石化、中国人民银行）、瀚德中国（宝洁、LG、惠普、中国移动）等。不少测评商的官网会有测试样题，求职者不妨在答题前先去练习一下。

6.2.4.1　性格测试

性格测试主要用于考察个人与工作岗位的匹配程度，考察内容包含性格、能力、动机、价值观等，考察形式一般为给出相应的工作场景，让你选择最喜欢或者最不喜欢的答案；也可能是给出一个观点，让你在 1~5 分里选择你的认同程度等。性格测试的多数问题没有绝对的对错之分，题目数量一般在 100~200 题不等，基本上几秒钟的时间就要回答一题（见图 6-20）。

选择题

这也是在性格问卷中广泛使用的一类格式。问卷会给出一组陈述：A、B、C 和 D。您的任务是选择哪个陈述 *最* 接近您在工作状态下的行为而哪个陈述 *最* 不接近您在相同情况下的行为。您应点击"最接近"和"最不接近"栏中的相应按钮进行选择。

在以下样题中，受测者已完成对第一条陈述的判断。受测者表明他们最喜欢组织他人，最不喜欢寻求变化。不妨选择下列样题中您最喜欢和最不喜欢的陈述吧。请牢记答案没有对错之分。

我是一个……类型的人

			最喜欢	最不喜欢
1	A	交友广泛	○	○
	B	喜欢组织他人	●	○
	C	容易放松	○	○
	D	寻求变化	○	●

			最喜欢	最不喜欢
2	A	助人为乐	○	○
	B	钻研新方法	○	○
	C	精力充沛	○	○
	D	喜欢社交	○	○

图 6-20　SHL 性格测试题目示例

需要注意的是，性格测试往往有测谎功能，这体现为前后的题目有一定的关联性，或者同样的题目采用不同的表达方式，所以在回答的时候建议按照个人真实的情况和想法作答，否则可能因为前后回答不一致而被淘汰。

6.2.4.2　综合能力测试

常规的题型分为 Verbal（语言推理）、Numerical（数值推理）和 Inductive（归纳推理）。Verbal 类似于常见的阅读理解，给出一段文字及对应的问题，让你判断该问题阐述的观点是否正确（见图 6-21）；Numerical 类型的题目一般类似于应用数学题，通过简单的计算从多个选项中选出正确答案（见图 6-22）；Inductive 是图形推理题，根据前面的示例图形，推断下一个图形的样式和特点（见图 6-23）。

需要注意的是，综合能力测试有着严格的时间限制，在答题的时候一定要选择安静的环境以帮助自己集中注意力，准备好笔、纸、计算器等相关工具，保证网络状态良好，断网或者网页崩溃都可能导致答题失败。

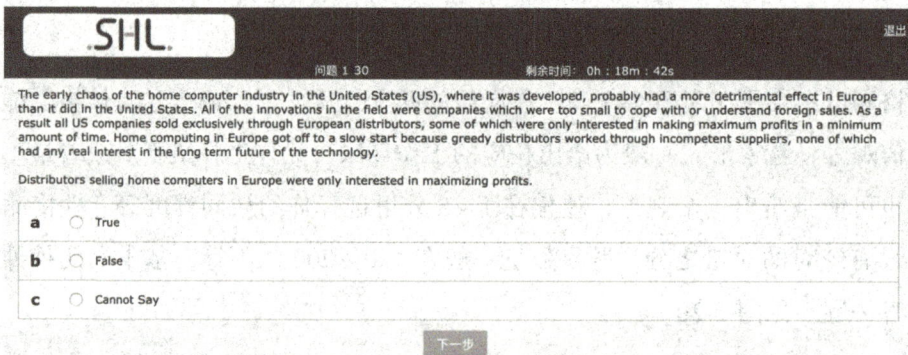

图 6-21　SHL 官网语言推理测试题示例

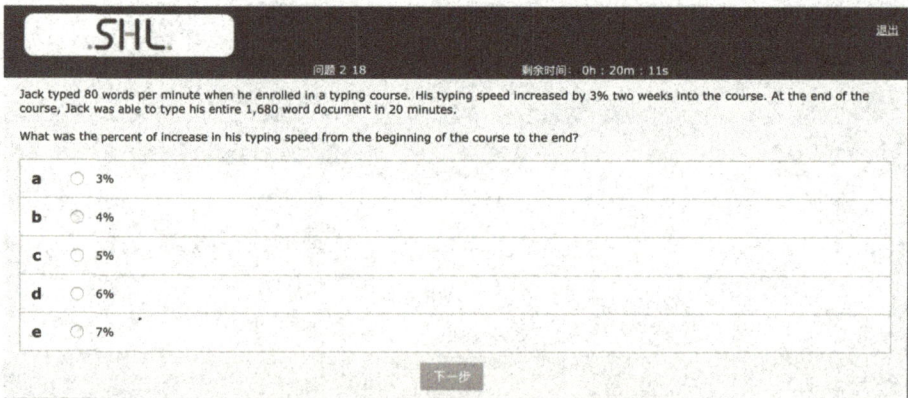

图 6-22　SHL 官网数值推理测试题示例

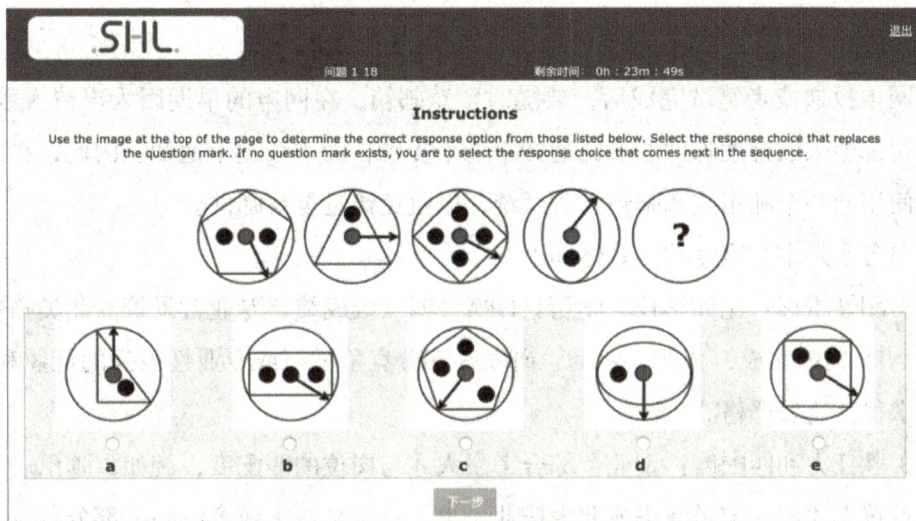

图 6-23　SHL 官网归纳推理测试题示例

6.2.4.3　技能考试

这类测试一般是针对研发和技术类岗位，IT 开发、化工材料、热能电气等岗位均会涉及。此类考试线下和线上均有，和专业技能相挂钩，求职者在应聘对应的岗位前，可到垂直细分领域的论坛去查找有没有相应的学习资料。例如，牛客网是专门针对程序开发岗位的网站，有免费的在线题库供求职者进行模拟测试（见图 6-24）。

图 6-24　牛客网模拟测试界面

6.2.5　网申结果的公布

在网申投递或者笔试完成后，要随时留意邮箱，在网申的早期因为申请人数较多，很多公司都会采取群发邮件的形式通知下一个步骤，而不会逐个通知。因此，在网申时尽可能使用同一个邮箱或者邮箱管理系统，以避免错过重要邮件。

网申考察是多个维度的，具体如下。

（1）刚性指标：比如学校、学历、GPA、四六级成绩、专业背景等。此类筛选一般可通过 ATS 辅助完成，金融、咨询、研发等部分竞争激烈或专业性极强的行业和岗位，对此要求往往比较严格。

（2）胜任力和匹配度：企业会综合考量人才与岗位的匹配度，例如，腾讯、华为等企业的首选人才不一定是清华或北大毕业，也不一定是硕士或者海归。部分背景光鲜靓丽的人才往往会有更高的职业预期，进入普通公司后不一定能踏实地学习和成长，企业给了 offer 他们也不一定会来，所以匹配度也是重要的考量因素之一。

（3）相关的经验和资质：同行业、同类型岗位的实习经验往往是加分项，有相关的证书和培训经历也可以增加应聘的优势。在这一点上质比量重要，10 个无关痛痒的证书也不及一个有含金量的证书来得有用。

（4）运气和概率：对于那些每天都会收到数以万计简历的大企业而言，错过一些优秀的网申人才是很常见的事情。如果你觉得自己是被错过的那个，可以通过各种渠道询问一下为什么没有通过，以更好地准备之后的网申。也有些求职者会选择"霸面"，即在没有收到邀请的情况下，打听到企业统一面试的时间和地址，直接前往请求对方给予面试机会。如果是网申筛选"错杀"问题，部分企业 HR 是会给予面试机会的。

大多数企业在网申提交之后，都会自动发送一个提交成功的回执到求职者的邮箱中。如果企业使用了完善的网申系统，则会有网申的 ID 编号，这个编号是和申请人绑定的，一直伴随着后续的笔试和面试。我们看下面的示例。

亲爱的王大卫同学：

申请编号：51673

感谢你对 ×× 公司综合管理培训生项目的申请！

你的个人简历已经成功提交，申请编号是 51673。你可以进入 ×× 公司校园招聘官网来修改个人信息。

接下来请你尽快联系另外两名实力卓然的应聘者组建三人求职小组，选定小组组长，并由组长创建小组，其他成员使用组长设置的密码加入小组，以确认小组成立。小组成立后，请由组长填写小组开放式问题并提交。

如对××公司校园招聘有疑问，请访问我们的官方网站，或登录我们的BBS与我们交流。

自信，互信。我们期待你的一路精彩！

××公司校园招聘组

如果网申通过了，企业会通过电话或邮件的形式告诉求职者接下来的笔试和面试准备事项；如果没有通过，大多数企业也会发送一封措辞委婉的"拒信"到求职者的邮箱。下面我们看两个相应的范例。

（1）联合利华的笔试通知。

亲爱的王大卫同学：

ID编号（个人编号）：129197

感谢您对联合利华的关注并提交了简历申请，我们仔细阅读了您的求职信息，在完成所有资料的筛选和评估后，很高兴地通知您：您已通过我们首轮简历筛选，现诚邀您参加2014联合利华管理培训生校园招聘的笔试。

我们的笔试时间为2013年11月2日（星期六）下午14:00—15:10。请务必于13:45分之前到达考场。

笔试地点为：上海市闵行区交通大学上院100教室。

注意事项如下。

1. 本次考试为全国统一考试，时间不得更改。考试正式开始后，迟到者将不准进场；参加考试的人员不得早退。

2. 请携带以下考试用品进入考场：

（1）身份证或学生证（必带）；

（2）本笔试通知邮件打印件（必带）；

（3）不带记忆功能的计算器（不得使用其他电子设备，包括电子辞典、文曲星）；

（4）钢笔（水笔）、2B铅笔、橡皮。

再次感谢您对我们的关注和支持，并预祝您取得成功！

联合利华人力资源部

> 如果您接受安排请点击此处
>
> 如果您希望重新安排请点击此处
>
> 如果您拒绝安排请点击此处

（2）麦肯锡公司的拒信。

Dear David,

Thank you for your interest in our Associate position with McKinsey & Company Greater China Office.

Although your achievements are most impressive, we have reluctantly come to the conclusion that your background and experience do not entirely match our requirements. At present, we believe it is not our mutual interest to proceed further in the recruiting process. We are sorry that we cannot meet you in person and explain this in more detail.

Should you remain interested in the Firm and would like to apply for a permanent position in the future, we would encourage you to submit your application on-line at www.mckinsey.com/careers/.

Once again, thank you for your interest in McKinsey & Company. We wish you all the best in your future endeavors.

Sincerely yours,
Recruiting Team | McKinsey & Company Greater China Office
www.mckinseychina.com

需要注意的是，每一家企业的招聘进度都不尽相同，即便不少企业公布了秋招进度表，但是他们往往以招聘的实际情况为准，并不一定严格按照进度表执行。有的非常优秀的同学 9 月份开始进行网申，到了 10 月底可能还一个面试通知都没收到，但是到了 11 月中旬，可能面试连连告捷，一下子拿了好几个 offer。网申的通过率低、周期长，所以务必保证在整个校园招聘季保持乐观积极的心态，不断自我总结和学习，相信"天生我才必有用"。

6.3 招聘网站简历投递

部分企业因为规模不大，人才需求量小，校园招聘和社会招聘的岗位均通过招聘平台发布。社会招聘用户流量比较大的平台主要有前程无忧、智联招聘、BOSS 直聘、猎聘网、拉勾网等，校园招聘用户多的平台主要有应届生、实习僧等。通过这些平台投递简历时，求职者需要在这些平台创建个人的在线简历，并上传已经做好的附件简历。在投递时需要注意以下几点。

（1）附件简历。除在平台上创建个人简历外，大部分平台均支持将个人做好的简历作为附件上传，投递时可一并发给企业。切忌用那些从招聘平台直接下载的简历，因为这些简历往往未经过排版优化，且在简历上会强制加上各个平台的 Logo，会显得非常不专业。

（2）行业标签和技能标签。在填写在线简历的过程中，会涉及行业标签和技能标签等属性（见图 6-25），本质上这就是我们在前面讲过的关键词，所以务必要尽可能地填写完整。招聘平台主要通过两种方式向招聘方展示求职者的简历：一种是平台根据关键词算法主动将求职者的简历推荐给招聘方，另一种是在招聘方搜索关键词时，将与关键词相关的简历以搜索结果的形式呈现给招聘方。如果关键词填写得不够精准，不光是拿不到面试通知的问题，可能你根本就看不到你想求职的岗位信息，潜在雇主也看不到你的简历。

行业标签	移动互联网 修改	
所属部门	技术部	
职位类型	Java	
职位名称	Java	
在职时间	2016.04	至今
技能标签	后端　Java　MySQL 修改	

图 6-25 技能标签示例

（3）个人简介（个人优势）。不是每个平台都要求填写这项信息，但是如果需要填写，务必要精心优化。平台向招聘方推荐的一般是多个候选人的简历缩略信息列表（见图6-26），除了姓名、工作年限、目标求职岗位等信息外，就是这段个人简介或者优势的描述，总字数一般只有50字上下。如果能在50字内就吸引招聘方的眼球，则可以提升简历被打开的概率。所以，语言表达要尽可能精练，多用数字化和结果导向的表达方式来突出自身的优势。

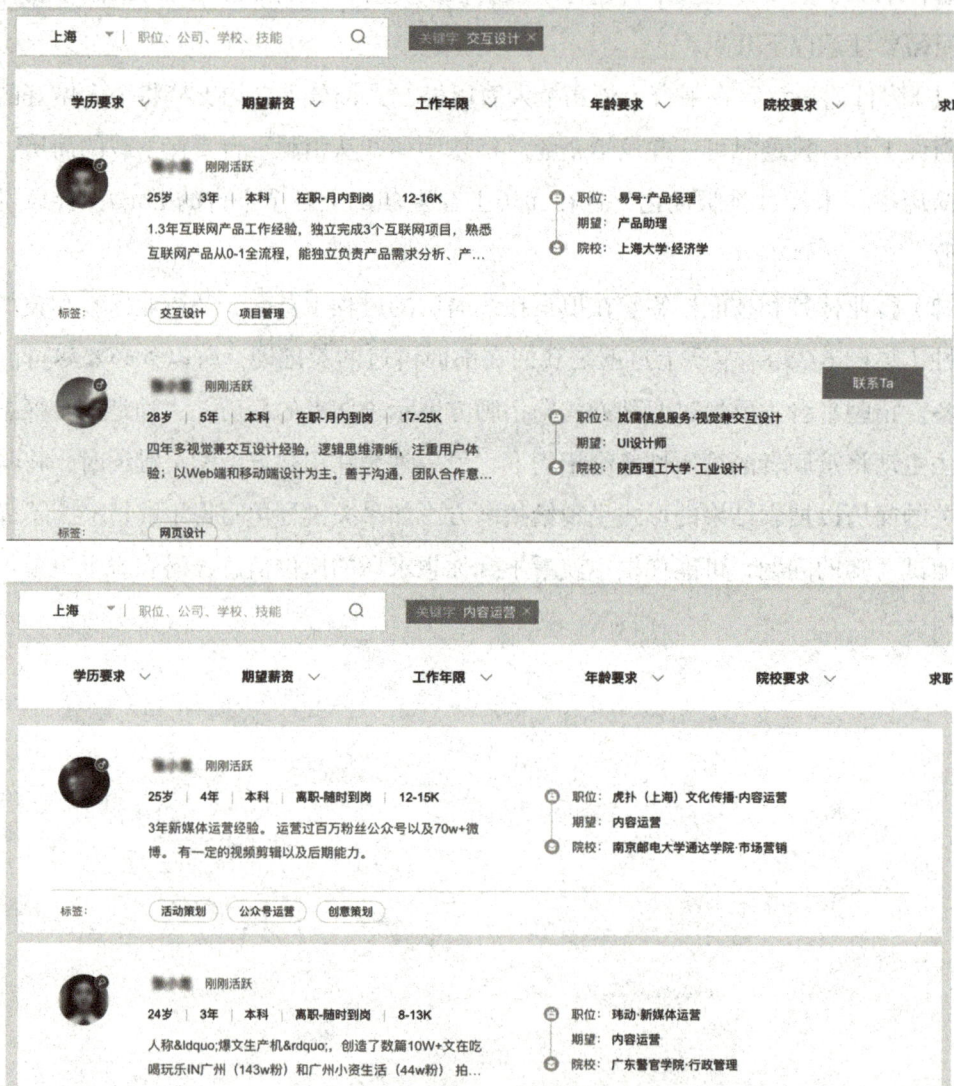

图 6-26　BOSS 直聘关键词搜索简历列表展示页

（4）屏蔽当前雇主。在招聘平台投递不同于网申的定点投递，平台会根据推荐算法向各个企业曝光，其中可能有你目前就职的公司。很多招聘平台都提供屏蔽当前雇主的功能，如果求职者仍处于在职状态，又没有确认离职时间，建议开启该功能。如果上级或老板知道了你计划离职的事情，对你的信任度难免会打折扣。

（5）不要使用快捷沟通模板。很多招聘平台都可以设置默认的沟通用语。但是如果你看到了一个非常喜欢的职位，想要通过聊天方式与招聘方进行沟通时，建议不要使用快捷沟通模板，可以再补充一些内容，如为什么喜欢这个岗位及自己为什么能够胜任这个岗位等，通过聊天窗口发送给招聘方，这种方式往往更容易得到回复。

6.4　招聘会、宣讲会现场投递注意事项

招聘会、宣讲会现场投递与其他方式最大的不同就是可以面对面地与招聘方进行交流，更容易在现场就给对方留下良好的印象。

6.4.1　招聘会现场投递

在求职季，基本上每个高校都会组织校园招聘会，主办方包括各大招聘平台、地区政府的人力资源与社会保障组织、企业园区等。一般校园招聘会都比较开放，不会限制只有本校的同学才可以参加。招聘会开始前，主办方会在多个平台公布当天参会的企业，求职者可提前了解清楚招聘会的性质（社招、校招、暑期实习招聘、某领域专场招聘会），选择适合自己的参加。很多企业会参加多个高校的招聘会，所以提前了解清楚可以少跑冤枉路。

在前往招聘会前，应当提前根据所要投递的岗位打印足够多的简历，如投递多个类型的岗位，需分别准备几份不同的简历，同时携带纸笔便于现场记录所投递过的公司和岗位。如果有正装，尽可能穿正装，男士提前剃好胡须，女士可化淡妆，如没有正装，也要确保穿着干净得体。

招聘会现场一般会设有参展企业的大型展架或者签到表，以及现场平面地图，可以先全部浏览一遍，并用手机拍个照片，确定自己准备沟通和投递的企业，并了解其具体的展位地点。切忌一到会场就冲进去，不分重点、走马观花似的乱转一气，一些热门的企业往往会排很长的队伍，如果这些企业是你计划重点沟通的对象，早一些赶过去会为你节省不少时间。

招聘会不光是收简历，HR 也会在现场进行简单的面试，对求职者进行初步筛选。因为人数较多，往往沟通的时间只有一两分钟，如果求职者满足招聘方的要求，他们会将其简历单独放置或进行标记，后续邀请求职者到公司再进一步详谈。现场参展的企业

一般都会用海报或者易拉宝介绍自己的企业和所招聘的岗位，在排队时要认真阅读，挖掘自己与所招聘岗位的契合点。在轮到自己的时候，先礼貌大方地问好，然后有针对性地进行自我介绍，并围绕着个人简历向 HR 展示自己与对方所提供岗位的契合点，这样往往更容易给对方留下深刻的印象。不少求职者经常犯的错误就是拿着简历直接去问对方："您看看我这个简历应聘你们公司 ×× 岗位可不可以？"这是一种比较被动的行为，如果你确实非常优秀还好，否则很容易遭到拒绝。

在投递简历的时候，如果没有写目标岗位，或者简历上所写的目标岗位和对方企业展示的岗位不太一致，可以在简历上方的空白处用笔标注上所要应聘的岗位，便于 HR 进行后续的筛选。如果在招聘会现场有 HR 名片，可礼貌地向对方索取；如果双方在现场相谈甚欢，且对方没有公开摆放的名片，也可以主动礼貌地询问对方是否可以留下名片或其他联系方式，以便在招聘会后与其进行联系，了解最新的情况。

6.4.2　宣讲会现场投递

很多企业每年都会选定若干所高校作为目标高校进行巡回宣讲，企业在校园开展宣讲会主要有两个目的：其一是进行雇主品牌维护，其二是进行人才招聘。有的企业在宣讲会结束后会现场接收简历，有的企业宣讲会仅会介绍公司情况、发展历程、招聘岗位等。

企业宣讲会能够帮助求职者更好地了解该企业的企业文化和岗位需求，但并不意味着不参加宣讲会就无法成功应聘该企业，所以如果时间发生冲突必须有所取舍。有部分企业在宣讲会结束后会直接安排笔试，并要求笔试试卷和简历一并提交，如果这恰好是你中意的企业，那务必要准时参加。

如企业明确告知在宣讲会后有集中的笔试和面试，建议正装出席。如果在宣讲会开始前没有其他事情，建议提前半个小时到达宣讲会地点。一般企业都会提前半个小时到一个小时抵达现场进行布置，校园内开展的宣讲会一般都会有公司总监以上级别的嘉宾到场，甚至不少企业的创始人等高管也会在场和学生进行互动，早到了可以先占个前排的位置。但不建议直接坐下来等宣讲会开始，如果看到对方还在布置会场，就前往看看有没有可以帮忙的地方；如果会场已经布置完成，可主动上前进行自我介绍，简单询问岗位招聘情况，以及后续的笔试和面试安排等，聊一下自己的职业规划，并重点表达对该公司的憧憬与喜爱。

宣讲会开始后要认真倾听，如果有问题及时记下来，等到自由提问环节，选择一两个优质问题进行提问。提问前先进行自我介绍，如"×× 老师您好，我叫 ×××，来自 ××× 学院，想要应聘 ××× 岗位，我有两个问题：……"尽可能地通过这些环节给招聘方留下良好和深刻的印象。

宣讲会正式环节结束后，往往会有双方私下交流的时间。此时先不要忙着投递简历，如果自己心仪岗位的部门领导在现场，可以前去询问一下自己感兴趣的问题，主动介绍一下自己的实习经历、教育背景、专业情况，让他看一下自己是否满足企业要求。如果现场问问题的人不多，可尝试向对方索取名片。在投递简历时，要在简历上标注自己所要应聘的岗位，晚一些投递能够保证自己的简历在靠上面一些的位置。

最后提一点，不少企业在招聘信息中会提出有 3 年工作经验、5 年工作经验之类的要求，如果你经验时长不够，但是觉得自己的水平满足岗位要求，放心大胆地直接投递即可。因为在工作年限方面，多数企业会有很大的弹性，如果你学习能力强，责任心又强，本身能力也不差，期望薪资还比其他有经验的求职者低，企业怎么可能不选你呢？

第 7 章

简历投递后的注意事项及其他类型的简历

7.1 如何选择企业

我们经常会在网上看到这样一些新闻：有的求职者明明去参加面试，却被骗入了传销组织；有的向求职中介交了一大笔中介费，但是付完钱后就再也联系不上对方了；有的刚入职还不到一个月，公司就破产倒闭了，拖欠员工工资……求职过程中，如果没有对应聘公司的经营情况进行调查，有时会给自己埋下很大的风险隐患。因此，求职前对企业进行调查非常重要。

首先要明确一点，从规模大小来判断一家企业的好坏并不客观。例如，Instagram被 Facebook 以 7.15 亿美元（近 50 亿元人民币）收购的时候，整个公司只有 13 个人。大公司结构相对稳定，分工明确，抗风险能力强，培训制度完善，办公环境优良，但也存在晋升缓慢、流程烦琐、层级较多等通病；小公司尤其是刚成立不到 1 年的公司，有着较高的不确定性风险，人员流动快，培训机制匮乏，但主观能动性强的求职者往往能在这种公司充分发挥自己的才能。初步判断一家企业是否靠谱，一是要看其是否合法合规，二是要看该企业的经营模式是否具有可持续性。

7.1.1 判别公司的合法合规性

我们可以通过以下几种方式来判别公司的合法合规性。

1. 国家企业信用信息公示系统

通过该系统可以查询全国范围内企业的注册登记、许可审批、年度报告、行政处罚、抽查结果、经营异常状态等信息，一家企业是否真实存在、是否触犯过国家法律、每年的年度报告情况都可以查得到（见图 7-1）。如果通知你面试的企业主体在这里查询不到，那就需要提高警惕了。

图 7-1 国家企业信用信息公示系统

2. 天眼查、启信宝等第三方信息平台

这些平台通过对全网数据检索、与政府公示系统信息对接等形式，汇集了企业经营相关的各类数据，如公司管理团队的背景、公司现在员工的数量、公司有没有涉及法律诉讼、公司的社保缴纳情况等（见图 7-2）。例如，某公司有 100 个员工，但是你查到其社保缴纳人数只有 10 个人，有可能该公司存在用工不合法的情况；再比如你发现某公司被起诉了，原因是该公司拖欠供应商货款，那就要进一步调查该公司的可持续经营情况了。

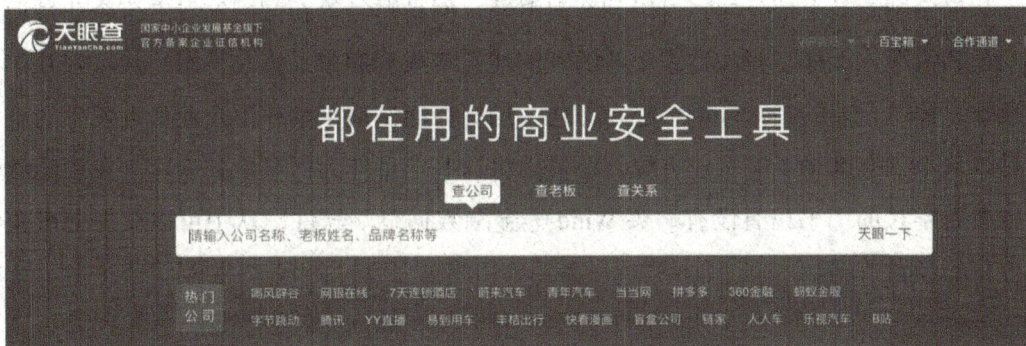

图 7-2 天眼查信息查询平台

3. 通过看准网、职友集等查看员工的评价

这类网站会有企业员工对该企业薪酬、管理等方面的评价，还会有人分享一些面试的经验，在求职前可查阅目标企业近期的评论并做出综合判断（见图 7-3）。

图 7-3　看准网界面

7.1.2　判别公司的经营情况

公司的经营情况决定了公司的稳定性。通过天眼查等平台，我们可以查询到公司经营情况，但是这类数据往往比较滞后。那么如何更直观地判断一家公司的经营状况呢？主要看其商业模式和盈利模式是否具有可持续性。

选择应聘公司前，务必要了解清楚这家公司提供什么服务、生产什么产品、靠什么赚钱，现有的产品和业务的回笼资金能不能支撑公司运营。例如，有的公司一个月的销售额只有 30 万元，而一个月的员工工资就要发出 100 万元；有的公司承诺给投资人的收益率是 20%，而实际回报率只有 15%……这种情况下，除非有源源不断的风险投资加入，否则这些公司很难持续经营下去。

如果应聘的是上市公司，可以到新浪财经、网易财经等新闻网站看看该企业最近几年的盈利情况怎么样。假如这家企业的利润增长率或利润率一直在下滑，甚至好几年都是负数，说明企业的经营环境可能在恶化。最好在面试前了解一下企业最近发生的重大事件，这不仅有助于了解企业近况，还可以将这些信息作为面试中的谈资。在校的学生可以看看学校的图书馆有没有购买 Wind 等金融数据终端软件，从中可以获得上市企业全方位的经营数据。

7.1.3　国有企业、外资企业、民营企业的区别

在很多人的心目中，国企意味着铁饭碗，但是也存在着体制僵化的可能；民营企业能够快速成长，但是很多企业都以"996"的工作节奏闻名（996 指早上 9 点上班，晚上 9 点下班，每周工作 6 天）；外资企业福利好，待遇也不错，但貌似职业天花板过于明显……其实，这些想法带有很大的片面性。在我看来，公司所处的行业比公司体制更

能体现出差异，例如，在咨询行业，外资企业明显优于内资企业；在互联网及科技型行业，大型民营企业占主导地位；而在关系国民经济命脉的重要行业，如金融、石油石化、电信等，以国企为主体。当然，在薪酬、管理制度和企业文化方面，不同体制的企业会有一定的差异，我们接下来进行简要的对比分析。

1. 薪酬和福利

从基本工资来看，民营企业和外资企业通常比国企更有竞争力，但是国企也有自己的优势，比如社保、公积金全部足额缴纳，有的国企还会帮助员工购买额外的商业保险。

2. 工作压力和稳定性

民营企业的工作压力往往最大，员工跳槽频率也最高；其次是外资企业，工作压力也相对较大；国有企业的工作压力相对较小，稳定性相对更高，有相当比例的员工可能会从入职干到退休。另外，工作压力也跟行业有关，如金融、咨询等行业的工作强度往往都比较高。

3. 管理制度和组织文化

外资企业的管理制度一般比较完善，培训机制健全，成长路径清晰；国企的工作流程相对严格，有明确的上下级分工；民营企业的管理制度相对灵活，人治现象普遍存在，但是个人的想法和创意更容易实现。

7.2　投递跟进和感谢信

如果对一家公司特别心仪，但是投递简历后一直得不到回复怎么办？面试之后觉得自己没有表现好怎么办？面试完几天了，依然没有得到回应怎么办？这个时候你需要写一封感谢信来与招聘方进行沟通，借感谢之名再次表达你期望加入的强烈意愿。

7.2.1　投递简历后久久没有得到回应

由于大多数招聘网站上都没有展示企业的招聘邮箱，也就无法直接联系对应的招聘负责人。这时可以尝试采用以下几种方式进行跟进。

（1）如果直接或者间接认识该公司相关部门的员工，可向他们寻求帮助，看一下自己的简历是否已经进入审核流程。

（2）如果没有熟人，可以通过在百度或者谷歌搜索的方式看看能不能找到招聘负责人的邮箱，如直接搜索 "@utrainee.com 招聘"。

（3）通过 LinkedIn 或者脉脉寻找对应事业部的管理层或者对应的招聘负责人，积极自荐。

不要过于腼腆或者怕碰一鼻子灰，企业都喜欢主观能动性高的员工，只要你的基本素质达到对方的要求，你主动联系他们，多数情况下他们会感到惊喜，甚至某些时候，即便你的胜任能力略有欠缺，他们也会给你一个面试机会来展示自己。退一步讲，即使没有得到对方的回应，自己也并没有任何损失。

7.2.2　面试之后的感谢信

除非你完全不在乎能否拿到这家公司的 offer，否则在面试之后写一封跟进式的感谢信非常有必要。

写感谢信的主要作用和目的如下。

（1）应聘竞争激烈的岗位时，往往会有多个人参加面试，一封感谢信能够唤醒面试官的记忆，使其加深对你的印象。

（2）如果事后对自己的面试表现不满意，或发现某些重要信息并没有在面试过程中展现出来，可以通过感谢信的形式进行补充。

（3）表达个人对该职位的重视程度以及希望加入的强烈意愿。

一般在面试之后一两个工作日就应该发送感谢信，上午面试的下午就可以发，下午面试的第二天上午就可以发，千万不能拖，因为超过 3 天可能面试结果就已经确定了，而且面试官对你的印象也都模糊了。

感谢信的标题必须简洁明了，让对方一看标题就能知道此封信件的来意。我们可采用如下标题样式。

示例 1：Thank you for the [Job Title] position interview on [date]
示例 2：×××岗位求职感谢信——姓名

感谢信在形式结构上与求职信有一些类似，主要包含以下几个部分。

第一部分：表达基本的问候，告知对方你是谁、什么时候参加的面试，表示你对得到这次面试机会的感谢。例如，在面试中学到了一些有趣的知识，更深入地了解了公司的业务模式，或在面试中发生了有趣的事情等，这些都可以简单描述一下。

第二部分：针对岗位再次进行自我营销，这里和求职信的不同点在于仅需要重点描述在面试中没有充分展示的部分，或者补充回答面试官当时提出的一些问题。一定要结合当时的面试谈话来写，这样做的目的是帮助面试官打消顾虑，让他相信你是这个岗位的最佳人选。

第三部分：再次表示感谢，重申个人对该职位的兴趣，并表达愿意为弥补自己的不足而付出努力。

下面，我们看两份感谢信的范例。

（1）中文感谢信范例。

尊敬的曹经理：

您好！我是昨天下午到贵司参加面试，应聘内容运营岗位的牛萌萌。非常感谢您能够给予我这次面试机会，通过和您的交谈，我非常认可公司××业务的发展模式和商业潜力，也真诚地期望能够加入贵司，为该业务的发展贡献一份力量。

您在面试中提到希望招聘具有3年以上工作经验的员工，而我目前的工作年限仅有1年，但基于以下几点，我坚信自己可以做好这份工作。

（1）我有非常良好的阅读习惯。进入大学以来，我每年保持50本以上图书的阅读量，职场、历史、管理、经济、成长类、心理学的书籍都有所涉猎，并且有记录笔记和定期总结等良好习惯。

（2）我的相关经验其实不止1年。我在大学期间曾担任我校刊物《×××》的副主编，任职期间，该刊发行6期，其中有我撰写的文章6篇；我还曾在××写作大赛中获得一等奖。

（3）我有良好的创意和表现能力。我擅长捕捉热点，挖掘用户深层次的需求，且不限于文字的表达形式。除了在公众号上发表了多篇10万以上阅读量的文章外，我在B站（Bilibili）也有8万多粉丝，自主创作的视频"××××"总计播放量达50万次。

结合这次面试我了解到的新信息，对公司内容建设我进行了深入的分析，并写了一些个人的想法，放在附件的PPT中，不足之处，还望您指正。期待能有和您一起共事、向您学习的机会！

牛萌萌

电话：188-1234-1234（全天）

邮箱：niumm1992@126.com

（2）英文感谢信范例。

Dear Mr/Ms[Name],

Thanks for the opportunity to visit with you this past Wednesday to discuss the position of [Position Name]. I certainly appreciated your hospitality.

Reflecting on our conversation, it would appear that I have most of the key qualifications you seek. My educational qualifications, coupled with my prior marketing experience with the [Company Name], hopefully make me a particularly attractive candidate to the [New Company Name]. In addition to my enthusiasm, I will bring to the position a willingness to learn, both about the company and the marketing field.

I appreciate the time you took to interview me. I am certain that I can make a real contribution to your organization. If I can provide you with additional information, please let me know.

Yours sincerely,

xxxx xxxx

188-1234-1234

Lucyzhang1995@126.com

如果你没有面试官的邮箱地址怎么办？在面试结束时，最好向面试官要一张名片，或者交换一下微信。如果忘记了索取，或者当时的场合不太适合索取，可以发送一封邮件给该公司的 HR，并在底部附一段留言，请对方将邮件转发给面试官。

7.3　其他类型的简历

7.3.1　创意型简历

所谓的创意型简历并非指网上那些模板花哨的简历，这类简历虽然在色彩、布局方面看似很吸引眼球，但往往中看不中用，既浪费了 HR 获取关键信息的时间，也不能突出自己的想法和创意。创意型简历一般适用于某些特定行业或特定岗位，如设计、市场营销、媒体、广告、公关等，这些行业或岗位对人才的创意、想法有很高的要求，一份与众不同且充满创意的简历，不仅有助于你通过简历筛选，甚至在面试过程中也能给你加分。

一般而言，创意型简历应该满足以下两个要求。

（1）有突出的创意，能给人耳目一新的视觉冲击力。

创意型简历既可以在标准简历的基础上进行创新，也可以突破纸质媒介的限制，大胆地发挥个人的创意，比如通过网页、视频、布艺、可视化图表等形式将个人经历表达出来。

（2）能够体现岗位所需要的技能。

也就是说，在传达个人经验和其他信息的同时，将自身所掌握的与岗位相关的技能在简历中充分呈现出来。

下面，我们看一些能突出自身创意的简历示例。

（1）巴黎的艺术总监兼动作设计师本杰明·本海姆（Benjamin Benhaim）使用 Cinema 4D、Octane 和 After Effects 等软件设计的 3D 渲染简历（见图 7-4）。

图 7-4　3D 渲染简历

（2）设计师 Rikhard Hormia 制作的包含个人名片、个人简历、优盘（内置个人作品）的求职礼盒（见图 7-5）。

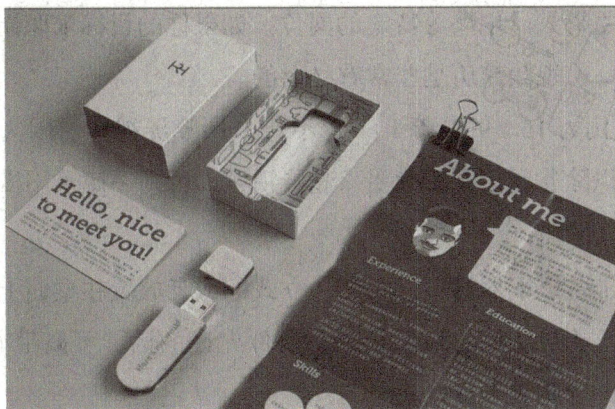

图 7-5　求职礼盒

（3）互动设计师 Brennan Gleason 即将大学毕业，为了能够吸引雇主的注意，他定制了啤酒和包装盒，并将简历印在了包装盒的背面（见图 7-6）。

图 7-6　包装盒简历

类似的创意还有很多，例如：

应聘游戏策划岗位，制作了一款关于自己职业成长历程的互动式的网页小游戏；

应聘报刊编辑岗位，将自己的简历做成报刊的样式；

应聘市场策划岗位，制作定格动画，将自己的职业经验和技能展示出来；

应聘百度公司的岗位，将个人的简历设计成百度搜索结果的样式。

7.3.2　视频简历

视频简历是近年兴起的一种简历形式。一些企业除了要求求职者提供纸质或电子简历外，还要求提供 1～2 分钟的视频简历。很多求职者觉得视频作为简历的一种载体，只需要提前写一个稿件，然后对着摄像头读出来即可，其实这是非常大的误区。

视频简历往往适用于考察纸质简历没有办法直观体现的能力或信息，比如语言表达能力、演讲能力、英语口语能力以及真实的长相、气质和身材等，一般适用于市场和销售、演员、模特、主持人、主播等特定的岗位。如果你的目标求职岗位有此要求，那么花费时间精心准备一份视频简历是非常有必要的。

常见的视频比例为 16∶9 或者 4∶3，不要采用竖屏视频。因为 HR 多使用电脑端打开视频简历，所以除非雇主方明确要求竖屏视频，否则一律采用横屏拍摄。

1. 拍摄器材准备

在拍摄时需要准备以下器材：三脚架，立式的或者放置在桌面上的简易三脚架都可以；手机、DV 或可录制视频的高清相机；条件允许的话，可佩带 Mini 的拾音降噪麦克风，以保证视频的音质效果良好。

2. 衣着和妆容

如果应聘销售类的岗位，需穿着正式的商务装；如果应聘演员、模特等岗位，衣着以不影响展现自己的身材和样貌为宜，颜色宜为白色或黑色，样式不要过于复杂；女士拍摄前需简单化妆，男士注意剃须，一定要保证干净、大方。

3. 拍摄环境选择

可选择室外或者室内拍摄，根据视频使用场景而定。例如，参加某校园之星风采大赛，则选择校园标志物或者环境优美的背景比较好；如果以展示表达能力和个人才艺为主，则在室内更好一些。但不管选择哪一种场景，"安静"都是第一原则。

4. 视频内容

视频简历力求精简，不妨理解为简历中的基本信息 + 教育经历 + 个人总结评价，尽可能在最短的时间内突出自身与岗位相匹配的点。可以提前写一份演讲稿，并达到熟读能诵的水平，而不是对着讲稿逐字朗读。视频简历应着重突出个人的演讲能力和表现力，不要舍本求末。

5. 视频拍摄

在拍摄时一定要注意脸部能够被灯光完整照射，不要背光拍摄。确保摄像器材的焦点对准人的脸部尤其是眼睛，拍摄完成后检查一下视频，看看焦点定位是否准确、声音是否清晰。拍摄视频的时候在开始和结尾处可以多拍几秒，后续可以剪掉，但是一旦开始讲话，中间的部分务必做到一气呵成，不要靠后续的裁剪拼接。求职者在整个录制过程中要落落大方、自信满满、面带微笑。

6. 视频后期处理

视频录制完成后，可对视频进行简单的处理，如裁剪掉片头片尾没有用的部分、调整视频的亮度、降噪、在视频空白处加上一些个人基本信息等。

招聘方往往要求求职者将视频上传至指定的网站（网申系统或优酷、腾讯视频等视频网站），如果是公开的网站，因涉及个人信息，雇主方会要求求职者将视频加密，并按照固定的格式命名。在网申提交时，应聘者需提供视频链接、视频密码等信息。如果直接通过邮件等方式投递，注意视频容量不要超过雇主方的要求。

7.3.3　领英（LinkedIn）简历

领英（LinkedIn）是全球最大的职业社交网站，是一家面向商业客户的社交网络（SNS）。在国内，领英的普及度并不是特别高，但是在应聘外资企业时，领英是非常重要的求职渠道。

在领英中，需要填写的信息有个人简介、个人经历（工作经历、教育经历、资格认证、志愿者经历）、技能专长、个人成就（出版作品、专利发明、所学课程、所做项目、荣誉奖项、语言能力、参与组织）及其他信息等（见图 7-7）。领英中的个人简介与正式的简历极为类似，仅需要根据领英的归类规则重新划分各个模块即可。不过作为社交式的网页，不必考虑一页纸的限制，尽可能将所有有用的经历都写上去，注意多使用一些与目标求职领域相关的关键词。

图 7-7　领英中需要填写的信息

领英中的个人简介是非常重要的一个模块，包括个人的姓名、头像、职业头衔、当前职位和所在公司等信息，这些都是用人单位重点搜索的信息，尤其是职业头衔信息要重点提炼，它直接决定了用人单位打开简历的概率。同时，领英的个人简介中务必上传头像，以商务照为宜，这样可以提高个人主页被打开的概率。

领英支持创建多个语言版本的简历，其中一个版本为主语言，每个语言版本仅支持一份简历，领英会根据访客的语言来显示对应语言版本的个人简历。若没有相匹配的语言，或当前只有一个语言版本的简历，则默认显示主语言版本。在领英"完善档案—支持语言"功能中可以添加简历版本（见图 7-8），建议所有求职者至少创建两份简历，一份中文一份英文（见图 7-9）。因为领英的使用场景多为英文，所以主语言版本可设置为英文。

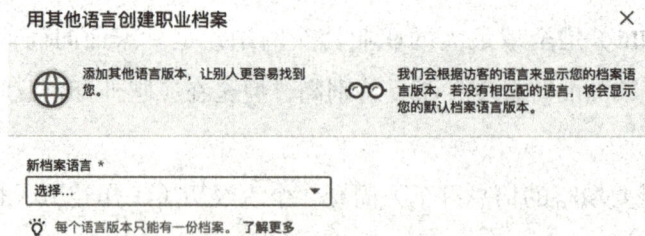

图 7-8　在领英中创建多语言版本的简历

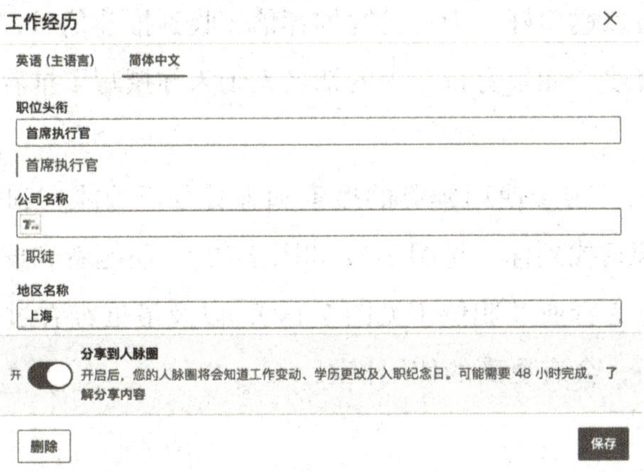

图 7-9　编辑不同版本简历

领英的一个重要功能就是添加职业好友，领英会根据关系链条标明你们的人脉度，人脉度不同，权限也有很大的差别。

一度人脉：对方和你已经成为领英上的好友，可以向对方发送消息，查看对方联系方式，同时通过对方拓展人脉关系网；

二度人脉：和你有共同一度人脉的领英用户，可查看对方主页和共同好友，但无法发送消息，需要申请成为好友，从而进行间接推荐；

三度人脉：和你有共同二度人脉的领英用户，类似二度人脉，无法查看共同好友。

与普通的简历不同，在领英所添加的技能可通过两种方式增加其可信度：一种是进行对应的技能问答测试，限时 15 分钟完成 15 ~ 20 道多选题，排名前 30% 可以获得认证徽章，不合格的话 3 个月后才能再次进行测试（见图 7-10）；另一种是认可你某项技能的好友可为该项技能点赞，点赞的人越多，则你该项技能的可靠性越高。

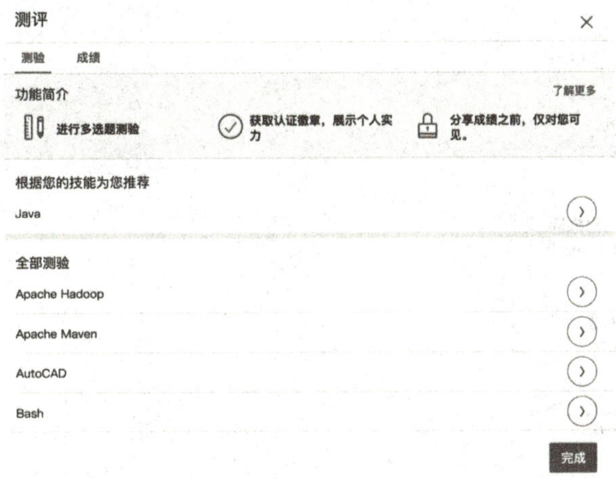

图 7-10　领英的技能测试列表

在领英中，你可以邀请好友为自己写推荐信，收到推荐信后，不满意的话还可以邀请对方进行适当的修改。如果有行业内的知名人士为你撰写了推荐信，这在求职中无疑是很大的加分项。

在求职过程中，要善于使用领英的搜索和查看分析功能。利用该功能，不光可以看到有多少人通过搜索找到你（见图 7-11 和图 7-12），还能看到搜索你的雇主方（见图7-13）和搜索人对应的行业及职位（见图 7-14），以及最近查看过你的人搜索的关键词等。如果开通了会员，会有更高的使用权限。

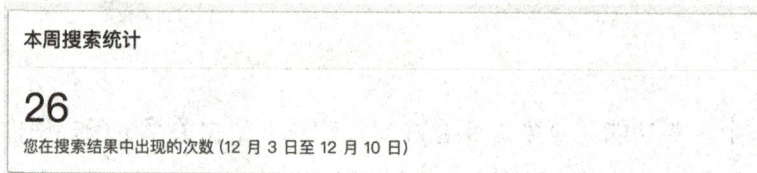

本周搜索统计

26

您在搜索结果中出现的次数（12 月 3 日至 12 月 10 日）

图 7-11　查看搜索统计结果

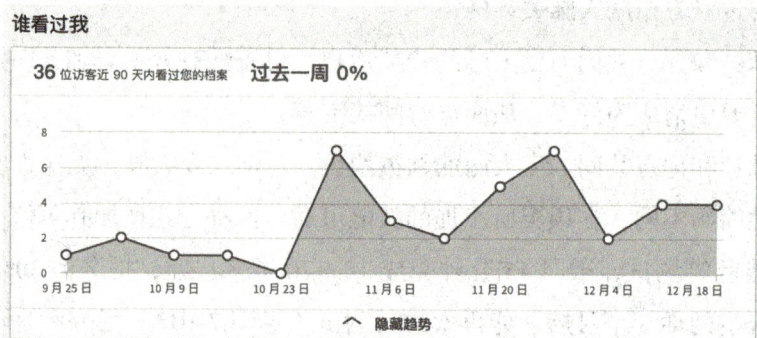

谁看过我

36 位访客近 90 天内看过您的档案　　**过去一周 0%**

隐藏趋势

图 7-12　查看你被搜索的趋势

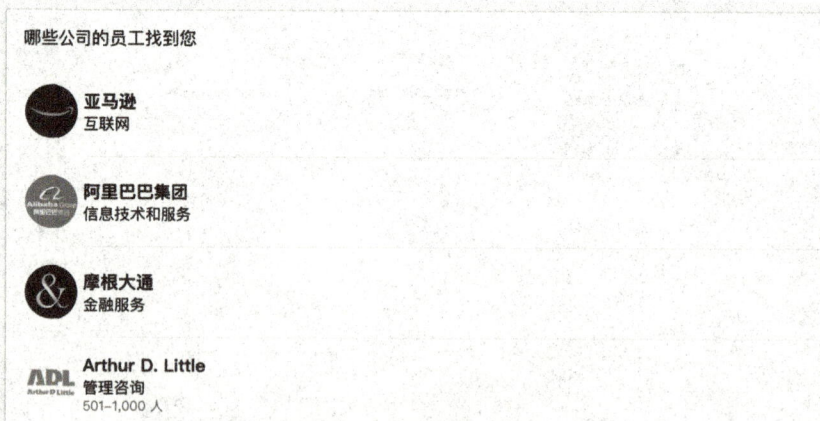

哪些公司的员工找到您

亚马逊
互联网

阿里巴巴集团
信息技术和服务

摩根大通
金融服务

Arthur D. Little
管理咨询
501–1,000 人

图 7-13　查看搜索你的雇主方

哪些行业的人士找到您

学生 | 26%

销售 | 7%

业务分析师 | 3%

人力资源专员 | 3%

信息技术顾问 | 3%

图 7-14　查看对方行业及职位

关于职徒简历

职徒简历（52cv.com）是一款智能的简历制作工具，支持在网页和微信小程序同步进行简历创建、修改和下载（导出），基础功能全部免费。

第一次制作简历的求职者，可以选择"引导模式"，一步一步完成简历创建；已经有简历但是想通过职徒简历进一步优化排版和内容的求职者，可以直接将已有简历导入平台，在"预览模式"下进行修改，"预览模式"下所看到的简历与下载后的简历保持一致。

职徒简历的智能化主要体现在以下几个方面。

（1）一键排版，提升制作效率。

①字体大小、行间距、页边距、标题颜色可全局调整，各个模块高度一致。

②支持一键将简历缩放至一页、经历倒叙、一键切换标题样式。

③各类型经历模块和子模块可自由增加、任意排序，误删除可撤销。

④支持存储多份简历和作品附件，可对已有简历进行复制、分享、标签标记。

⑤支持导出 PDF 和 JPEG 格式简历，支持多份简历合并导出。

（2）海量案例和简历模板，优化内容表达。

①在模板商城中有各个行业的达人分享的成功求职的简历模板。

②撰写简历的页面有每个模块的填写帮助以及常见行为词的中英文对照。

③针对不同的行业和岗位、项目经历、校园组织等都有经典的案例库，可结合个人经历模仿创作。

（3）中英文一键互译，10 秒即可将中文简历翻译为英文简历。

（4）智能邮箱系统，提升简历回复率。

①支持一键将制作好的简历插入邮件正文。

②针对不同岗位和求职目标，可创建多个常用邮件正文模板。

③支持在邮件正文中插入个人名片。

④支持岗位在线投递。

（5）行业大咖在线辅导，提供个性化的简历修改、面试辅导、职业规划等服务。

如在使用过程中对产品功能有任何意见和优化建议，均可发送邮件至contact@52cv.com。对于有价值的建议，我们会优先采纳并给予建议者精美礼物作为回馈。

附录

附录1　简历行为词中英文对照表

1. 常见工作动词

参与	participated	促进	promoted
编辑	edited	阐述	formulated
校订	revised	担任	acted as
使用	used	解释	explained
处理	conducted	参加	participated
行使	exercised	生产	produced
查阅	consulted	销售	sold
实现	achieved	出售	sold
采购	purchased	执行	executed, conducted
提供	provided	演示	demonstrated
供应	provided	宣传	propagated
完成	accomplished，completed	反馈	gave sb. feedback
提交	submitted	发布	released
汇报	reported	展示	demonstrated
支持	supported	介绍	introduced
记录	recorded	出版	published
辅助	assisted	调试	debugged
保持	retained	测试	tested
试验	experimented	工作	worked
报告	reported	练习	exercised
翻译	translated	产生	generated

（续表）

编写	compiled		安装	installed
计算	calculated, computed		递交	rendered
操作	operated		服侍	served
建造	built，constructed		维修	serviced
发现	discovered		签订	contracted
确定	determined		选择	selected
选出	extracted		塑造	shaped
产生	generated		运输	delivered
鉴定	identified		反应	responded
交易	marketed		整理	consolidated
调节	regulated		修补	revamped
锻炼	trained		核实	verified
转换	transformed		定位	located
利用	utilized		修理	repaired

2. 表现个人成就的词汇

加快	accelerated，expedited		简化	simplified
获得	obtained, attained, acquired		扩张	expanded
实现	achieved		提升	promoted
得到	earned		覆盖	covered
赢取	won		加强	reinforced
加速	accelerated，expedited		修复	restored
降低	reduced		重建	restored
扩大	broadened, expanded		取得	achieved，attained
拓展	expanded		挣得	earned
改善	improved		超过	exceeded
改进	improved, modified, streamlined		增长	increased
重构	restructured		精通	mastered
创建	established		节省	saved
升级	upgraded，updated		精简	streamlined
完成	accomplished, completed		支撑	sustained
影响	affected, influenced, effected		加固	upgraded
增加	increased		赢得	won
减少	reduced		上市	marketed

（续表）

掌握	mastered	表现	performed
完善	perfected	搭建	constructed
重塑	remoulded		

3. 表现个人领导力的词汇

负责	be in charge of	引导	channeled
召集	convened	挑选	selected
指挥	commanded	调解	mediated
组建	formed	聚集	gathered
构建	set up	指示	instructed, prescribed
任命	appointed	主张	maintained
主导	led	指定	specified
主持	chaired, preside	概述	outlined
组织	organized, structured	委派	delegated
制定	draw up	征募	enlisted
带领	headed	接见	interviewed
领导	guided, chaired, led	仲裁	mediated
牵头	led	宣言	publicized
指挥	commanded	集中	gathered
监督	supervised	陈述	formulated
监管	supervised	举例	illustrated
核查	checked	影响	affected, influenced, effected
决定	decided, determined		

4. 表现组织管理能力的词汇

组织	organized, structured	确保	insured
协调	coordinated	争取	strove for
配合	coordinated	整合	integrated
调配	redeployed	建议	advised, suggested
统一	unified	发展	developed
分配	distributed, assigned, allocated	修订	revised
归类	catalogued	评估	assessed
分组	grouped	推荐	recommended
划分	divided	评定	evaluated

（续表）

沟通	communicated	筹集	raised
分类	classified	控制	controlled
汇总	collected	综合	integrated
总结	summarized	调停	mediated
管理	administered，managed	监控	monitored
安排	arranged	防止	prevented
审阅	reviewed	扶持	supported
收集	collected	支撑	sustained
比较	compared	核准	approved
贯彻	implemented	统治	governed
维护	maintained	评价	appraised，evaluated
派遣	dispatched	分发	dispensed
管控	controlled		

5. 表现开创和创新意识的词汇

优化	optimized	发现	discovered
设立	established	发动	initiated
提出	presented，proposed	创新	innovated
发起	launched	创办	originated
创立	initiated	发表	published
重构	restructured	提议	proposed
开创	started	创作	produced
创造	created	开始	started
设计	designed	重组	reorganized
建立	created, established, founded	命名	named
引进	imported	起草	drafted
发明	invented	想象	visualized
改造	reorganized	定义	defined
翻新	renewed	成立	founded
升级	upgraded，updated	发行	issued
改变	changed		

6. 表现沟通和团队合作能力的词汇

联合	united	激发	motivated

（续表）

招募	recruited	合作	collaborated
鼓励	encouraged	传达	conveyed
招待	entertained	阐明	clarified
沟通	communicated	商议	counseled
接触	contacted	演说	addressed
联络	got in touch with	简要	briefed
联系	contacted	通信	corresponded
通知	informed	谈判	negotiated
调解	mediated	表达	presented
说服	persuaded	诠释	interpreted
适应	adapted	介绍	introduced
相处	devised	和解	reconciled
激励	activated		

7. 表现解决问题能力的词汇

解决	resolved, solved	实现	realized
排除	removed	巩固	strengthened
消除	eliminated	推动	motivated
化解	defused	找回	retrieved
完成	accomplished, completed	完成	accomplished, completed
达成	reached		

8. 表现研究、学习和应用能力的词汇

学习	studied	开发	developed
应用	applied	研究	researched
检验	tested	探究	explored
检查	examined, inspected	评估	assessed
观察	observed	演算	figured
搜集	collected	对比	contrasted
比较	compared	改造	reorganized
推导	deduced	诊断	diagnosed
得出	obtained	调整	coordinated, modified, adjusted
洞悉	had insight into	证明	proved, demonstrate
查明	pinpointed	来源	sourced

（续表）

检查	examined，inspected	回顾	reviewed
测量	measured	编纂	compiled
调查	surveyed	探测	detected
校验	checked	发现	discovered
核查	checked	搜索	searched
计算	calculated，computed	编译	compiled
推算	calculated	测试	tested
分析	analyzed		

9. 表现教授、指导他人的能力的词汇

建议	advised，suggested	咨询	consulted
帮助	helped	辅导	tutored
教育	educated	教授	taught
教导	instructed	训练	coached，trained
培训	trained	指导	supervised，guided，instructed，directed
指引	directed	灌输	implanted
授课	lectured	讲授	taught

10. 表现计划能力的词汇

筹备	staged	预防	prevented
预测	predicted,forecasted	准备	prepared
计划	planned	构想	conceived
规划	projected	预算	budgeted
安排	arranged	估计	rated
制定	laid down	预见	anticipated
筹划	plan and prepare		

附录 2 　国外学位英文名称及简写一览表

Bachelor of Arts	B.A.	文学士
Bachelor of Architecture	B. Arch	建筑学士
Bachelor of Arts in Education	B.A.Ed, B.A.E.	教育学文学士

（续表）

Bachelor of Business Administration	B.B.A.	工商管理学士
Bachelor of Arts in Social Work	B.A.S.W.	社会工作学文学士
Bachelor of Education	B.Ed, B.E.	教育学士
Bachelor of Fine Arts	B.F.A.	艺术学士
Bachelor of General Studies	B.G.S.	通识学士
Bachelor of Liberal Studies	B.L.S.	文理学学士
Bachelor of Engineering	B.Eng, B.E.	工学士
Bachelor of Music	B.M., B.Mus	音乐学士
Bachelor of Music Education	B.M.Ed, B.M.E.	音乐教育学士
Bachelor of Nursing	B.N.	护理学士
Bachelor of Professional Studies	B.P.S.	专业进修学士
Bachelor of Science in Business Administration	B.S.B.A.	工商管理学理学士
Bachelor of Science	B.S.	理学士
Bachelor of Science in Business	B.S.B., B.S.Bus	商学理学士
Bachelor of Science in Education	B.S.Ed, B.S.E.	教育学理学士
Bachelor of Science in Engineering	B.S.Eng, B.S.E.	工程学理学士
Bachelor of Science in Medicine	B.S.Med	医学理学士
Bachelor of Science in Medical Technology	B.S.M.T., B.S.Med.Tech	医技学理学士
Bachelor of Science in Nursing	B.S.N., B.S.Nurs	护理学理学士
Bachelor of Science in Social Work	B.S.S.W.	社会工作学理学士
Bachelor of Science in Technology	B.S.T.	科技学理学士
Bachelor in Social Work	B.S.W.	社会工作学士
Bachelor of Technology	B.T.	科技学士
Bachelor of Law	LL.B.	法学士
Master of Arts	M.A.	文学硕士
Master of Accounting	M.Acc	会计学硕士
Master of Arts in Education	M.A.Ed	教育学文学硕士
Master of Architecture	M.Arch	建筑学硕士
Master of Arts in Teaching	M.A.T.	教育文学硕士
Master of Business Administration	M.B.A.	工商管理学硕士
Master of Civil Engineering	M.C.E.	土木工程学硕士
Master of Chemical Engineering	M.Ch.E., M.C.E.	化学工程学硕士
Master of Criminal Justice	M.C.J.	刑事学硕士
Master of Divinity	M.Div	神学学硕士

（续表）

Master of Engineering	M.E.	工程学硕士
Master of Education	M.Ed	教育学硕士
Master of Electrical Engineering	M.E.E.	电机工程学硕士
Master of Fine Arts	M.F.A.	艺术硕士
Master of Law	M.L.	法学硕士
Master of Library Science	M.L.S.	图书馆学硕士
Master of Music	M.M., M.Mus	音乐硕士
Master of Music Education	M.M.E., M.M.Ed	音乐教育学硕士
Master of Nursing	M.N.	护理学硕士
Master of Public Administration	M.P.A.	公共行政学硕士
Master of Psychology	M.Psy	心理学硕士
Master of Science	M.S.	理学硕士
Master of Science in Criminal Justice	M.S.C.J.	刑事理学硕士
Master of Science in Education	M.S.E., M.S.Ed	教育理学硕士
Master of Science in Electrical Engineering	M.S.E.E.	电机工程理学硕士
Master of Science in Library Science	M.S.L.S.	图书馆理学硕士
Master of Science in Medical Technology	M.S.M.T.	医技理学硕士
Master of Science in Nursing	M.S.N.	护理理学硕士
Master of Science in Social Work	M.S.S.W.	社会工作理学硕士
Master of Social Work	M.S.W.	社会工作学硕士
Doctor of Arts	D.A.	文学博士
Doctor of Dental Science	D.D.S.	牙科博士
Doctor of Engineering	D.E.	工程博士
Doctor of Education	D.Ed	教育学博士
Doctor of Musical Arts	D.M.A.	音乐艺术博士
Doctor of Osteopathy	D.O.	骨科博士
Doctor of Social Science	D.S.S.	社会科学博士
Doctor of Veterinary Medicine	D.V.M.	兽医学博士
Doctor of Jurisprudence	J.D.	法理学博士
Doctor of Judicial Science	J.S.D.	司法学博士
Doctor of Business Administration	D.B.A.	工商管理博士
Doctor of Accountancy	D.Acc	会计学博士

附录 3　常见企业（公司）部门名称英文翻译

总公司	Head Office
分公司	Branch Office
营业部	Business Office
人事部	Personnel Department
人力资源部	Human Resources Department
总务部	General Affairs Department
销售部	Sales Department
促销部	Sales Promotion Department
国际部	International Department
出口部	Export Department
进口部	Import Department
公共关系部	Public Relations Department
广告部	Advertising Department
企划部	Planning Department
产品开发部	Product Development Department
研发部	Research And Development Department
秘书室	Secretarial Pool
采购部	Purchasing Department
工程部	Engineering Department
市场部	Marketing Department
客服部	Service Department
财务部	Financial Department
总经办	General Department
采购部	Purchase & Order Department
研究部	Research Department
无线事业部	Wireless Industry Department
拓展部	Business Expending Department
物供部	Supply Department
业务拓展部	Business And Development（B&D）
会计部	Account
公共关系部	People Relationship（PR）
外销部	Overseas Department/International Sales Section/Export Section
党支部	Communist Party Office

（续表）

质检部	Quality Control Department
内销部	Domestic Sales Department
行政部	Administration Department
生产部	Processing Section/Production Section
监事会	Monitor & Support Department
战略研究部	Strategy Research
技术部	Technology Department
化验组	Chemistry Section
总装车间	Fitting Shop
装配组	Assembly Group
成品包装组	Finished Product Packing Group
散件包装组	Semi-Product Packing Group
成品仓库	Finished Product Warehouse
工具仓	Facility Warehouse
焊接组	Jointing Group
冲压组	Punch Group
注塑车间	Deposit Shop
试制车间	Trial-Manufacture Shop
生产指挥中心	Producing Directing Center
后勤保障部	Logistics Department
控制部	Control Department
规划设计院	Planning And Design Institute
发展部	Development Department
审计部	Audit Department
战略规划部	Strategic Planning Department
营销服务中心	Marketing Service Center
质量保障部	Department Of Quality Assurance
试验技术中心	Test Technology Center
综合部	Comprehensive Department
公司营销管理部	Corporate Sales & Marketing Management Department
公司产品管理部	Corporate Product Management Department
贸易融资部	Transactional Banking Department
零售营销管理部	Retail Sales & Marketing Management Department
资产托管部	Custody Department

（续表）

信用卡中心	Credit Card Center
零售贷款部	Personal Loan Department
私人理财部	Retail Deposits & Investments Development
资金同业部	Treasury & Financial Institutions Department
金融市场产品部	Financial Markets Product Department
信贷管理部	Credit Management Department
信贷审批部	Wholesale Credit Approval Department
资产保全部	Wholesale Collection Department
零售信贷风险部	Retail Credit Risk Department
特殊资产管理中心	Special Asset Management Center
计财管理部	Financial Budgeting & Planning Management Department
财务信息与资产负债管理部	Financial Information & A/L Management Department
运营管理部	Operations Management Department
集中作业部	National Processing Department
稽核部（内审部、内核部）	Internal Audit Department
法律事务部	Legal Department
合规部	Compliance Department
信息科技部	It Development Department
科技运营部	It Operations Department
电子银行部	E-Banking Department
办公室	Administration Office
保卫部	Security Department
董秘处	Bod Office
监秘处	Bos Office
机构发展部	Outlet Development Department
工会办	Labor Union Office
投资银行管理委员会	Investment Banking Management Committee
财富管理委员会	Wealth Management Committee
固定收益部	Fixed Income Department
证券金融部	Securities Finance Department
另类投资部	Alternative Investments Business Department
股权衍生品业务部	Equity Derivatives Business Department
权益投资部	Equity Investment Department
资产管理部	Asset Management Department

（续表）

大宗商品业务部	Commodity Business Line
股票销售交易部	Equity Sales & Trading Department
库务部	Treasury Department
新三板业务部	Otc Business Department
风险管理部	Risk Management Department
清算部	Clearing & Settlement Department
信息技术中心	It Centre
计划财务部	Planning & Finance Department
总经理办公室	CEO Office
综合管理部	General Administration Department
研究部	Research Department
战略客户部	Strategic Account Department
董事会	Board Of Directors
风险管理委员会	Risk Control Committee
预算管理委员会	Budget Committee
投资决策委员会	Operations Committee
资本市场部	Equity Capital Market

附录 4　常见职位及英文翻译对照表

高层管理	Senior Management	财务 / 审计 / 税务	Finance/Auditing/Tax
首席执行官 / 总裁 / 总经理	Chief Executive Officer/ President/General Manager	首席财务官	Chief Finance Officer
首席运营官	Chief Operation Officer	总经济师	Chief Economist
副总经理 / 副总裁	Vice General Manager/Vice President	总会计师	Chief Accountant
办事处首席代表	Chief Representative of Business Office	财务总监	Finance Director
分公司 / 分支机构 经理	Branch/Subsidiary Manager	财务经理	Finance Manager
办事处经理	Business Office Manager	财务顾问	Finance Advisor
总裁助理 / 总经理 助理	Assistant to President/Assistant to General Manager	财务主管	Finance Supervisor

（续表）

总监	Director	总账主管	General Ledger Supervisor
人力资源	**Human Resources**	会计经理	Accounting Manager
人力资源总监	Human Resources Director	会计主管	Accounting Supervisor
人力资源经理	Human Resources Manager	会计	Accountant
人力资源主管	Human Resources Supervisor	出纳员	Cashier
人力资源专员	Human Resources Specialist	财务 / 会计助理	Finance/Accounting Assistant
人力资源助理	Human Resources Assistant	财务分析经理	Financial Analysis Manager
招聘经理	Recruitment Manager	财务分析主管	Finance Analysis Supervisor
招聘主管	Recruitment Supervisor	财务分析员	Finance Analyst
招聘专员	Recruitment Specialist	成本经理	Cost Accounting Manager
招聘助理	Recruitment Assistant	成本主管	Cost Accounting Supervisor
薪资福利经理	Compensation & Benefits Manager	成本会计	Cost Accountant
薪资福利主管	Compensation & Benefits Supervisor	审计经理	Auditing Manager
薪资福利专员	Compensation & Benefits Specialist	审计主管	Auditing Supervisor
薪资福利助理	Compensation & Benefits Assistant	审计专员	Auditing Specialist
绩效考核经理	Performance Assessment Manager	审计助理	Auditing Assistant
绩效考核主管	Performance Assessment Supervisor	税务经理	Tax Manager
绩效考核专员	Performance Assessment Specialist	税务主管	Tax Supervisor
绩效助理	Performance Assessment Assistant	税务专员	Tax Specialist
培训经理	Training Manager	税务助理	Tax Assistant
培训主管	Training Supervisor	统计员	Statistician
培训专员	Training Specialist	投资经理	Investment Manager
培训助理	Training Assistant	投资主管	Investment Supervisor
员工关系主管	Employee Relations Supervisor	投资专员	Investment Specialist
企业文化专员	Corporate Culture Specialist	**质量 / 安全管理**	**Quality/Security Management**
行政 / 后勤	**Administration & Logistics**	质量总监	Quality Director
行政总监	Executive Director	质量管理经理	QA Manager

（续表）

行政经理	Executive Manager	测试经理	QC Manager
行政主管	Executive Supervisor	质量管理主管	QA Supervisor
办公室主任	Office Administrator	测试主管	QC Supervisor
总经办主任	GM office Administrator	质量管理工程师／员	QA Engineer/Inspector
行政专员／助理	Administrative Specialist/Assistant	测试工程师／员	Inspection Engineer/Tester
经理助理／秘书	Assistant/Secretary to Manager	检验员	Quality Control
前台接待／总机／接待生	Receptionist/Operator/Desk Clerk	可靠度工程师	Reliability Engineer
后勤	Logistics	故障分析工程师	Failure Analysis Engineer
保安队长	Security Guard Team Leader	认证工程师／审核员	Certification Engineer/Auditor
保安	Security Guard	体系工程师／审核员	Systems Engineer/Auditor
司机	Driver	安全／健康／环境经理	Safety/Health/Environmental Manager
档案资料管理员	File Clerk	安全／健康／环境主管	Safety/Health/Environmental Supervisor
电脑操作员／打字员	Computer Operator/Typist	安全／健康／环境工程师	Safety/Health/Environmental Engineer
清洁工	Cleaner	食品检验	Food Inspector
翻译	**Translator**	**市场／营销**	**Marketing**
英语翻译	English Translator	市场／营销总监	Marketing Director
日语翻译	Japanese Translator	市场／营销经理	Marketing Manager
德语翻译	German Translator	市场／营销主管	Marketing Supervisor
法语翻译	French Translator	市场／营销专员	Marketing Specialist
俄语翻译	Russian Translator	市场助理	Marketing Assistant
韩语翻译	Korean Translator	市场分析／调研人员	Marketing Analyst/Research Analyst
采购	**Purchasing**	运营经理	Operation Manager
采购总监	Purchasing Director	运营主管	Operation Supervisor
采购总监（国外）	Purchasing Director(overseas)	产品／品牌经理	Products/Brand Manager
采购经理	Purchasing Manager	产品／品牌主管	Products/Brand Supervisor
采购经理（国外）	Purchasing Manager(overseas)	产品／品牌专员	Products/Brand Specialist
采购主管	Purchasing Supervisor	市场通路经理	Trade Marketing Manager
采购主管（国外）	Purchasing Supervisor(overseas)	市场通路主管	Trade Marketing Supervisor

采购员	Purchasing Specialist	市场通路专员	Trade Marketing Specialist
采购员（国外）	Purchasing Specialist(overseas)	市场企划经理	Marketing Planning Manager
采购助理	Purchasing Assistant	市场企划主管	Marketing Planning Supervisor
物流 / 运输	**Logistics/Distribution**	市场企划专员	Marketing Planning Specialist
物流总监	Logistics Director	促销经理	Promotions Manager
物流经理	Logistics Manager	促销主管	Promotions Supervisor
物流主管	Logistics Supervisor	促销督导	Promotions Superintendent
物流专员 / 助理	Logistics Specialist/Assistant	促销员 / 导购	Promotions Specialist
供应链总监	Supply Chain Director	业务发展经理	Business Development Manager
供应链经理	Supply Chain Manager	业务发展主管	Business Development Supervisor
供应链主管	Supply Chain Supervisor	业务发展专员	Business Development Specialist
供应链专员	Supply Chain Specialist	培训师	Training Teacher
物料经理	Materials Manager	供应商管理	Supplier management Specialist
物料主管	Materials Supervisor	媒介采购总监	Media Purchasing Director
物料专员	Materials Specialist	媒介采购经理	Media Purchasing Manager
仓库经理	Warehouse Manager	媒介采购专员	Media Purchasing Specialist
仓库主管	Warehouse Supervisor	**生产 / 营运**	**Production/Operations**
仓库管理员	Warehouse Specialist	工长经理 / 厂长	Plant/Factory Manager
供应商管理	Supplier/Vendor Management	总工程师 / 副总工程师	Chief/Vice Chief Engineer
运输经理	Transportation Manager	技术总监	Technical Director
运输主管	Transportation Supervisor	生产总监	Production Director
海 / 空运操作	Sea & Air Transportation Staff	项目总监	Project Director
船务人员	Shipping Specialist	项目经理	Project Manager
快递员	Courier	项目主管	Project Supervisor
调度员	Dispatcher	项目工程师	Project Engineer
理货员	Warehouse Stock Management Staff	营运经理	Operations Manager
客服及技术支持	**Customer Service & Technical Support**	营运主管	Operations Supervisor
客服总监	Customer Service Director	生产经理	Production Manager

（续表）

客服经理（非技术）	Customer Service Manager (Non-Technical)	车间主任	Workshop Supervisor
客服主管（非技术）	Customer Service Supervisor (Non-Technical)	生产计划主管	Production Planning Supervisor
客服专员／助理（非技术）	Customer Service Specialist/ Assistant (Non-Technical)	生产计划协调员	Production Planning Coordinator
售前／售后技术支持经理	Technical Support Manager	生产主管	Production Supervisor
售前／售后技术支持主管	Technical Support Supervisor	生产督导	Production Superintendent
售前／售后技术支持工程师	Technical Support Engineer	生产领班／线长	Production Team Leader
现场服务工程师	Field Service Engineer	化验员	Laboratory Technician
投诉专员	Suit Specialist	生产工程师	Produce Engineer
咨询热线／呼叫中心服务人员	Call Center Personnel	生产文员	Produce Clark
通信技术	**Communication Technology**	**互联网开发／应用**	**Internet Development and Application**
通信技术工程师	Communication Engineer	互联网软件开发工程师	Internet Software Engineer
有线传输工程师	Wired Transmission Engineer	多媒体／游戏开发工程师	Multimedia/Game Development Engineer
无线通信工程师	Wireless Communication Engineer	网站营运经理	Web Operations Manager
电信交换工程师	Telecommunication Exchange Engineer	网站营运主管	Web Operations Supervisor
数据通信工程师	Data Communication Engineer	网站营运专员	Web Operations Specialist
移动通信工程师	Mobile Communication Engineer	网络工程师	Web Engineer
电信网络工程师	Telecommunication Network Engineer	网站策划	Website Designer
通信电源工程师	Communication Power Supply Engineer	网站编辑	Website Editor
信息技术	**Information Technology**	网页设计／制作	Web Designer/Production
首席技术执行官	Chief Technology Officer	网络信息安全工程师	Information Security Engineer

（续表）

首席信息官	Chief Information Officer	网络架构设计师	Network Construction Designer
技术总监	Technical Director	网站维护工程师	Website Maintain Engineer
技术经理	Technical Manager	**销售**	**Sales**
技术主管	Technical Supervisor	销售总监	Sales Director
高级硬件工程师	Senior Hardware Engineer	销售经理	Sales Manager
硬件工程师	Hardware Engineer	销售主管	Sales Supervisor
高级软件工程师	Senior Software Engineer	渠道 / 分销经理	Channel/Distribution Manager
软件工程师	Software Engineer	渠道 / 分销主管	Channel/Distribution Supervisor
ERP 技术开发	ERP Technology Development Staff	客户经理	Sales Account Manager
ERP 技术应用	ERP Application Implementation	客户主管	Sales Account Supervisor
系统集成工程师	System Integration Engineer	大区销售总监	Area Sales Director
系统分析员	System Analyst	大区销售经理	Area Sales Manager
系统工程师	System Engineer	区域销售经理	Regional Sales Manager
数据库工程师 / 管理员	Database Engineer/ Administrator	销售代表	Sales Representative
计算机辅助设计工程师	Computer Aided Design Engineer	渠道 / 分销专员	Channel/Distribution Specialist
信息技术经理	IT Manager	客户代表	Sales Account Representative
信息技术主管	IT Supervisor	销售工程师	Sales Engineer
信息技术专员	IT Specialist	电话销售	Telesales
项目总监	Project Director	销售行政经理	Sales Administrative Manager
项目经理	Project Manager	销售行政主管	Sales Administrative Supervisor
项目主管	Project Supervisor	销售行政专员 / 助理	Sales Administrative Specialist/Assistant
项目执行 / 协调人员	Project Specialist/Coordinator	商务经理	Business Manager
技术支持经理	Technical Support Manager	商务主管	Business Supervisor
技术支持主管	Technical Support Supervisor	商务专员	Business Specialist
技术支持工程师	Technical Support Engineer	商务助理	Business Assistant

（续表）

计量工程师	Measure Engineer	销售助理	Sales Assistant
标准化工程师	Standardization Engineer	**公关 / 媒介**	**Public Relations/Media**
品质经理	Quality Manager	公关经理	Public Relations Manager
系统测试	System Testing	公关主管	Public Relations Supervisor
软件测试工程师	Software Testing	公关专员	Public Relations Specialist
硬件测试工程师	Hardware Testing	会务经理	Event Manager
测试员	Test Engineer /Tester	会务主管	Event Supervisor
技术文员 / 助理	Technical Clerk/Assistant	会务专员	Event Specialist
系统管理员 / 网络管理员	System Manager/Webmaster	媒介经理	Media Manager
程序员	Programmer	媒介主管	Media Supervisor
软件 UI 工程师	UI Software Engineer	媒介专员	Media Specialist
UI 设计顾问	UI Design Consultant	公关 / 媒介助理	Public Relations/Media Assistant
需求工程师	Demand engineer	**金融**	**Finance**
系统架构设计师	System construction designer	分行行长	Branch President
咨询	**Consulting**	支行行长	Sub-branch President
咨询总监	Consulting Director	资产评估 / 分析	Assets Appraiser/Analyst
咨询经理	Consulting Manager	风险控制	Risk Control
专业培训师	Professional Trainer	信贷管理员	Loan Management Staff
咨询顾问	Consult Consultant	信用调查 / 分析人员	Credit Investigator/Analyst
咨询员	Consultant	信用控制员	Credit Controller
情报信息分析人员	Market Intelligence Analyst	进出口 / 信用证结算	Import & export/L/C Settlement
服装 / 纺织 / 皮革	**Clothes/Textile/Leather**	外汇交易	Foreign Exchange Dealer
服装 / 纺织设计	Clothes/Textile Designer	清算人员	Liquidation Staff
面料辅料开发	Shell and Auxiliary Fabrics Developer	高级客户经理 / 客户经理	Senior Customer Manager/ Customer Manager
面料辅料采购	Shell and Auxiliary Fabrics Purchaser	客户主管	Customer Supervisor
服装 / 纺织 / 皮革跟单	Clothes/Textile/Leather Merchandiser	客户专员	Customer Specialist
质量管理 / 验货员	Quality Management Staff/ Inspector	银行柜员	Bank Teller
板房 / 底格出格师	Templet Designer	银行卡、电子银行业务推广	Bank Cards and E-banking Business Marketing

服装打样/制版	Apparels Sample Production	证券/期货/外汇经纪人	Securities/Futures/Foreign Exchange Broker
车板工	Clothing Sewer	证券分析师	Securities Analyst
裁床	Cut Bed Staff	股票/期货操盘手	Stock/Futures Operators
裁剪车缝熨烫	Tailoring, Sewing and Ironing	金融/经济研究员	Financial and Economic Researcher
电脑放码员	Computer Coder	投资/基金项目经理	Investment/Fund Project Manager
媒体	**Media**	投资/理财顾问	Investment/Financing Consultant
总编/副总编	Chief/Vice Chief Editor	投资银行业务	Investment Banking Business
发行总监	publishment Director	基金分析师	Fund Analyst
编辑	Editor	融资经理	Financing Manager
记者	Journalist / Reporter	融资主管	Financing Supervisor
美工	Art Editor	融资专员	Financing Specialist
排版设计	Layout Designer	保险精算师	Actuary
校对/录入	Proofreader/Data Entry Staff	保险业务经理	Insurance Business Manager
出版/发行	Publishing/Distribution Staff	保险业务主管	Insurance Business Supervisor
晒版|拼版|装订	Making-up Operator	保险代理/经纪人	Insurance Agent/Broker
印刷机械机长	Printing Machine Operator	理财顾问/财务规划师	Financial Consultant/Finance Planner
印刷工	Printer	保险核保	Insurance Underwriter
电分操作员	Operator-Colour Distinguishing	保险理赔	Insurance Settlement Staff
印刷排版|制版	Layout Designer	保险客户服务	Insurance Customer Service
数码直印|菲林输出	Digital/Film Printing	保险内勤	Insurance Office Staff
打稿机操作员	Operator	保险产品开发	Insurance Product developer
调墨技师	Ink Technician	**贸易**	**Trading**
批发/零售	**Wholesales/Retails**	贸易经理	Trade Manager
店长	Shop Manager	外贸经理	Overseas Trade Manager
卖场经理	Store Manager	贸易主管	Trade Supervisor
店员/营业员	Shop Assistant/Salesperson	外贸主管	Overseas Trade Supervisor
收银员	Cashier	贸易专员/助理	Trade Specialist/Assistant
理货员/陈列员	Tally Clerk/Display Staff	外贸专员/助理	Overseas Trade Specialist/Assistant

（续表）

导购员	Purchasing Guider	进出口经理	Import/Export Manager
寻呼员 / 话务员	Paging Operator	进出口主管	Import/Export Supervisor
房地产	**Real Estate**	进出口专员	Import/Export Specialist
房地产开发 / 策划经理	Real Estate Development/ Planning Manager	业务跟单经理	Merchandising Manager
房地产开发|策划主管	Real Estate Development/ Planning Supervisor	高级业务跟单	Senior Merchandiser
房地产开发 / 策划	Real Estate Development/ Planning Staff	业务跟单	Merchandiser
房地产评估师	Real Estate Appraiser	业务跟单助理	Assistant to Merchandiser
房地产中介 / 交易	Real Estate Agent/Broker	货运代理	Shipping Agent
房地产销售经理	Real Estate Sales Manager	报关主管	Customs Supervisor
房地产销售主管	Real Estate Sales Supervisor	报关员	Customs Specialist
房地产销售	Real Estate Sales Staff	单证员	Documentation Specialist
物业管理	**Realty Management**	**生物 / 医疗**	**Biotechnology/Medical**
物业顾问	Realty Advisor	生物工程师	Biotechnical Engineer
物业管理经理	Realty Management Manager	制药工程师	Pharmaceutical Engineer
物业管理主管	Realty Management Supervisor	化工技术应用	Chemical Technical Application
物业管理专员 / 助理	Realty Management Specialist/ Assistant	化学分析员	Chemical Analyst
物业招商 / 租赁 / 租售	Realty Investment Promotion/ Lease/Rent Staff	医药技术研发管理人员	Pharmaceutical Technology R&D Management Staff
物业设施管理人员	Realty Facilities Management Staff	医药技术研发人员	Pharmaceutical Technology R&D Specialist
物业维修人员	Realty Maintenance Staff	临床研究员	Clinical Researcher
建筑工程 / 装潢	**Architectural Construction/ Decoration**	临床协调员	Clinical Coordinator
总建筑师	Chief Architect	药品注册	Pharmaceuticals Register Specialist
建筑工程师	Architect	药品生产 / 质量管理	Pharmaceutical Manufacturing/Quality Management
建筑结构工程师	Construction Structural Engineer	药品市场推广经理	Pharmaceutical Marketing Manager

（续表）

土木 / 土建工程师	Civil Engineer	药品市场推广	Pharmaceutical Marketing Staff
电气工程师	Electrical Engineer	医疗器械市场推广	Medical Equipment Marketing Staff
给排水 / 暖通工程师	Drainage/HVAC Project Engineer	医疗器械销售	Medical Equipment Sales Staff
城市规划与设计师	City Designer/Planner	医药销售经理	Pharmaceutical Sales Manager
室内外装潢设计师	Internal and Exterior Decoration Designer	医药销售主管	Pharmaceutical Sales Supervisor
园艺 / 园林 / 景观设计师	Gardening Designer	医药销售代表	Pharmaceutical Sales Representative
测绘 / 测量师	Mapping/Surveyor	OTC 销售经理	OTC Sales Manager
建筑制图师	CAD Drafter	OTC 销售主管	OTC Sales Supervisor
工程造价经理	Project Estimation Manager	OTC 销售代表	OTC Sales Representative
工程造价师 / 预结算	Project Estimator	化工实验室研究员	技术员	Chemical Laboratory Researcher|Technician
建筑工程管理	Construction Manager	广告 / 设计	Advertising/Designing
建筑工程验收	Construction Project Inspector	艺术 / 设计总监	Artistic/Design Director
工程监理	Engineering Project Supervisor	广告客户总监	Advertising Account Director
施工员	Construction Staff	广告客户经理	Advertising Account Manager
智能大厦 / 综合布线	Intelligent Building/Integrated Wiring	广告客户主管	Advertising Account Supervisor
工程总监	Project Director	广告创意总监	Advertising Creative Director
工程经理	Project Manager	广告创意 / 设计经理	Advertising Creative/Design Manager
工程主管	Project Supervisor	广告创意 / 设计师	Advertising Creative/Design Specialist
招商经理	Business Manager	文案	Copywriter
招商专员	Business Specialist	企业策划人员	Business Planning Staff
合约经理	Contract Manager	平面设计	Graphic Artist/Designer
合同管理工程师	Contract Engineer	动画 /3D 设计	Animation/3D Designer
配套工程师	Conveyance System Engineer	陈列设计 / 展览设计	Display/Exhibition Designer

（续表）

招标工程师	Tenders Engineer	多媒体设计	Multimedia Designer
工程审计经理	Project Auditing Manager	包装设计	Package Designer
工程审计主管	Project Auditing Supervisor	工业／产品设计	Industrial/Product Designer
工程审计专员	Project Auditing Specialist	工艺品／珠宝设计	Artwork/Jewelry Designer
安装工程师	Installation Engineer	家具／家居用品设计	Furniture/Household Product Designer
装潢工程师	Decoration Engineer	玩具设计	Toy Designer
报批报建经理	Construction Applying manager	**律师／法务**	**Lawyer/In-house Counsel**
报批报建工程师	Construction Applying Engineer	律师／法律顾问	Lawyer/Legal Counsel
水电工程师	Water and electricity engineer	律师助理	Lawyer Assistant
弱电工程师	Milliampere Engineer	法务经理	Legal Manager
勘测工程师	Exploration Engineer	法务	Legal Specialist
酒店／餐饮／娱乐	**Hotel/Restaurant & Food / Entertainment**	法务助理	Legal Assistant
餐饮／娱乐管理	Restaurant & Food / Entertainment Services Management	知识产权／专利顾问	IP/Patent Counsel
餐饮／娱乐领班	Restaurant & Food / Entertainment Services Supervisor	知识产权／专利专员	IP/Patent Specialist
服务员	Waiter	**操作工**	**Technician**
礼仪／迎宾	Receptionist	钳工／钣金工	Locksmith/Mechanic
行政主厨／厨师长	Executive Chef	机修工	Repairer
厨师	Chef	电焊工／铆焊工	Electric Welding Worker
切配	Kitchen Operator	车工／磨工／铣工／冲压工／锣工	Latheman/Grinder/Miller/Puncher/Turner
美容化妆顾问	Beauty/Makeup Advisor	模具工	Mould Worker
宾馆／酒店经理	Hotel Manager	电工	Electrician
宾馆／酒店营销	Hotel Marketing Staff	叉车工	Forklift Worker
大堂经理	Hall Manager	空调工	Air-Condition Worker
楼面经理	Floor Manager	电梯工	Lift Worker
前厅接待	Receptionist	锅炉工	Steam Worker
客房服务员／楼面服务员	Room/Floor Service Attendant	水工／木工／油漆工	Plumber/Carpenter/Painter

行李员	Bell Person	喷漆工	Paint Sprayer
清洁服务人员	Housekeeping Staff	配料员	Batch Operator
电子 / 电器 / 半导体 / 仪器仪表	**Electronics/Electrical Appliance/Semiconductor/ Instruments and Meters**	汽车修理工	Automotive Repairer
集成电路设计	Integration Circuit Design	技工	Technician / Engineer Trainee
集成电路应用工程师	Integration Circuit Application Engineer	普工	General Worker
集成电路验证工程师	Integration Circuit Qualification Engineer	搬运工	Porter
电子工程师 / 技术员	Electronic Engineer/Technician	包装工	Packer
电气工程师 / 技术员	Electrical Engineer/Technician	**工程 / 机械**	**Engineering/Mechanical**
电路工程师 / 技术员	Circuit Engineer/Technician	技术研发总监	Technical Design Director
电声 / 音响工程师 / 技术员	Electroacoustic/Acoustic Engineer/Technician	技术研发经理	Technical Design Manager
半导体技术	Semiconductor Technology	技术研发主管	Technical Design Supervisor
自动控制工程师 / 技术员	Automatic Control Engineer/ Technician	技术研发工程师	Technical Design Engineer
电子软件开发	Electronic Software Development	产品工艺 / 制程工程师	Process Engineer
嵌入式软件开发	Push-in Software Development	产品规划工程师	Product Planning Engineer
电池 / 电源开发	Battery/Power Supply Development	实验室负责人 / 工程师	Lab Manager/Engineer
现场应用工程师	Field Application Engineer	工程 / 设备经理	Engineering/Facility Manager
家用电器 / 数码产品研发	Household Electrical Appliance/Digital Products R&D	工程 / 设备主管	Engineering/Facility Supervisor
仪器 / 仪表 / 计量	Instruments/Meters/Measurers	工程 / 设备工程师	Engineering/Facility Engineer
测试工程师	Testing Engineer	工程 / 机械绘图员	Project/Mechanical Drafting Specialist
射频工程师	Radio Frequency Engineer	工业工程师	Industrial Engineer
		机械工程师	Mechanical Engineer
		装配主管	Assembling Engineer

（续表）

		模具主管	Mould Supervisor
		模具工程师	Mould Engineer
		维修主管	Maintenance Supervisor
		机电工程师	Electrical & Mechanical Engineer
		维修工程师	Maintenance Engineer
		铸造 / 锻造工程师	Casting/Forging Engineer
		注塑主管	Injection Supervisor
		注塑工程师	Injection Engineer
		焊接工程师	Welding Engineer
		夹具工程师	Clamp Engineer
		数控机床工程师	CNC Engineer
		结构工程师	Structural Engineer
		冲压工程师	Punch Engineer
		锅炉工程师	Boiler Engineer
		电力工程师	Electric Power Engineer
		光源与照明工程	Lighting Engineer
		汽车 / 摩托车工程师	Automotive/Motorcycle Engineer
		船舶工程师	Shipping Engineer

附录5　常见证书、资质、荣誉奖项中英文对照

1. 语言类证书

证书名称	英文名称	英文简写
大学英语四级证书	College English Test Band 4 Certificate	CET-4
大学英语六级证书	College English Test Band 6 Certificate	CET-6
全国英语等级考试	Public English Test System	PETS
托福成绩证书	Test of English as a Foreign Language	TOEFL
雅思成绩证书	International English Language Testing System	IELTS
美国研究生入学考试资格考试	Graduate Record Examination	GRE

（续表）

证书名称	英文名称	英文简写
国外工商管理硕士 MBA 入学考试	Graduate Management Admission Test	GMAT
托业考试证书	Test of English for International Communication	TOEIC
剑桥商务英语	Business English Certificate	BEC
大学英语四、六级考试口语证书	CET Spoken English Test	CET-SET
英语专业四级证书	Test for English Major-4	TEM-4
英语专业八级证书	Test for English Major-8	TEM-8
上海市口译资格证书	Advanced-Level/Intermediate-Level English Interpretation Accreditation Examination	
商务口译证书	Business Interpretation Accreditation Test	BIAT
全国外语翻译证书	National Accreditation Examinations for Translators and Interpreters	NAETI
金融英语证书	Financial English Certificate Test	FECT
职业英语考试	Test of Professional English	TOPE
全国出国培训备选人员考试	Business Foreign Language Test	BFT
BEC 初级	BEC Preliminary	
BEC 中级	BEC Vantage	
BEC 高级	BEC Higher	
日语能力考试	Japanese Language Proficiency Test	JLPT
商务日语能力考试	Business Japanese Proficiency Test	BJPT
法语	Test d' Evaluation de Francais	TEF
大学德语四级考试	hochschule prüfung für4.stufe	
大学德语六级考试	hochschule prüfung für6.stufe	

2. 计算机证书

证书名称	英文名称	英文简写
全国计算机等级考试	National Computer Rank Examination	NCRE
全国计算机软件专业技术资格和水平考试证书	Qualification Certificate of Computer and Software Technology Proficiency	
微软认证系统管理员	Microsoft Certified Solutions Associate	MCSA
微软认证系统工程师	Microsoft Certified Solutions Expert	MCSE
微软认证解决方案开发人员	Microsoft Certified Solution Developer	MCSD
微软认证数据库管理员	Microsoft Certified Database Administrator	MCDBA

（续表）

证书名称	英文名称	英文简写
微软认证专家	Microsoft Certified Professional	MCP
微软认证培训教师	Microsoft Certified Trainers	MCT
微软认证技术工程师	Microsoft Certified Technology Specialist	MCTS
思科认证网络支持工程师	Cisco Certified Network Associate	CCNA
思科认证网络工程师	Cisco Certified Network Professional	CCNP
思科认证互联网专家	Cisco Certified Internetwork Expert	CCIE
思科认证资深互联网专业人员	Cisco Certified Internetwork Professional	CCIP
思科资深语音工程师	Cisco Certified Voice Professional	CCNP Voice
思科认证资深安全工程师	Cisco Certified Security Professional	CCSP
全国计算机应用技术证书	National Applied Information Technology Certificate	NIT
全国计算机信息高新技术考试	Occupational Skill Testing Authority	OSTA
美国 Adobe 考试	Adobe China Education Certification Program	
美国 Autodesk 认证考试	Autodesk Certification	
全国计算机一级证书	First-level Certificate for National Computer	
全国计算机二级证书	Second-level Certificate for National Computer	
全国计算机三级证书	Third-level Certificate for National Computer	
全国计算机四级证书	Fourth-level Certificate for National Computer	

3. 财会金融类证书

证书名称	英文名称	英文简写
会计从业资格证书	Certificate of Accounting Professional	CAP
银行业从业资格证书	Certification of China Banking Professional	CCBP
证券从业资格证书	Certificate of Security Qualification	CSQ
期货从业资格证书	Certificate of Futures Qualification	CFQ
管理会计师证书	Certificate in Management Accounting	CMA
注册会计师	Certified Public Accountant	CPA
注册金融分析师	Chartered Financial Analyst	CFA
金融风险分析师	Financial Risk Manager	FRM
特许公认会计师证书	The Association of Chartered Accountants	ACCA
资产评估师	Certified Public Valuer	CPV
国际内部注册审计师	Certified Internal Auditor	CIA
国际财务管理师	International Finance Manager	IFM
注册金融策划师	Certified Financial Planner	CFP

（续表）

证书名称	英文名称	英文简写
保险精算师	Financial Institute of Actuary	FIA
注册国际投资分析师	Certified International Investment Analyst	CIIA
注册财务顾问师	Certified Financial Consultant	CFC
特许财富管理师	Chartered Wealth Manager	CWM
理财规划师	Financial Planner	FP
注册税务师	Certified Tax Agents	CTA

4. 其他专业资格证书

证书名称	英文名称
教师资格证	Teacher Certification
国家司法考试证书	National Judicial Examination
法律职业资格证书	Legal Professional Qualification Certificate
驾照	Driving License
普通话证书	National Mandarin Test (Level 1, 2, 3; Grade A,B,C)
导游证	Guide ID Card (Guide Identity of Identification Card)
导游资格证	Guide Certificate
秘书证	Secretary Card
中级涉外秘书证	Intermediate Foreign Secretary Card
人力资源从业资格证书	Qualification of Human Resources Practitioners
物流师职业资格证书	Certificate of International Logistics Specialist
国际物流师	Certified International Logistics Specialist
国际电子商务师职业资格认证	Certification of International E-Commerce Specialist
国际电子商务师	Certified International E-Commerce Specialist
电力工程证书	Certificate in Electrical Engineering
国际贸易单证员证书	Certificate of International Commercial Documents
报关员资格证书	Certificate of Customs Specialist
报检员资格证书	Certificate of Inspection
特许市场营销师	Certified Marketing Manager (CMM)
一、二级建造师	Grade1/2 Constructor
造价工程师	Cost Engineer
注册房地产估价师	Certified Real Estate Appraiser
质量工程师	Quality Assurance Engineer
城市规划师	Urban Planner

（续表）

证书名称	英文名称
公路造价师	Highway Cost Estimator
工程造价师	Budgeting Specialist
化学检验员	Chemistry Testing Laboratory Technician
化学技能证书	Chemical Skills Certificate
药品检验员	Drug Inspector
CAD 工程师认证证书	CAD Engineer Certification
电工证	Electrician certificate
技工证书	Technician Certificate
心理辅导教师资格证书	Psychological Counseling Teacher Certificate

5. 常见荣誉

中文名称	英文名称
国家奖学金	National Scholarship
国家励志奖学金	National Encouragement scholarship
三好学生标兵	Pacemaker to Merit Student
三好学生	Merit Student
学习优秀生	Model Student of Academic Records
突出才能奖	Model Student of Outstanding Capacity
先进个人	Advanced Individual/Outstanding Student
优秀工作者	Excellent staff
优秀学生干部	Excellent Student Cadre
优秀共青团员	Excellent League Member
优秀毕业生	Outstanding Graduates
优秀志愿者	Outstanding Volunteer
先进班集体	Advanced Class
优秀团干	Outstanding League Cadres
学生协会优秀干部	Outstanding cadres of Student Association
学生协会工作优秀个人	Outstanding Individual of Student Association
精神文明先进个人	Spiritual Advanced Individual
社会工作先进个人	Advanced Individual of Social Work
文体活动先进个人	Advanced Individual of Cultural and sports activities
道德风尚奖	Ethic Award
精神文明奖	High Morality Prize

（续表）

中文名称	英文名称
最佳组织奖	Prize for The Best Organization
突出贡献奖	Prize for The Outstanding Contribution
工作创新奖	Prize for The Creative Working
团队建设奖	Prize for The Team Contribution

附录6 常见求职招聘网站

1. 综合型招聘网站

网站名称	简介
前程无忧	老牌综合型招聘网站，美国纳斯达克上市，用户过亿，社招、校招、白领、蓝领、猎头均有涉猎，中大型公司使用较多
智联招聘	老牌综合型招聘网站，用户过亿，社招、校招、白领、蓝领、猎头均有涉猎，中大型公司使用较多
中华英才网	已经被58同城收购，专注于青年精英白领的招聘
猎聘	综合型招聘网站，主打中高端招聘，有5000万用户和45万家企业用户
看准网	综合型网站，除了招聘信息外，有求职者对公司的评价，还可以查看各个公司员工填写的薪资情况
BOSS直聘	主打App求职，互联网和科技企业用户多，可通过类似聊天的方式直接与招聘方进行沟通，中小型企业使用较多，也有部分比较大的企业在用
拉勾网	专注于互联网领域的招聘平台
58同城	基于城市的分类垂直信息网站，里面有专门的招聘版块，主要是蓝领人才招聘
卓博人才网	综合型的招聘网站，主要以广东地区各个城市的招聘为主
人才热线	智联旗下专注于深圳地区招聘的网站
智通人才网	综合型的招聘网站，主要以广东地区各个城市的招聘为主
全职招聘	综合型招聘网站，中低端岗位居多
锐仕方达	提供多行业高端职位，是国内首家AAAA级猎头
科锐国际	在超过18个行业及领域为各类人才提供中高端猎头、校园招聘职位

此外，还有地方类的人才网站，如上海人才网、广东招聘网、深圳人才网、贵州人才网等。

比较大的平台如前程无忧、智联招聘、猎聘网、中华英才网等都有各自的校园版块，为大企业提供校园招聘服务。

2. 大学生求职网站

网站名称	简介
应届生求职网	主打校园招聘的网站，上面有 BBS 论坛，网友会在那里分享针对各个公司的笔试、面试经验等
实习僧	主打实习类招聘，包括日常实习和寒暑期实习
大街网	主要面向年轻人招聘，含校园招聘
职徒简历	整合各大网站的在线职位，结合自身所带的简历工具，可通过邮箱直接投递或跳转到对应官网进行投递

3. 垂直型招聘网站

网站名称	简介
数英网	数字媒体信息网站，主要垂直于创意、设计、市场、运营、文案、策划等领域
eFinancial Careers	致力于为金融、银行、财会与保险行业从业人员及在校学生提供职位
独角招聘	专注数字营销、文案设计、公共关系、策划策略等领域
PMCAFF	垂直于互联网产品领域
建筑英才网	垂直于建筑设计、工程施工、装修装饰、房地产、物业、园林景观、市政路桥、环境工程等领域
一览英才网	服务于 7000 万专业技术人才，主要面向电力能源、土木工程、环保水利、机电机械、石油化工、IT、金融银行、卫生医疗等行业
全国事业单位招聘网	针对事业单位提供招聘信息和考试信息的网站
站酷	设计类垂直招聘网站
Nextoffer	互联网领域中高端猎头网站
SDNLab	通信行业专注网络创新的社区，招聘版块有不少大公司发布的招聘信息
牛客网	程序员的垂直求职社区，可以在社区查看笔试、面试经验等，也可以直接在上面求职
高校人才网	专门发布大中专院校、科研机构、事业单位、知名企业、中小学招聘信息的网站
1010 兼职网	综合型的兼职网站，主要以发布各地方的兼职信息为主
最佳东方	旅游服务业（酒店、餐饮、休闲娱乐、康复养生）的招聘求职平台
中国卫生人才网	中国卫生人才垂直招聘的网站，有全国各大医院、卫生局等的招聘信息
服装人才网	为服装行业提供人才招聘、薪酬调研、品牌推广等综合服务
丁香人才网	丁香园旗下专业的医疗行业招聘平台，主要发布与医疗相关的岗位
鞋业人才网	与鞋业相关的人才招聘网站

（续表）

网站名称	简介
中国汽车人才网	专注于为全国的汽车生产、销售、维修、零部件企业提供全面而专业的人力资源服务
万行教师人才网	从事教师招聘的行业人才网站
医药英才网	提供泛医药行业企业以及医药从业人员招聘、求职、人才测评、培训等服务的行业人才网站
外语人才网	从事外语、外贸、外语教育、涉外翻译招聘的人力资源网站
高校人才网	专注于发布大中专院校、科研机构、事业单位、知名企业、中小学招聘信息的专业网站
化工英才网	专为化学、石油、石化、涂料、橡胶、精细化工、日化、煤化工、环保、能源、化工机械、化工贸易等领域的企业以及从业人员提供招聘、求职、人才测评、培训等服务的行业人才网站
北极星电力招聘公司	电力、能源类招聘网站
旅游人才网	专注于旅游服务业的招聘网站
石油英才网	石油石化行业专业人才网站
中国建筑人才网	全国知名的建筑相关人才信息交流和招聘平台
大美业人才网	垂直服务于美妆行业的就业＋创业的平台
中国印刷人才网	印刷包装行业人力资源网站
中国教师人才网	教师行业招聘应聘网站
畜牧人才网	畜牧行业招聘网站
中国发展简报	专为从事 NGO 行业的企（事）业单位及人才提供招聘、求职服务的平台
MICHAEL PAGE	致力于寻找财务与会计、金融与银行、销售、人力、法务等多方面的人才

4. 社交类求职网站

网站名称	简介
Linkedin（领英）	在国外找工作的主要平台，国内主要以发布中高端岗位为主
脉脉	以职业社交为主，求职板块的使用方式和 BOSS 直聘类似

5. 求职类 APP

泛招聘类 App		
排名	应用名称	应用活跃指数（万）
1	智联招聘	792.6
2	前程无忧	770.9
3	脉脉	281.2

（续表）

排名	应用名称	应用活跃指数（万）
4	斗米	271.7
5	BOSS 直聘	248.8
6	猎聘同道	199.2
7	招财猫直聘	171.8
8	兼职猫	133.0
9	51 好工作	120.9
10	领英	81.4
11	店长直聘	62.7
12	拉勾	46.8
13	智联卓聘	36.6
14	中华英才网	29.4
15	蜂鸟众包	21.3
16	猪八戒	14.8
17	大街	11.5
18	赤兔	11.3
19	口袋兼职	8.5
20	阿里众包	8.2

兼职类 App		
排名	应用名称	应用活跃指数（万）
1	斗米	271.7
2	兼职猫	133
3	蜂鸟众包	21.3
4	口袋兼职	8.5
5	阿里众包	8.2
6	蚂蚁兼职	4.9
7	微差事	2.4
8	兼客兼职	1.5

职业社交类 App		
排名	应用名称	应用活跃指数（万）
1	钉钉	1283.7
2	企业微信	651.1
3	脉脉	281.2
4	领英	81.4
5	KK	15.8
6	263 云通信	12.7
7	蓝信	12.4
8	赤兔	11.3

注：（1）以上数据为 2018 年 2 月数据，来源于 Talking Data 数据研究中心。

（2）泛招聘类 App 包括招聘类、兼职类、具有招聘功能的职业社交类等类型的应用。

参考文献

［1］Richard H. Beatty.175 High – Impact Cover Letters. John Wiley & Sons, Inc.

［2］应届生求职网.应届生求职简历全攻略［M］.上海：上海交通大学出版社，2009.

［3］赵淑芳.15 秒，让你的简历脱颖而出［M］.北京：人民邮电出版社，2009.

［4］凯瑟琳·休斯顿著，原海云译.大学生成功求职系列简历速成篇［M］.北京：中国铁道出版社，2011.

［5］北京纽哈斯国际教育咨询有限公司.HiAll 求职快车简历篇［M］.北京：群言出版社，2005.